普通高等院校"十三五"规划教材·经济管理系列

经济统计学

(第3版)

肖智明 主编 / 段雪妍 罗红 周洁 刘国旗 副主编

清华大学出版社
北京

内 容 简 介

本书完整地阐述了经济统计学的基本理论和方法，全书注重专业理论知识的科学性、系统性，力求理论联系实际，紧密结合我国经济转型发展、创新驱动的新形势，用实例论证和说明有关理论知识和方法及其应用条件、适用场合，并作出必要的分析和评价，将经济统计理论与方法与经济运行融为一体。本书内容丰富翔实，材料新颖，深入浅出，通俗易懂，连贯统一。全书分九章，包括总论、统计调查与整理、综合指标、时间数列、统计指数、抽样推断、相关分析与回归分析、统计综合分析、Excel 在统计中的应用。为便于教学与读者学习，每章配有不同类型的实训练习题，书后附有参考答案，同时配备教学课件。

本书可作为高等院校财经类专业经济统计学的教材，也可作为广大统计工作者、企业管理人员的自学参考书。

版权所有，侵权必究。举报：010-62782989，beiqinquan@tup.tsinghua.edu.cn。

图书在版编目(CIP)数据

经济统计学/肖智明主编. —3 版. —北京：清华大学出版社，2018（2023.1重印）
（普通高等院校"十三五"规划教材·经济管理系列）
ISBN 978-7-302-50879-3

Ⅰ. ①经… Ⅱ. ①肖… Ⅲ. ①经济统计学－高等学校－教材 Ⅳ. ①F222

中国版本图书馆 CIP 数据核字（2018）第 174196 号

责任编辑：周 菁
封面设计：傅瑞学
责任校对：王荣静
责任印制：曹婉颖

出版发行：清华大学出版社
    网　　址：http://www.tup.com.cn, http://www.wqbook.com
    地　　址：北京清华大学学研大厦 A 座　　邮　编：100084
    社 总 机：010-83470000　　邮　购：010-62786544
    投稿与读者服务：010-62776969, c-service@tup.tsinghua.edu.cn
    质量反馈：010-62772015, zhiliang@tup.tsinghua.edu.cn
印 装 者：三河市科茂嘉荣印务有限公司
经　　销：全国新华书店
开　　本：185mm×230mm　　印 张：20　　插 页：1　　字 数：415 千字
版　　次：2011 年 10 月第 1 版　2018 年 9 月第 3 版　　印　次：2023 年 1 月第 4 次印刷
定　　价：50.00 元

产品编号：080663-02

FOREWORD

经济统计学是经济和社会管理的重要工具，是财经管理类专业核心课程之一，它是一门收集、整理和分析社会经济统计数据的方法论科学，揭示社会经济现象的数量表现、数量关系及其发展变化规律。统计工作作为经济管理的重要手段之一，是人们认识社会的有用工具，其适用性很强，应用广泛，从宏观管理到微观管理，从学术研究到人们的日常生活，都要应用到统计学。

本书在内容上注意专业理论知识的科学性、系统性和实用性，适应我国高等教育发展的需要，从培养创新与实际应用型人才入手。本书理论体系完整、清晰，吸收和借鉴了现有统计学教材中的精华，并科学地融入现代统计学的一些最新知识和数据资料；内容适量，力求做到简明扼要、通俗易懂，强调打好基础；努力做到理论联系实际，紧密结合社会经济现象中的新情况，与时俱进，以比较多的实例阐述论证相关理论和方法及其应用条件，并作出必要的分析和评价；将理论知识与实际操作融为一体，结合计算机教学内容，用实例介绍Excel在统计中的应用，培养学生的实际操作运用能力。作者进行了精心的准备，经过反复修订，终成此书。

本书适合作为普通高等院校财经管理类专业本科及高职高专相关专业的教学用书，亦可作为财经类专业人员和企业统计人员自学参考用书。为便于教学，每章均附有不同类型的实训题，并配备了较详细的多媒体教学课件和习题解答，读者可以登录ftp://ftp.tup.tsinghua.edu.cn下载。

本书共九章，分别为：总论，统计调查与整理，综合指标，时间数列，统计指数，抽样推断，相关分析与回归分析，统计综合分析，Excel在统计中的应用。

各章撰写分工如下：第一章、第五章、第六章由肖智明撰写，第二章由肖智明和罗红撰写，第三章由周洁撰写，第四章由肖智明和罗红撰写，第七章由段雪妍和刘国旗撰写，第八章由刘国旗撰写，第九章由段雪妍撰写，最后由肖智明总体设计修改并总纂定稿。

建议教学72课时，具体安排如下表：

教 学 内 容	建议教学课时
第一章　总论	4
第二章　统计调查与整理	10
第三章　综合指标	8
第四章　时间数列	10
第五章　统计指数	8
第六章　抽样推断	8
第七章　相关分析与回归分析	8
第八章　统计综合分析	6
第九章　Excel在统计中的应用	6
机动	4
合计	72

在本书编写过程中，编者参考了大量本学科的教材和专著、文献，并得到了许多同人和清华大学出版社周菁编辑的大力支持与帮助，在此一并表示衷心的感谢。

由于编者水平有限，书中难免有不妥和错误之处，恳请读者批评指正。

编　者

2018年7月

目录 CONTENTS

第一章　总论 …… 1
　　第一节　统计学的产生和发展 …… 1
　　第二节　统计学的研究对象、特点和方法 …… 5
　　第三节　统计的任务、职能和工作过程 …… 9
　　第四节　统计学中的基本概念 …… 11
　　第五节　统计测定的层次 …… 15
　　实训练习题 …… 18

第二章　统计调查与整理 …… 20
　　第一节　统计调查的意义和种类 …… 20
　　第二节　统计调查方案 …… 23
　　第三节　统计调查组织形式 …… 26
　　第四节　统计整理 …… 34
　　第五节　统计表 …… 47
　　第六节　统计图 …… 50
　　实训练习题 …… 65

第三章　综合指标 …… 69
　　第一节　总量指标 …… 69
　　第二节　相对指标 …… 72
　　第三节　平均指标 …… 82
　　第四节　标志变异指标 …… 96
　　实训练习题 …… 103

第四章　时间数列 …… 107
　　第一节　时间数列概述 …… 107

第二节　时间数列的水平指标 …………………………………………………… 110
第三节　时间数列的速度指标 …………………………………………………… 123
第四节　长期趋势的研究 ………………………………………………………… 132
第五节　季节变动的测定 ………………………………………………………… 146
实训练习题 …………………………………………………………………………… 150

第五章　统计指数 ……………………………………………………………………… 153

第一节　统计指数的概念和种类 ………………………………………………… 153
第二节　总指数的编制和计算 …………………………………………………… 156
第三节　平均数指数和平均指标指数的因素分析 ……………………………… 160
第四节　指数体系和因素分析 …………………………………………………… 166
第五节　指数在社会经济统计中的应用 ………………………………………… 173
实训练习题 …………………………………………………………………………… 184

第六章　抽样推断 ……………………………………………………………………… 188

第一节　抽样调查的意义及其理论依据 ………………………………………… 188
第二节　抽样误差的研究 ………………………………………………………… 192
第三节　全及指标的推断 ………………………………………………………… 196
第四节　抽样方案的设计 ………………………………………………………… 202
实训练习题 …………………………………………………………………………… 214

第七章　相关分析与回归分析 ………………………………………………………… 217

第一节　相关分析基本概念 ……………………………………………………… 217
第二节　相关统计分析 …………………………………………………………… 220
第三节　一元线性回归分析 ……………………………………………………… 225
实训练习题 …………………………………………………………………………… 234

第八章　统计综合分析 ………………………………………………………………… 237

第一节　统计综合分析的意义和任务 …………………………………………… 237
第二节　统计综合分析的原则、步骤和方法 …………………………………… 239
第三节　企业资本金效绩评价分析 ……………………………………………… 241
第四节　统计综合分析报告 ……………………………………………………… 263
第五节　常用的国民经济核算中一些总量指标简介 …………………………… 265
实训练习题 …………………………………………………………………………… 271

第九章　Excel 在统计中的应用 272

第一节　Excel 概述 272
第二节　Excel 在描述统计中的应用 273
第三节　Excel 在相关分析和回归分析中的应用 283
第四节　Excel 在时间数列分析中的应用 290
第五节　Excel 在统计推断中的应用 293
实训练习题 294

附录 A 297

表 A1　累计法查对表 297
表 A2　随机数字表(部分) 299
表 A3　正态分布表 299
表 A4　相关系数(r_a)检验表 303

实训练习题参考答案 305

参考文献 314

第一章 总论

内容提要

本章阐述统计学的产生和发展、统计学研究的特点和方法,介绍统计学中的一些基本概念和统计测定层次。

在社会实践中,人们通过统计调查搜集和整理统计资料,反映社会现象在一定时间、地点、条件下的数量特征和数量关系,揭示其发展变化规律,为党政领导和有关部门提供信息,对社会发展和国民经济建设进程进行预测和预警。

第一节 统计学的产生和发展

在人类社会生活中,人们离不开统计,在社会发展和进步的历史长河中,统计从萌芽状态经历了漫长的岁月,从感性认识到理性认识,发展成现代统计理论科学。

"统计"一词由来已久,起初泛指对大量事物的数量和数量关系进行简单的计数汇总工作。统计学的产生最初与"编制国情报告"有关。作为国家的统治者,在经济上必须了解国家的收入与支出、生产产品过剩与不足、产品出口与进口;在军事上要了解进攻与防御时的兵力;在法律上必须了解社会的治安情况,等等。于是搜集有关这些方面国情和国力的数据、资料和绘制图表就成了统计学的任务。而最早的统计学也称为"国势学",即它所研究的主要是"国家的形势"。18世纪,德国阿亨瓦尔首先为当时的国势学确定了一个新名词——统计学,后来传入英国,当时认为统计就是用数字表述事实。

一、统计的三种含义

"统计"一词有三种含义,即统计工作、统计资料和统计学。

(一)统计工作

统计工作即统计实践,是指统计的业务活动,是对客观现象进行调查、整理和分析研究过程的总称。

（二）统计资料

统计资料即统计工作的成果，指在统计工作过程中所取得的各项数字资料及与之相关的其他资料，以统计图表、统计公报、统计年鉴和统计分析报告等形式表现，反映社会经济现象的规模、水平、发展速度等，表明现象的发展特征及其规律。

（三）统计学

统计学是指导统计工作的理论和方法的科学。包括统计学原理和各种专业统计学，国民经济统计如工业统计学、农业统计学、商业统计学等。

统计的三种含义相互联系。统计工作是统计的实践过程；统计资料是统计工作的成果；统计学是统计工作的理论指导，它来源于实践，又高于实践。三者是理论与实践辩证统一的关系。

统计实践早于统计学产生。据历史记载，在我国《尚书》的《禹贡》中，按山川地质、人口物产、贡赋多少，分中国为九州，记载当时人口约1 355万人，土地约2 438万顷，已具有人口和土地统计的雏形。秦朝的《商君书》中已有全国人口调查记录，并把反映国情、国力的"十三数"作为富国强兵的重要依据。汉朝实行口钱制，表明当时已有全国户籍与人口年龄的统计，并据此征收赋税。明朝初期便有记载全国户口、丁粮的黄册，以此作为核定赋税、劳役的依据。

世界上其他一些文明古国也是如此。古埃及在公元前3 000年建造金字塔时，为了筹集建筑费用和劳力，对全国人口和财经情况进行调查。古罗马在公元前400年就建立人口出生、死亡登记。由此可知，随着社会的发展，统计的范围逐步扩大到社会领域的各个方面，只是当时还未用到"统计"这个术语。

二、统计学派

统计学的产生历史悠久。在统计学的发展中，产生了不同的统计学派，主要有以下几个。

（一）政治算术学派

这是17世纪在英国兴起的学派，它的创始人是英国的威廉·配第。当时英国资产阶级刚获得革命胜利，成立了共和国。他们为了巩固统治地位，对内镇压爱尔兰人民起义，对外与荷兰争夺海上霸权。其后法国崛起，大有超过英、荷两国之势，引起了英国统治者严重不安，产生悲观情绪。同时他们为了管理国家、发展经济，竭力与荷、法争夺世界霸权，迫切需要了解国内外经济状况。在这一背景下，威廉·配第在其代表作《政治算术》中，对英国社会经济现象采用了以数字、重量和尺度来表现和比较推算的方法，论证了"英格兰的情况和各种问题,并非处于可悲的状况"。为英国争夺世界霸权出谋献策,说明英国的国情国力超过荷、法两国。因此马克思对威廉·配第评价很高,称他为"政治经济学之父"。在某种程度上,也可以说配第是"统计学的创始人"。

这个学派的特点是:

① 研究的目的在于探索社会现象的发展规律性,为制定政策提供依据;
② 研究对象是人口、土地、资本等社会经济现象;
③ 研究方法是对社会现象采用以数字、重量和尺度表现,进行比较对照。

(二)国势学派

国势学派的渊源,可追溯到古希腊哲学家亚里士多德,他著有《国家论》,对当时158个国家的历史、行政、司法、艺术、宗教、风俗习惯等进行详细的记述。在18世纪的德国,对国家形势的研究受到重视与广泛应用,形成国势学派。该学派的主要代表人物是康令·阿亨瓦尔。他在德国哥丁根大学讲授"国势学"课程,其著作有《近代欧洲各国国势学论》,搜集有关国家的地理位置、气候、山川、都市、居民的性别、资源财富等事项,分门别类用文字记述相关国家的国情国力,为各国统治者提供治国依据。他在该书中首创以"统计学"代替"国势学",确定了"统计学"这一学科的名称,其本人也被德国多数学者推崇为"统计学之父"。

这个学派的特点是:

① 研究目的是为统治者提供治理国家的方法,了解各国的情况;
② 研究对象为有关国家的显著事项;
③ 研究方法是对各国政治、社会情况以文字记述为主。

(三)数理学派

这是19世纪后期在英国兴起的统计学派,其代表人物是比利时的统计学家、数学家凯特勒。他把国势学派与政治算术学派的统计与作为数学分支的概率论相结合,把概率论的理论和方法引入统计学中。他著有《社会物理学》,论证社会现象的发展并非偶然,具有内在的规律性,把大数定律、概率论应用于统计学之中,进一步拓展了统计方法,较好地解决了统计学数据处理和计算的依据,开辟了统计学的新领域,创立了数理统计学派。凯特勒被称为"近代统计之父"。

这个学派认为:统计学是数学的一个分支,它以概率论为基础,发展了数理统计学,将统计学研究原理和方法广泛应用在生物遗传、经济管理、品质管理等领域中。

数理统计学派又可细分为描述统计学派和推断统计学派。早期的数理统计学派多属描述学派。它的特点是:

① 主要以描述统计为主;

② 倡导大样本理论；
③ 研究简化数据的方法。其代表人物有高尔顿、皮尔逊、艾奇渥司等。

后期的数理学派多属于推断统计学派。其特点为：
① 以推断为主；
② 倡导小样本理论；
③ 研究在随机抽样的基础上推断总体的方法。

主要用于物理统计、田间试验、质量管理、经济预测、科学实验等方面。其代表人物有戈赛特、威尔克斯等。

（四）社会统计学派

19世纪后期，在德国兴起的一个统计学派，代表人物有克尼斯、恩格尔、梅尔等。克尼斯是德国的经济学者兼统计学者，他的代表作有《作为独立科学的统计学》。他认为统计学是一门独立的社会科学，统计学是用数值解说大量现象的一门科学。他的理论为德国统计学界指明了统计学发展的方向，使之发展成为社会统计学派。

这个统计学派从开始形成就分为两个学派，即实质社会科学派和社会科学方法派。

（五）社会经济统计学派

社会经济统计学派是20世纪40年代至50年代在苏联兴起的学派。1954年，苏联统计科学会议对统计学下的定义代表了这一学派的观点。这个学派认为：统计学是一门实质性的社会科学，研究对象是大量社会现象的数量方面和数量关系，研究方法是大量观察法和分组法，理论基础是马克思主义哲学和政治经济学。这个学派的代表人物是斯特鲁米林、廖佐夫等。

在我国，中华人民共和国成立前有社会统计学派和数理统计学派，主要是英美的数理统计学派。中华人民共和国成立后，统计学界开始向苏联学习，大量引进社会经济统计学。苏联为统计学下的定义对我国统计学界影响很大，数理统计学几乎遭到全盘否定。

1978年党的十一届三中全会以来，改革开放使学术界出现思想活跃的生动局面，澄清了对数理统计学的片面认识。大多数人认为社会经济统计学和数理统计学是两门研究对象不同、性质不同的统计学，两者具有不可替代的作用，应相互借鉴，共同发展。

在统计工作方面，中华人民共和国成立后，运用马克思主义理论、毛泽东思想，结合我国的具体情况，在全国成立了各级统计机构，制定了统计制度和法规，培养了一大批统计专业人才，运用多种统计方法，为国家建设提供了大量的统计资料作出了卓越贡献。但是，后来由于受到"左"的思想影响，特别是"文化大革命"，统计工作遭到破坏和干扰，蒙受了极大的损失。党的十一届三中全会以后，在党中央和各级政府领导下，统计工作得到恢复和发展,1983年我国颁发《中华人民共和国统计法》,为加强统计工作,促进统计现代化提供了法律保证。随着我国改革开放方针政策的全面贯彻执行,统计作为社会信息的主体,得到快速的发展,为中国特色社会主义经济建设做出了重要贡献。

综上所述,统计学是随着人类社会的发展和国家管理的需要而产生,随着社会生产的发展而发展。现代统计学发展呈现三个明显趋势:一是随着数学的发展,统计学吸收数学中计算方法越来越多;二是向其他学科领域日益渗透,以统计学为基础的边缘学科不断形成;三是统计学的应用日益广泛和深入,特别是借助于电子计算机和互联网的发展,统计学在各个领域的应用功能不断拓展增强,从描述统计向推断统计、预测现象未来变化方向发展,成为一门方法论的综合性学科。

第二节 统计学的研究对象、特点和方法

一、社会经济统计学的研究对象及其特点

社会经济统计学是一门社会科学,它的研究对象是在质与量的辩证统一中研究大量社会经济现象的数量方面和数量关系,反映社会经济现象发展变化规律在具体时间、地点、条件下的数量表现。就其性质来说,它是一门适用于社会现象和自然现象的方法论学科,广泛应用于社会经济、天文、地理、生物、卫生等各个领域。

如前所述,统计学和统计工作是理论和实践的关系。统计工作是对社会现象进行调查研究,对社会现象的数量方面进行搜集、整理和分析的工作过程。统计学是统计工作实践经验的总结,反过来又从理论上指导统计工作的具体操作,正确反映社会现象及其发展规律性在具体时间、地点、条件下的数量表现,使统计工作能建立在科学的基础上。两者相辅相成。

统计学研究对象具有如下特点。

(一) 数量性

如前所述,统计学的研究对象是大量社会现象的数量方面和数量关系。任何现象都是质与量的统一,而数量是事物客观存在的重要方面,任何质量都表现为一定的数量,没有数量就没有质量。统计学是从现象的整体出发,运用大量观察法研究总体的数量方面和数量关系,研究事物总体总量、构成、比例关系、发展速度等指标,来反映现象在一定时间、地点条件下的数量表现,认识现象的发展趋势及其变化规律。数字是统计的语言,统计运用各种数字对社会现象进行综合反映,如国家统计局发表2017年我国国民经济和社会发展公报,列举了大量统计数字:全国国内生产总值827 122亿元,按可比价格计算比上年增长6.9%,首次跨越了80万亿元大关,其中第一产业增加值65 468亿元,增长

3.9%；第二产业增加值 334 623 亿元，增长 6.1%；第三产业增加值 427 032 亿元，增长 8.0%，社会消费品零售总额 366 262 亿元，比上年增长 10.2%；全国居民人均可支配收入 25 974 元，扣除价格因素实际增长 7.3%；贫困发生率 3.1%比上年下降 1.4%；恩格尔系数从 2016 年的 30.1%降到 2017 年 29.3%，反映居民消费结构的变化。这些数据表明，2017 年各地区各部门，全面贯彻落实党中央、国务院决策部署，在习近平新时代中国特色社会主义思想指引下，贯彻发展总基调，以供给侧结构改革为主体，推动结构优化，动力转换和质量提升，国民经济稳中向好，好于预期，实现平稳健康发展。全国人民有更多的获得感、幸福指数不断提高。各项社会事业取得新的进步，为全面建成小康社会奠定了良好基础。

（二）总体性

社会现象是错综复杂的，受各种因素的影响，因此必须通过对社会现象足够多的大量个体单位进行调查观察，使影响总体变化中那些次要的、偶然因素相互抵消，研究社会现象总体的数量特征，把现象的总规模、总水平及其发展变化的趋势反映出来。

与此同时，统计学并不排斥对个体的观察研究，因为统计学所研究的社会现象总体是由某些性质相同的许多个体所组成的整体，而这些性质在个体单位上的表现又存在着差异，通过对个体的考察，更能深入有效地掌握总体现象的规律性，并能从中发现新问题、新情况。

（三）广泛性

统计学是研究全部社会现象的数量和数量关系，涉及范围非常广泛。包括生产力和生产关系，经济基础和上层建筑及其相互关系；包括生产、交换、分配、消费，社会再生产的全过程。从社会经济现象到自然科学，涵盖面相当广泛。

（四）具体性

统计学所研究的量是具体的数量，不是抽象的数字，这是统计学与数学的根本区别。统计学是研究客观事物在具体时间、地点、条件下的数量表现。如 2017 全部工业增加值 279 997 亿元，比上年增长 6.4%，年末全国发电装机容量 17 770 万千瓦，比上年末增长 7.6%；粮食产量 61 791 万吨，比上年增产 166 万吨，增长 0.3%。这些数据是在 2017 年我国具体条件下生产的工业增加值、发电装机容量和粮食的产量，不是抽象的数据。

二、统计学的研究方法

统计学根据社会经济现象数量方面的特点，有它一系列的专门研究方法：大量观察法、统计分组法、综合指标法、统计推断法等。其中大量观察法、统计分组法、综合指标法是最主要的方法。

（一）大量观察法

统计学是研究大量社会经济现象的数量方面，其研究对象具有大量性、变异性特点。这就决定了统计学研究的整个过程中必须自始至终采用大量观察法。所谓大量观察法是对所研究现象总体的全部或足够多的单位数进行观察调查的方法。

大量观察法的数学依据是大数定律。它是随机现象出现的基本规律，即随机现象大量重复中出现的必然规律。其一般概念是在观察现象的过程中，每次取得的结果不同，这是因为偶然因素导致的，但是大量重复观察结果的平均值却几乎接近确定的数值；其狭义概念是指概率论中反映一般概念中规律性的一些定理。表明平均数的规律与随机现象的概率关系。

由于社会经济现象是错综复杂的，受到各种因素交叉影响，因此个别单位往往容易受特殊因素或偶然因素的影响，若只选一个或少数单位进行观察，其结果不足以代表总体的一般特征。运用大量观察法能使总体个别单位中的偶然因素相互抵消，社会现象的客观规律性就能显示出来。如早在300年前，人口学家从统计资料中发现男女婴儿出生的比例为105∶100。通过大量观察法能使人们了解婴儿出生时男女的比例关系，从偶然事件中发现必然规律；又如在掷硬币实验中，每掷一次，只有两种结果：正面朝上或反面朝上。通过大量次数实验，正面朝上或反面朝上的次数接近各占一半的规律；经过50年医学统计大量数据表明恶性肿瘤与吸烟密切相关，长期吸烟者比不吸烟者肺癌发病率高10～20倍。

（二）统计分组法

统计分组法是根据统计研究的目的和任务，在对被研究对象作正确的理论分析基础上，将大量调查取得的原始资料，按一定的标志区分为不同类型或不同性质的组。即将所有资料分门别类，把总体中性质相同的单位归并为一组，而将性质不同的单位区分为不同的组，使组与组之间具有一定的差别，而在同一组内的各单位又具有同质性，以区别现象的不同性质和特点，从而正确地反映现象的本质和规律性。如库存商品中用A、B、C管理法，就是统计分组法的应用，反映企业库存商品占用资金状况。

（三）综合指标法

综合指标是统计分析的基本方法之一。它是运用各种综合指标（总量指标、相对指标、平均指标）对社会现象的数量方面进行综合、概括的分析方法以综合地反映社会经济现象的规模、水平、比例关系、发展速度等，从而避免片面性和主观性，使人们在研究客观事物时通过偶然看必然,透过现象看本质。如2017年我国国内生产总值827 122亿元,年末全国大陆人口139 008万人,居民消费价格增长幅度为1.6%,都是综合指标。

其具体方法包括如下几种。

1. 动态分析法

动态分析法是运用时间数列进行对比分析,反映现象在不同时间的变化过程、发展速度,预测未来发展趋势。

2. 指数分析法

为反映复杂现象的变动及其受到诸多因素影响的变化程度,从相对数、绝对数上进行分析。

3. 抽样推断法

它是从个别到一般,从具体事实到抽象概括推理的方法,通过从总体中随机抽取一部分单位组成样本,对样本进行调查,用样本指标去推断总体指标和特征。

4. 相关与回归分析法

自然现象、社会经济现象是错综复杂的,各种现象之间存在着一定的联系。利用相关与回归分析法可确定其中某一因素,显示另一个因素的变动结果,且得出相应的数值。如夏天气温高低与冷饮销售量存在着相关关系。

如前所述,统计分析的方法很多,其中综合指标是最基本的方法,其他各种分析方法都与此有关。

大量观察法、统计分组法、综合指标法是统计学的基本研究方法,各自应用于统计工作的不同场合。但它们并不是孤立的,而是相互联系。统计分组是在大量观察法的基础上进行,而综合指标法又是在统计分组法的前提下进行。随着科学的发展,统计学的研究方法将会不断完善和发展。

(四) 统计推断法

在统计研究社会现象总体数量关系时,有时会因为总体范围很大,或遇到困难,从而采取根据局部观察结果推断总体。如测定一批电视机显像管的使用寿命,只能抽取小部分进行检验,在给出一定的可靠程度下,去推断整批显像管的平均使用寿命。这种用部分推断总体的方法即统计推断法,它是现代统计学中广泛应用的方法。

有关上面这些统计方法,本书将在后面逐一进行讨论。

第三节 统计的任务、职能和工作过程

一、统计的任务

《中华人民共和国统计法》规定,统计的基本任务是对国民经济和社会发展情况进行统计调查,统计分析,提供统计资料和统计咨询意见,实行统计监督。

统计服务概括为"服务与监督"两方面。统计服务是指向有关部门提供统计信息和统计资料,及时、全面、系统地反映社会发展和国民经济运行的基本情况,运用统计分析方法,对客观现象发展过程和发展趋势进行分析、监督、预测,为国民经济宏观调控和企业微观管理提供依据。统计监督是国家对宏观经济调控政策贯彻执行情况,对微观经济的运转进行监督检查,发现问题、披露问题,提出解决问题的建议与措施,供有关部门参考。

二、统计的职能

统计是在质与量密切联系中,研究客观现象的数量表现和数量关系的方法论科学,它具有信息职能、咨询职能、监督职能。

(一)信息职能

信息职能是统计的基本职能。它根据统计研究目的,运用科学方法,搜集、整理客观现象的数据,经过处理、储存、传递客观事物的基本信息,供有关部门使用。

(二)咨询职能

咨询职能以统计的信息职能为基础,进一步延续和深化,利用大量丰富的统计信息资源,运用科学分析方法和先进的技术手段,对客观现象深入研究,为宏观管理和微观管理进行决策、预测提供依据,是各级政府部门制定政策和战略目标、长远规划的重要依据。

(三)监督职能

监督职能根据统计调查分析的结果,及时反映客观现象在一定时间、地点、条件下的发展变化状态,同时进行全面、系统的检查、监督,从而发现其在运行中存在的问题,分析原因,发出预警,提出采取相应的对策与措施,促使客观现象朝着有利于人们期望的方向发展。

三、统计学的工作过程

社会经济统计工作过程可以分为四个阶段：统计设计、统计调查、统计整理和统计分析。这四个阶段相互联系，统计工作是对社会经济现象的数量和数量方面进行调查研究、综合分析，从而认识客观现象总体的本质和发展规律。

（一）统计设计

统计设计是根据统计工作的任务和目的，结合统计研究对象的特点，对统计指标体系的设计、搜集和整理资料的方法、相关组织工作以及人员安排等所进行的整体规划。统计设计的结果表现为统计调查方案，即全面安排，制定出可行方案，指导工作，明确调查范围、单位、期限等。

统计设计是统计工作的第一步，但又贯穿于整个统计工作的全过程。它是统计工作中一个重要的基础环节，直接影响到统计工作的各个阶段，在统计工作中具有重要的指导作用。

（二）统计调查

统计调查是根据统计调查方案的要求，有计划、有组织地开展具体工作。这是认识客观事物的起点，是统计分析的基础，是统计活动由定量认识转化为定性认识的起点。统计资料主要通过统计调查获得，统计调查搜集资料的质量高低，直接关系到统计整理与分析结果正确与否。

（三）统计整理

统计整理是根据统计设计的要求，对统计调查资料进行科学的分类、汇总、编制统计表等，使之系统化、条理化，从而清晰地反映研究对象的特征。统计整理的结果表现为各类统计资料、统计图表等。统计整理是统计调查的深入和继续，是统计工作的中间环节，也是统计分析的基础和前提，起着承上启下的作用。

（四）统计分析

统计分析是使用各种统计方法对加工整理的资料进行分析研究，计算各种综合指标，反映现象的规模、水平、比例关系、发展速度，从而揭示研究对象的数量特征和发展规律，为统计资料使用者进行决策和预测提供科学依据。统计分析的结果表现为各类统计报告、统计年鉴等。

统计分析是统计工作的最后阶段，是统计研究的决定性环节。

统计工作的四个阶段并不是孤立的，而是紧密相连的一个整体。各个阶段工作经常交叉进行。

关于统计工作过程各阶段,我们在以后的章节中还将讨论。

第四节 统计学中的基本概念

统计学是一门方法论科学。和其他科学一样,在论述其理论和方法中,经常要使用一些专门的术语和概念。本节介绍统计中常用的基本概念。

一、总体和总体单位

(一)总体

总体是客观存在的、在同一性质基础上结合起来的许多个别单位组成的整体。总体具有同质性,这是构成总体的必要条件。所谓同质性是指构成现象总体的各个单位都具有某一共同性质。如研究我国工业企业情况,全国所有工业企业就构成一个总体,它们都是客观存在的,每个工业企业都具有从事工业生产活动这一共同的基本经济职能。而其他如商店、学校等单位就不具有这种性质,不属于这个总体范畴。

总体可分为无限总体和有限总体。统计总体中包含的单位数是无限的,构成无限总体。如测定某地区的大气质量优劣程度,空气就是一个无限总体。总体中包含的单位数是有限的,称为有限总体。如某地某一时点上常住人口数 2 400 万人;2013 年年末第三次经济普查显示,全国共有从事第二、三产业企业法人单位 1 085.7 万个等都是有限总体。

总体具有大量性、同质性、变异性等特点。

1. 大量性

总体的大量性是指构成总体的总体单位数量全部或足够多的个体,不是个别或者少数单位。因为统计研究的目的是现象的数量方面和数量关系,从而揭示现象的发展变化规律,而个别或者少数单位很难显示出现象的特征及其规律性,只有把大量个别现象特征汇总起来才能表现出其发展规律性。

2. 同质性

总体具有同质性,即构成总体的所有总体单位至少在某方面具有相同的性质。这是形成总体的基础。例如,要调查我国的工业企业的生产情况,全国的工业企业就构成一个总体,尽管这些企业规模大小、组织形式、产品的名称和产量等各不相同,但它们都有一个共同的经济职能,就是从事工业生产活动。

3. 变异性

总体的变异性是客观存在的，即构成总体的所有总体单位除了某一共同的性质之外，还必然存在许多个体差异。正因为存在着个体差异，我们才需要进行统计研究，来揭示这些差异中存在的规律。

（二）总体单位

总体单位是构成总体的各个个体，它是各项统计资料最原始的承担者。总体单位是构成总体的基础，要了解总体的数量特征和数量关系，就必须要从总体单位开始，一个个调查登记。如要调查全国工业企业的情况，则全国每一个工业企业就是总体单位。从这些单位取得的资料，加以汇总整理，得到我们所要了解的全国工业企业的情况。

（三）总体和总体单位的相互关系

总体和总体单位是相对而言的，随着统计研究的目的不同而有所变化。同一事物在不同情况下可以是总体，也可以是总体单位。如果要调查全国工业企业情况，每一个工业企业是总体单位；若要研究某一工业企业生产经营情况，则该企业成了总体。

二、标志

标志是说明总体单位所具有的属性或特征，它包括标志名称和标志具体表现两部分。每个总体单位有许多属性和特征，如某一企业中每一位职工作为总体单位考察时，有性别、民族、文化程度、年龄、工资等属性和特征，这些都是标志名称，而它们在每位职工上各有一定的具体表现。如性别的表现有"男""女"，这就是标志具体表现。其年龄、工资等的表现也各不完全相同。

标志表现在所有个体上既可以是相同的，也可以是不同的。既可以用文字表示，也可以用数字表示。标志可以从不同角度分类。

（一）按标志的性质不同分为品质标志和数量标志

品质标志是说明总体单位品质、属性的名称，一般用文字表示。如2013年年末我国第三次经济普查，企业法人单位按登记注册类型分组，分为内资企业、民营企业、港澳台商投资企业、外商投资企业等。

数量标志是说明总体单位数量特征的名称，一般用数字表示，如人口按年龄分组。

（二）按标志的变动情况不同分为不变标志和可变标志

不变标志是在同一总体中各个总体单位上表现都一样。凡工业企业都是从事工业生产活动,作为工业企业这一经济成分总体中的每一个企业,都具有从事工业生产这一不变标志。任何一个总体中的总体单位间至少要有一个共同的不变标志,结合成一个整体,才能构成总体的客观依据。

可变标志是在总体中各个总体单位上的具体属性或数值不一样。这种不尽相同的差别称为变异。任何总体和总体单位普遍存在变异性。这是统计的前提。

可变的数量标志称为变量,变量的具体表现称为变量值(或称标志值)。如某工业企业的产值、产品产量、职工人数、实现利润额等。

(三) 按变量值表现是否连续分为离散型变量和连续型变量

离散型变量是指只能取整数的变量,如职工人数、企业个数、设备数等。连续型变量是指在一定区间内可以任意取值的变量,如总产值、净产值、利润、资金、成本等都是连续型变量。

变量按其所受因素影响不同,分为确定性变量和随机性变量。受确定性因素影响的变量称确定性变量,如产品总成本的变化受产量和单位成本两个因素的影响。受随机因素影响的变量称为随机性变量。如农作物增产的数量并不是因推广良种就完全确定,除此之外,还受到土质好坏、施肥量、自然条件等其他随机因素的影响。对总体变量的认识方法比较复杂,需要对统计现象作深入分析。

三、统计指标

(一) 统计指标的概念

统计指标(简称指标)是综合反映统计总体特征的概念和数值。它表明某一客观事物在具体时间、地点、条件下的规模和水平。如一个国家在某一标准时点上的人口总数、国土面积、从业职工人数等。如 2017 年年末我国大陆总人口为 139 008 万人。

统计指标具有以下三个特点。

1. 数量性

统计指标都是用数值来表现。每一个统计指标都有具体的数值。如 2017 年我国粮食产量 61 791 万吨。

2. 综合性

统计指标是对总体单位某一特征进行调查、登记并加以汇总整理得到的数据,是将构成总体全部单位标志表现的综合结果,而不是说明个别总体单位的数量特征。如 2017 年我国社会消费品零售总额 366 262 亿元,这并非某一个地区、某个单位的某种商品社会消费品零售额,而是由全国所有单位、所有消费品汇总综合而来的。

3. 具体性

统计指标是说明总体某一特征或属性的质与量的统一,在一定时间、地点、条件下的数量表现和数量关系。例如,据统计显示,2017年年末,我国60岁及以上人口24 090万人,占总人口的17.3%;65岁以上者15 831万人,占总人口的11.4%。中国是世界上唯一老年人人口过亿的国家,而且呈现出老年人口规模大、老龄化速度快、峰值高等特点。国人应该重视我国人口老龄化带来的挑战。

统计指标由指标名称和指标数值两部分组成。指标名称是统计所研究现象某一特征的科学概念,是表明现象质的规定,反映其内容所属的范畴;指标数值是统计所研究对象某一特征具体数值的综合结果,对现象特征从数量上加以说明,是统计指标量的规定。指标名称和指标数值有机结合,辩证统一地反映了客观现象的质与量。

(二)统计指标的分类

统计指标按其反映的特征不同,可以分为数量指标和质量指标两种。数量指标是反映现象总体规模大小、数量多少等特征的总量指标,一般用绝对数表示,如职工人数、国民生产总值、企业个数等。质量指标是反映现象总体的相对水平或工作质量等特征的统计指标,一般用相对数或平均数表示,如商品价格指数、人口密度、平均工资、劳动生产率等。

统计指标按其数值表现形式不同,可分为总量指标、相对指标、平均指标三种。总量指标(或称绝对指标)是说明现象规模、水平或工作总量的指标,如工资总额、产品产量、班级人数等。相对指标是两个有联系的指标相对比的结果,说明现象总体的结构、发展速度等的指标,如产品的合格率、发展速度等。平均指标是根据总体某些数量标志值计算的,说明总体一般水平的统计指标,如平均工资、劳动生产率等。这三种统计指标将在第三章中专门介绍。

统计指标按其计量单位不同,可分为实物量指标、价值量指标和劳动量指标三种。实物量指标用实物计量单位,直接反映商品使用价值的数量。价值量指标是用货币计量单位计算的指标。劳动量指标是单位劳动时间完成的产品产量或完成工作量指标,用工分、工时、工日表示。

统计指标按其作用不同,可以分为描述指标、评价指标和预警指标三种。描述指标是用来反映现象基本情况的指标,如社会劳动力资源总数、外汇储备数、在校学生人数等。评价指标是用来对客观事物活动的结果进行评估和考核的指标,如对工业企业经营活动效益评价的产品销售率、流动资金周转速度、劳动生产率等指标。预警指标是对现象宏观运行监测,并据此对可能出现的总体失衡、结构性矛盾、突发异常情况作出预报的指标,如通货膨胀率、固定资产投资增长率、失业率、人口增长率等,这类指标涉及面广,敏感性强,对国民经济的发展和社会稳定具有重要作用。

此外,在推断统计中,有全及指标和样本指标两种,这部分内容将在第六章中作详细介绍。

(三) 统计指标与数量标志的联系与区别

统计指标与数量标志二者的联系是:统计指标的数值是由总体单位的标志值汇总而来的,如某市工业企业职工总人数是由其所属的各工业企业职工人数汇总而来;统计指标与数量标志之间存在着一定的转换关系,随着统计研究目的的不同,原来的统计总体若转换为总体单位,则其相应的统计指标转换为数量指标值,反之也是如此。例如,研究某市所有工业企业的产值情况,该市各工业企业的产值就是数量标志,全市所有工业企业的产值之和就是统计指标;若研究全国各省、市工业企业的产值情况,则各省、市所有工业企业的产值之和就转换为数量标志,全国所有省、市工业企业的产值之和是统计指标。

二者的区别在于统计指标是说明总体特征的,而标志是说明总体单位特征的;标志有品质标志和数量标志之分,标志表现有文字形式的,也有数字形式的,而统计指标无论数量指标还是质量指标都是以指标名称和数值组合来表示的。

(四) 统计指标体系

客观现象是错综复杂的,各种现象之间存在相互联系、相互制约的关系。单个统计指标只能反映总体某一方面的特征。为了全面地说明现象的发展过程和它的全貌,就需要一整套统计指标。这种具有内在联系、互相制约的一系列统计指标就构成统计指标体系。

统计指标体系可以分为基本统计指标体系和专题统计指标体系两类。基本统计指标体系是反映国民经济和社会发展基本情况的指标体系。它包括社会指标体系、经济指标体系和科技指标体系等。专题统计指标体系是针对某一社会现象或经济问题而设计的指标体系,如企业经济效益指标体系、物价指标体系等。

统计指标体系能全面地反映现象之间的有机联系和发展过程,用以研究客观现象,并作出全面客观的分析判断,避免片面性。统计指标体系会随着各种客观现象的发展变化而变化,而指标体系一经设定,应力求保持相对稳定,以便积累历史资料,进行系统的比较分析。

第五节 统计测定的层次

统计研究是对客观事物数量方面的调查研究。通过对调查对象进行大量观察、归纳推断,以综合指标形式对总体的数量特征和数量关系加以描述计量。对统计数据的属性、特征进行分类、标示和计算的过程称为统计测定或统计量度。如对企业经济效益统计、对居民消费水平统计等,都可称为统计测定。

统计测定分为定性测定和定量测定两种。它们还可分为不同的层次。

一、定名测定(定类测定)

定名测定属于定性测定范畴。它是将所研究的对象按某种特征或属性划分成若干类或组,并给每一类别定名。这实质上是一个分组体系,如人口按性别分为男性和女性,工业按行业不同分为采矿业、制造业等。

定名测定应遵循两个原则:

① 互斥原则。每个总体单位只能划归到某一类型中,不能既是这一类,又是那一类;

② 穷尽原则。所有被研究的总体单位都可以归属到适当的类型中,没有一个总体单位无从归属。

定名测定所划分成的各种类型,它们的排序先后是无关紧要的,哪类在前,哪类在后,对研究问题并无实质性影响。它们所能进行的唯一运算是计数,计算每一类型的频数或频率。

二、序列测定(定序测定)

序列测定属于初级的定量测定。它比定名测定层次要高一些,它不仅能像定名测定那样将研究现象的所有单位按照互斥原则和穷尽原则加以分类,还可以确定这些类别的排列顺序,使各类型之间具有某种意义的等级差异。这种序列测定在研究客观现象中应用极为广泛。如企业职工按所受教育程度划分为研究生、大学毕业、高中毕业、初中毕业;将产品分为一等品、二等品、三等品,这种排序是确定的,对所研究问题有特定的意义。在运算上,各类数值除了具有不同等级级别外,不能测定各等级之间量的具体差额,只能计算频数,还可以粗略地确定如众数之类的位置平均数指标。

三、定距测定(间距测定)

定距测定是比序列测定高一层次的定量测定。它不仅对总体单位进行分类,并使各种类型具有实质意义的排列,还要求建立某种物理的量度单位来测定其间距大小。如学生某门课程的成绩,可以从高分到低分进行排列,形成 100 分、90 分、80 分、70 分……直到 0 分的序列。它们不仅有高低之分,还可以计算差距,如 90 分比 80 分高 10 分。同样,若对某种商品按质论价,设一等品为 100 元,二等品为 80 元,三等品为 50 元,使大家都知道,一等品比二等品、三等品的质量优良,价格差别分别贵 20 元、50 元。

定距测定的量可以进行加减运算,但不能进行乘除运算。因为在等级序列中没有固定和确定意义的"零"位,如学生甲考分为 90 分,学生乙为 0 分,人们可以说甲比乙考分多得 90 分,但不能说甲的成绩是乙的 90 倍。因为 0 分在这里不是一个绝对标准,也并不意味着学生乙毫无知识。依次类推,按质论价的上述某种商品,一等品比三等品贵 50 元,但不能说一等品的质量是三等品的两倍。这是定距测定的显著特点。

四、定比测定(比率测定)

定比测定是比定距测定高一级的定量测定。它是在定距测定上确定了一个绝对的、有意义的零点,即"0"表示"0"值,具有实际意义,不表示没有。定比测定不仅可进行加减运算,还可以作乘除运算。如人的年龄、身高、体重是以零为绝对界限,没有负数值。任何人的年龄不能比零岁更小,身高不能比零更矮,体重不能比零更轻。我们说甲的体重是 80 公斤,乙的体重是 40 公斤,可以说甲的体重是乙的 2 倍。在现实生活中,绝大多数的物理变量和经济变量都可以进行定比测定,如产品产量、产值、销售量、银行存款余额。因此,对社会经济现象不仅可以用总量指标测定总规模、总水平,还可以用相对指标测定数量关系,用平均指标测定一般水平和集中趋势。这两种指标都是加减乘除运算的结果。

上述四个层次的统计测定可概括如表 1-1 所示。

表 1-1 统计测定层次表

测定层次	运算功能	特征	举例
1. 定名测定	计数	分类	产业分类
2. 序列测定	计数 排序	分类 排序	人受教育程度高低
3. 定距测定	计数 排序 加减运算	分类 排序 有基本的测量单位	产品质量差异
4. 定比测定	计数 排序 加减 乘除 } 运算	分类 排序 有基本的测量单位 有绝对零点	商品销售额

综上所述,不难理解,高层次的测定包含低层次测定的运算功能,而低层次的测定不能进行高层次测定的运算。定名测定和序列测定只限于离散型变量测定,定距测定和定比测定既适用于离散型变量测定,也适用于连续型变量测定。

掌握统计测定的不同层次,有利于正确地分析数据和选择检验方法。根据不同研究对象、不同分析条件和形式,加以区别对待。如对职工可以计算其平均工资、平均身高、平均体重,但不能计算他们的平均道德水准和平均政治信仰。

在统计中,定比测定和定距测定适用于数量标志的测定,而且比较直接和容易。定名测定和序列测定适用于品质标志的测定。因为品质标志量化过程中有一定的难度,特别是多因素构成的复杂现象,如人类社会中贫困与富裕、幸福指数、生活质量、综合国力等社会和政治问题的定量分析,要比经济问题的测定困难得多。然而随着生产的发展、科学技术的进步,统计学正在迅速发展,探索着对复杂现象量化测定的方法。

实训练习题

一、填空题

1. "统计"一词有三种含义,即_____、_____、_____。
2. 统计研究方法中最基本的三种方法是_____、_____、_____。
3. 统计指标按其反映的数量特征不同,可以分为_____指标和_____指标两种。标志按其性质不同,可以分为_____标志和_____标志两种。
4. 统计工作的工作过程包括四个阶段:_____、_____、_____、_____。
5. 统计测定层次有_____、_____、_____、_____。
6. 统计测定必须遵守_____、_____。

二、判断题

1. 统计学是观察研究大量现象数量方面的科学。　　　　　　　　　(　　)
2. 总体和总体单位是永远不变的。　　　　　　　　　　　　　　　(　　)
3. 统计分组是把总体中性质不相同的单位归并在一起,把性质相同的单位区别开来。　　　　　　　　　　　　　　　　　　　　　　　　　　　　(　　)
4. 职工的年龄是品质标志。　　　　　　　　　　　　　　　　　　(　　)
5. 数量指标是数值形式,质量指标不是数值形式。　　　　　　　　(　　)

三、单项选择题

1. 一个统计总体(　　)。
   A. 只有一个指标　　　　　　　B. 只有一个标志
   C. 有多个指标　　　　　　　　D. 有多个标志
2. 对某公司 200 名职工的收入情况进行调查,则总体单位是(　　)。
   A. 200 名职工　　　　　　　　B. 每一名职工
   C. 200 名职工的收入　　　　　D. 每一名职工的收入
3. 对某公司 200 名职工的情况进行调查,其中一位职工的年收入是 80 000 元,其"年收入"是(　　)。
   A. 数量标志　　　　　　　　　B. 数量指标
   C. 品质标志　　　　　　　　　D. 质量指标

4. 对某公司 200 名职工的情况进行调查,全体职工的平均年龄是( )。
   A. 数量标志　　　　　　　　B. 数量指标
   C. 品质标志　　　　　　　　D. 质量指标
5. 对某公司 200 名职工的情况进行调查,每一位职工的性别是( )。
   A. 数量标志　　　　　　　　B. 数量指标
   C. 品质标志　　　　　　　　D. 质量指标

四、思考题

1. "统计"一词有几种含义？它们之间有什么关系？
2. 统计工作包括哪几个工作阶段？
3. 统计研究有哪些方法？
4. 什么是指标？什么是标志？它们之间有什么联系和区别？
5. 试举例说明总体、总体单位、指标、标志、变量指标体系概念。

五、应用能力训练题

指出下表中各统计任务中的总体、总体单位、数量指标(2个)、质量指标(2个)、数量标志(2个)、品质标志(2个)。

序号	统 计 任 务	总体	总体单位	数量标志	品质标志
1	了解某高校大学生的基本情况				
2	调查某公司全体员工的情况				
3	调查某企业一年中生产汽车的质量情况				
4	调查某商场一年的销售额情况				
5	某年全国人口普查情况				

第二章 统计调查与整理

内容提要

本章主要研究统计调查与整理的理论和方法、介绍统计调查及各种统计调查方法的特点、应用范围,叙述统计调查方案的设计及其包括内容、统计整理的基本内容、统计分组和变量数列的编制方法、统计表和统计图的制作要求和绘制方法。

第一节 统计调查的意义和种类

一、统计调查的意义和要求

(一) 统计调查的意义

统计调查是根据统计研究的目的和任务,运用各种科学调查方法,有计划、有组织地向调查对象搜集各种真实、可靠数据资料的工作过程。这些调查资料按照来源不同分为两种类型,一是直接向调查对象搜集未经加工整理的原始资料(初级资料);二是搜集别人已经调查整理过的二手资料(次级资料)。

统计调查是认识客观现象的初始阶段。人们要认识客观现象,就得深入实际调查,取得可靠、真实的资料,并将其加工整理,使之成为从个体特征过渡到反映总体特征的统计资料,达到认识事物的目的。

(二) 统计调查的要求

统计调查是统计整理和统计分析的基础。通过统计调查取得丰富的实际资料,是统计整理和统计分析的前提。统计调查是保证统计工作质量的基本环节,原始资料的正确与否,很大程度上决定了整个统计工作的质量。如调查来的资料残缺不全,错误百出,就不能如实反映统计研究对象的客观面貌,不能揭示其内部存在的数量及其数量关系和发展规律,甚至会得出错误的结论,导致工作失误和决策失误,造成不应有的损失。因此,统计调查有以下三个基本要求。

1. 准确性

准确性是指统计调查所搜集的资料真实可靠,能够如实地反映被研究对象的客观情况,杜绝虚假、瞒报。只有这样,才能为统计分析提供客观依据,作出正确判断,才能得出科学的结论。准确性是统计工作的生命和灵魂,否则统计就失去了认识客观事物的基础和意义。

2. 全面性

所谓全面性是指按照统计调查的要求,对调查单位和有关项目的资料进行全面搜集,不遗漏、不重复,从而掌握其内在联系的事实,反映客观事物发展过程中的特征、发展趋势和规律。经过分析,得出正确的结论。

3. 及时性

及时性是指按照统计调查方案规定的时间收集和上报统计资料。统计资料有着很强的时效性,过时的资料犹如雨后送伞,不能达到预期效果,会影响统计分析的结果,甚至造成不该产生的损失。

统计调查的准确性、全面性和及时性是统计工作的基本要求,在实践中往往会发生矛盾,做到了准确性可能会影响及时性和全面性,注意了全面性,往往又会影响了准确性和及时性,注意了及时性又往往会影响准确性和全面性等。我们要学会善于解决这些矛盾。准确性是基础,在准中求快,准中求全。这就要求广大统计人员必须认真对待、严格遵守统计法规,要有高度的责任感,一丝不苟、认真工作。大兴调查研究之风要深入实际,切实抓好基层统计工作的质量,只有这样,才能充分发挥统计的服务和监督作用,完成统计任务,获得预期效果。

二、统计调查的种类

客观现象是错综复杂、千变万化的。在组织统计调查时,应根据不同的调查对象和调查目的,灵活地选择调查方式方法,以取得良好的效果。统计调查可以从不同的角度分类。

(一)按统计调查的组织形式分为统计报表制度和专门调查

1. 统计报表制度

统计报表制度是一种按国家统计法规制定的搜集基本统计资料的重要调查方式,是以统一规定的表格形式和指标项目,统一报送程序和报送时间,自上而下布置,由企事业单位由下而上逐级汇总上报资料的统计报告制度。

2. 专门调查

专门调查是为某一特定目的,研究某些专门问题所组织的一种调查方式。包括普查、重点调查、典型调查、抽样推断等。这些将在后面详细介绍。

(二) 按统计调查对象包括的范围分为全面调查和非全面调查

1. 全面调查

全面调查是指对构成研究对象总体的所有单位无一例外地进行调查。如人口普查,我国第一次、第二次、第三次经济普查等。这种调查能取得所有被调查对象的全面而又系统的资料,对我国许多社会经济领域发挥着重要作用。但它涉及面广,需要耗费大量人力、物力、财力和时间,工作量大,可能出现的统计误差也较大,选择的调查项目也是一些基本指标。

2. 非全面调查

非全面调查是对构成研究对象总体中的部分单位进行调查,包括抽样调查、重点调查、典型调查。在实际应用中,非全面调查具有其独特的优点,如抽样调查可以用较少的人力、物力、财力和时间取得较多项目的统计资料,而且由于调查单位少,可以获得准确而详细的资料。同时,这些资料时效性强,能满足调查的要求,取得良好效果。

(三) 按调查登记时间是否连续分为经常调查和一次性调查

1. 经常调查

经常调查是指对某一现象某一时期进行调查,即随着调查对象在时间上的变化,进行连续不断的调查登记,取得其在一段时间内全部发展过程资料。如商品销售量和销售额的统计调查等,可以及时地反映商品市场供需发展变化的动态。促进产、供、销协调运行,抓生产,保障供给,满足人们需求。

2. 一次性调查

一次性调查是指对某一现象在某一时点状况进行调查,即对被研究对象每隔一段时间进行一次调查登记。如我国现行规定每隔10年进行一次的人口普查。它可按间隔时间的不同分为定期调查和不定期调查。

（四）按统计资料搜集方法不同分为直接调查和间接调查

1. 直接调查

直接调查是指调查人员亲临现场亲自动手进行调查搜集资料。具体的操作形式有直接观察法、采访法、网络通信法、实验调查法、报告法等。

（1）直接观察法是调查人员深入亲临现场，对被调查对象进行直接观察询问、计数、测量等取得统计资料的一种方法，如库存商品的盘点、车流量的调查等。这种方法简单易行，研究对象可以保持自然的状态，准确性较高。但花费的人力和时间较多，只能在小范围内进行，且不能对历史资料进行观察。

（2）采访法是指调查人员通过与被调查者面对面交流而获得资料。具体形式分为口头询问法和被调查者自填表格法。这种方法取得资料的准确性主要依靠调查人员和被调查者配合程度好坏以及被调查者的态度。优点在于调查人员与被调查者可以直接交流沟通。缺点是花费人力、时间、财力较多。

（3）通信法是指调查人员利用通信方式向被调查者收集资料，如邮寄调查、电话调查、网络调查等。这种调查的优点是花费较少。缺点是当被调查者缺乏协作时，调查资料的回收率和准确率较低。

（4）实验调查法是指调查人员通过某种实践活动的经历去搜集资料。如将新产品免费发放给使用者试用，通过回馈意见来搜集资料。

（5）报告法是指以各种原始资料和核算资料为依据，由填报单位按有关法规向上级或相关单位报送资料，如报送统计报表等。

2. 间接调查

间接调查是指调查人员搜集二手资料的方法。调查人员可以通过查阅文献、报刊、统计公报和统计年鉴等获取资料，也可以通过广播、电话、电视、互联网等通信手段获得信息。目前网络搜索是一种快捷的获取资料的形式。网上调查在组织实施信息采集、信息处理等方面具有明显的优势。

在实际运用时，上述各种调查方法不是单一使用的。具体使用什么调查方法，应视不同的目的和要求，根据调查对象的特点，结合具体情况加以选择，或多种方法结合运用，使之更切合实际和符合客观条件，形成调查方法体系。

第二节　统计调查方案

统计调查是一项复杂的系统工程，涉及面广，需要较多人员共同参与配合才能完成任务。因此，在进行调查之前要制定一个周密、完整和科学的指导性文件，即调查方案，以保证顺利完成任务，达到预期目的。一个完整的统计调查方案包括以下内容。

一、确定调查目的和任务

在统计调查之前需要先确定调查目的，明确通过调查需要解决什么问题，搜集哪些资料。有了明确的目的和任务，才能有的放矢地确定向谁调查、调查什么，采用哪些方式方法进行调查。

调查目的应简明扼要，表达清晰。例如，2010 年第六次全国人口普查的目的是查清从 2000 年第五次人口普查以来我国人口数量、结构、分布和居住环境等方面的变化情况。为科学制定国民经济和社会发展规划，统筹安排不断满足人民的物质和文化生活需求，实现可持续发展，构建社会主义和谐社会，提供真实准确、完整、及时的人口统计信息。

二、确定调查对象和调查单位

调查对象指被调查的客观现象总体，它由调查单位组成。确定调查对象就是要明确规定该总体的范围和统计界限。如我国第六次人口普查对象是普查标准时点上在中华人民共和国境内的自然人以及中华人民共和国境外但未定居的公民，不包括在中华人民共和国境内短暂停留的境外人员。

调查单位是指构成调查对象的每一个个体。如我国第六次人口普查的调查单位是上述统计总体中的每一个人。调查单位是调查资料的载体，是调查资料直接的、具体的承担者。

与此同时，还要确定填报单位，即负责填写调查表或提交报表的单位。调查单位与填报单位有时是一致的，有时不一致。如某市失业人口情况调查，若规定直接由失业者填写报表，则调查单位与填报单位是一致的；若要求基层民政部门填写报表，二者就是不一致的，失业者是调查单位，基层民政部门则是填报单位。

三、拟定调查项目和调查表

调查项目指需要调查登记的具体内容。调查项目必须围绕调查目的，以"少而精"为原则。凡与调查目的无关的项目必须删除；得不到答案或答案不完整的项目不要列入；调查项目的各项内容应有严密的逻辑关系，以便相互核对，检验其结果正确与否。在此基础上设计调查表。如我国第六次人口普查登记的主要内容包括姓名、性别、年龄、民族、受教育程度、职业、国籍、住房情况等。

调查表指将拟定的调查项目按一定顺序排列的表格，以便填写和登记调查单位的具体特征和情况。调查表是统计调查的重要资料，它要求条理清晰地填写所需要的资料，以便于汇总整理。我国第六次人口普查分短表（普通表）、长表，长表从普通表中抽 10% 填报。

调查表又分单一表和一览表两种。

(1) 单一表是指供一个调查单位单独登记的表格,有多少个调查单位就需要多少份调查表。它所列示的调查项目比较详细,适用于登记项目多而调查单位分散的情况。如我国工业企业定期统计报表、学生情况登记表等均属于这类表格。

(2) 一览表是指在一份表格上可同时登记若干个调查单位资料的表格。它适用于登记项目相对较少,可对多个单位集中登记的情况。如我国第六次人口普查时所用的调查表即属此类表。一览表的优点是每一个调查单位的共同事项,只需登记一次,可以节省人力、物力和时间。但不能容纳较多的项目。

无论是单一表或一览表,都应围绕调查提纲所要求的项目,力求简单明了、排列有序,便于核对检查。对表中所列示的某些项目有必要向登记者解释的内容,可另附填报说明。

四、确定调查的时间和地点

(一) 确定调查时间

确定调查时间有两种含义:一种含义是确定统计资料所属的时点或时期。由于资料的性质不同,有的资料反映现象在某一时点上的状态,如人口数、职工人数、企业个数等。对于这些资料的调查,要规定统一的时点。这一时点称为标准时点。如全国第六次人口普查标准时点是2010年11月1日零时。有的资料反映现象在一段时间内发展过程的结果,如原材料消耗量、商品销售额等。对这类现象要明确调查资料所属时期的长短,如一日、一月、一季或一年。所要登记的资料是指该现象的起始至最后时间内的累计数字。

确定调查时间的另一种含义是确定调查工作的起讫时间,即从搜集资料开始到向上报送资料为止,整个工作过程所需要的时间。我国第六次人口普查调查登记时间为2010年11月1—10日结束。

(二) 确定调查地点

调查地点是指登记资料的地点。一般情况下,调查地点与调查单位所在地是一致的。如我国第六次人口普查登记采用现住地登记原则,每个人必须在现住地进行登记。但有时二者也不一致,如上例中某些居民暂时离开常住地,则不论被调查者居住在何处,户口所在地也要登记相应信息。

五、制订调查组织实施计划

调查组织实施计划是指从组织上保证调查工作顺利进行的措施。其主要内容包括:调查工作的组织机构、调查人员的配备、调查的方式方法、调查的工作地点、调查的文件准备、经费来源和主要经费开支计划等。对规模大或缺乏经验的统计调查,事先需要进行试点调查。全国第六次人口普查时,国务院和地方各级人民政府设立第六次全国人口普查领导小组及其办公室领导组织实施全国和本地区的人口普查工作,村民委员会、居民委员会设立人口普查小组,同时规定了经费来源、普查人员、宣传工作等事宜。

第三节 统计调查组织形式

一、统计报表制度

如前所述,统计调查有不同组织形式,主要有统计报表制度和专门调查。统计报表制度是按国家统计法规定,自上而下布置,统一规定表格形式、报送时间和程序,自下而上逐级汇总上报的统计报告制度。统计报表制度所包含的范围全面,项目比较系统,指标内容和调查周期相对稳定。目前,它仍是我国统计调查中搜集统计资料的重要组织形式之一。

(一) 统计报表制度的特点

统计报表制度具有以下特点。

(1) 它是为国民经济和社会发展宏观管理需要而周密设计的信息系统。以基层单位日常业务的原始记录和统计台账为基础,包括一系列登记项目和指标,要求规范、完整,所获得的资料具有可靠的基础,保证资料的统一性,便于在全国范围内汇总、综合。

(2) 它是用行政手段执行的报表制度,要求严格按统计法规贯彻执行,发出的统计报表要有100%的回收率。填报的项目、指标相对稳定,有利于完整地积累资料,进行历史对比,反映经济发展和社会发展的规律。

(3) 它采用层层上报、逐级汇总的方式,以满足各级管理部门和统计机关对资料的需求。

(4) 统计报表制度是一个庞大的组织系统,要求各基层单位有健全的原始记录和统计台账等良好基础。特别是要建立一支熟悉业务的专业统计人员队伍。

(二) 统计报表分类

统计报表制度是以颁发各种统计报表收集资料。它可以从不同角度进行分类。

1. 按内容和实施范围分为国家统计报表、部门统计报表、地方统计报表

国家统计报表是由国家统计局根据全国性的统计调查项目和统计调查计划而颁发的报表,用来搜集全国范围内的社会和经济等发展情况的统计资料,以掌握和了解国情、国力。

部门统计报表是有关部门为了业务管理需要而制发的专业性统计报表,搜集本部门、本系统有关经济和业务技术的统计资料。

地方统计报表是地方政府为适应本地区特点,满足本地区需要为其计划和管理服务而制发的统计报表。

2. 按报送周期长短分为周期短的报表和周期长的报表

周期短的报表,如日报、旬报,要求资料迅速上报,填报项目较少。

周期长的报表,如月报、季报、半年报、年报,要求资料全面、完整,填报项目较多。

3. 按填报单位不同分为基层统计报表和综合统计报表

基层统计报表是由基层企事业单位填报的报表,反映一个基层单位的情况,是综合统计报表的基础。

综合统计报表是由主管部门或统计机关根据基层报表逐级汇总填报的报表,反映一个部门、地区、国家的经济、社会基本情况。

4. 按报送方式不同分为电信报表和邮寄报表,网上申报

电信报表用电报、电话、传真、计算机、互联网等方式报送,以日报、旬报为主。

邮寄报表是通过邮局寄送,以月报、季报、半年报、年报为主。

(三)统计报表制度的作用

统计报表制度在我国的国民经济建设和社会发展中具有重要作用。

(1)通过统计报表制度,可以准确、及时、全面而系统地搜集国民经济和社会发展的基本统计资料,为制定国家长远发展规划,谋划未来提供依据。

(2)通过统计报表制度及时搜集国民经济社会发展基本统计资料,据此掌握客观规律和社会发展实际情况,进行统计分析,及时总结经验,发现问题并予以纠正,促进社会经济的可持续发展。

(3)企业能及时了解本企业生产、经营状况,积累资料,进行营运分析,以提高企业的经济效益。

(四)统计报表制度的基本内容

统计报表制度包括报表目录、表式和填表说明三个部分。

1. 报表目录

报表目录明确规定各种报表的表种、表号、表名、报告日期、统计范围、填报单位、报送程序等。

2. 表式

表式是指统计报表的具体格式和需要填报的指标项目。此外还有报送单位负责人和填表人签字等内容。统计调查资料就是通过这类表式的填报而取得，所以表式是统计报表制度的主体。

3. 填表说明

填表说明是指对有关问题的解释、填写方法以及其他有关注意事项。主要包括以下内容。

（1）填报范围，即报表实施范围，指明每种统计报表应由哪些单位填报，各级主管部门或统计部门的综合汇总范围，以避免遗漏重复，使之具有可比性。

（2）统计项目，即统计报表上应填列的项目和指标，以及与之有联系的分类和分组。这是填报单位填报有关统计报表的重要依据，如工业企业填报产品产量报表时，根据"主要产品产量目录"填报。当然，随着客观情况和管理工作的变化，各类目录并非一成不变，可根据需要作必要的修改。

（3）指标解释，具体解释指标的概念、计算范围、计算方法及其他有关事宜。统计指标解释要力求达到指标的概念简明清晰，计算范围界限分明，计算方法具体详细，使填报单位对指标概念有统一的理解。在计算范围和方法上有统一的标准。

二、专门调查

专门调查是统计工作中重要的调查组织形式。按其特点和作用不同，可以分为普查、重点调查、典型调查和抽样调查四种。

（一）普查

普查是指为完成某种特定的调查任务而专门组织的每隔一定时间所进行的一次性全面调查。主要用于搜集重要的国情国力资料，如人口普查、经济普查、农业普查等。普查一般在大范围内进行，它所搜集的是统计报表难以提供的、更为详细的资料。普查一般工作量大，需要大量的人力、财力、物力，时间性强，任务繁重。因此，普查不是经常进行的，通常是每隔一段时间才进行一次。如我国人口普查基本上每隔10年进行一次，如1990年、2000年、2010年分别进行的全国第四、五、六次人口普查。我国六次人口普查时间如表2-1所示。

表 2-1　我国历次人口普查时间表

次数	年份	标准时点
第一次	1953	7月1日零时
第二次	1964	7月1日零时
第三次	1982	7月1日零时
第四次	1990	7月1日零时
第五次	2000	11月1日零时
第六次	2010	11月1日零时

普查是一项技术性很强的专业工作,对资料的准确性和时效性要求较高,需要制定调查方案。

1．规定统一的标准时点

对被调查对象登记时,要规定统一的标准时点。所有普查资料都要反映调查对象在这一时点上的状况,以避免重复或遗漏。如我国第六次人口普查的标准时点定在2010年11月1日零时,全国所有地区的人口统计资料,都是反映这一时点上的实际状况。

2．规定普查登记的统一期限

各调查点对普查范围内所有调查单位应在规定的普查登记期限内登记完毕,以便做到步调一致,保证统计资料的准确性和及时性。如我国第六次人口普查规定的登记时间为2010年11月1—10日,10天内登记完毕。

3．规定统一的普查项目和指标

普查必须按照统一规定的项目和指标进行登记,不得任意改变或增减,以便综合汇总,保证资料质量。对同一现象的普查,每次普查的项目和指标力求一致,并按规定的周期进行,以便与历次普查资料进行对比分析,从中观察现象的变化规律和发展趋势。

4．制订实施计划

普查工作繁重复杂,在开始工作之前,要制订实施计划,其内容一般为:
(1) 建立和健全普查机构。
(2) 制定普查方案,确定普查对象、普查单位、普查项目和时间。
(3) 培训普查人员及物资准备。
(4) 进行试点,取得经验,借以修订普查方案和工作细则。
(5) 进行普查登记,并将资料及时报送受理机构。

(6) 汇总分析普查资料。

(7) 总结。

5. 做好宣传工作,广泛动员群众

普查工作量大面广,要广泛宣传,使调查对象明确调查目的,得到他们的理解和配合,以取得满意的结果,达到预定的目的。如第六次全国人口普查对上述实施作了详细具体的规定,保证调查任务的完成。

(二) 重点调查

重点调查是从被调查总体中,选择其中的一部分重点单位进行调查,借以了解和掌握现象总体基本情况的一种非全面调查。所谓重点单位是指那些在数量上虽然只占全部总体单位数量的小部分比重,但被调查的某一标志值却在总体这一标志总量中占有绝大部分的比重。通过对这些单位的调查,就能掌握总体的基本情况,如要了解在改革开放中,吸收、利用外资情况,可选择上海、天津、广州、深圳等沿海城市,它们虽然只是几个城市,但其吸收、利用外资在全国所占的比重很大,以此总结经验,吸取教训,更好地扩大对外开放,充分利用外资,加快我国社会主义现代化建设。

重点调查的优点在于被调查单位少,可调查的项目和指标较多,能以较少的时间、人力、财力搜集到能满足有关部门所需要掌握的基本资料,效果良好。

在进行重点调查时,应该注意三点:①调查对象中所要了解的某一标志值确有重点集中趋势的情况存在,并已知其重点所在,因而调查对象的选择带有主观因素。②统计调查的任务只要求掌握能够反映基本情况的重点资料即可,并不要求精确的全面资料。③重点调查的资料不能用来推断总体的数值或特征。

重点调查的组织形式有组织专门调查,也可颁发统计报表,由选中的重点单位填报。

(三) 典型调查

典型调查是根据调查的目的和要求,在对被调查总体进行全面分析的基础上,有意识地从中选择具有代表性的典型单位进行深入细致的调查研究,借以认识事物的本质及其发展规律的一种非全面调查。所谓典型单位,是指那些最集中、最充分地体现总体某一方面共性的单位。

典型调查的作用表现在以下四点。

(1) 研究尚未充分展现、处于萌芽状态的新生事物或某种倾向性的问题。通过对典型单位深入细致的调查分析,可以及时发现新情况,研究新问题,探索事物的发展变化规律和趋势,进行科学预测。

(2) 分析事物的不同类型,研究它们之间的相互联系和区别,促进事物的协调发展。

(3) 典型调查可以弥补全面调查的不足。因为全面调查面广量大,只能搜集最基本的统计资料。而典型调查只调查少数有代表性的单位,可以进行深入细致的分析研究,取得详细全面的资料,弥补了全面调查难以掌握的情况。以做到胸中有全局,手中有典型。

(4) 当选择的典型单位具有充分足够的代表性且总体中各单位之间标志值差异不大时,典型调查的结果可以用来推断总体的指标数值和特征。

在我国税制改革中,如财政部、国家税务总局,从 2012 年 1 月 1 日起,以上海市交通运输业和现代服务业开展"营改增"的试点作为典型,以实施结构性减税,从改革试点的典型调查分析:总体进展平稳有序,结果积极有效,成效好于预期,社会各界反映良好,达到了相关服务业整体减税,促进服务业的发展,拓展了市场空间,提升了商品和服务出口的竞争力。从而积累了经验,深化完善,放大效应,逐步推广到全国及其他服务行业,于 2016 年 5 月 1 日我国全面试行营业税改征增值税,从此营业税退出了历史舞台,为全国扩大"营改增"起到良好的示范作用。

典型调查能否取得良好的效果,关键是正确地选择典型单位。在实际操作中需要注意以下三点。

(1) 要根据统计调查的目的和调查对象的特点,正确划分现象类别,确定所选典型。

(2) 要选择最具有代表性的典型单位,使其充分体现总体的共性,起到"解剖麻雀"的作用。通过调查典型单位,就能了解总体,做到"胸中有全局,手中有典型"。

(3) 根据总体各单位之间某种差异的程度,确定选择单位的多少。差异程度大的,可以多选一些典型单位;反之,则可少选一些。

(四) 抽样调查

抽样调查是按照随机原则从总体中抽取一部分单位组成样本,对样本进行调查研究,并以样本指标估计或推断总体指标数量和特征的一种非全面调查。抽样调查是现代推断统计的核心,应用相当广泛。关于这方面的理论和方法将在第七章中专门讨论。

几种非全面调查比较如表 2-2 所示。

表 2-2　几种非全面调查比较

调查形式 项　　目	典型调查	重点调查	抽样调查
调查目的	研究总体规律性或研究某一专门具体问题	为掌握总体基本情况	用样本指标推断总体指标,并用概率保证其可靠程度的专门调查
调查的组织形式	专门调查,有时也用统计报表形式	专门调查或利用统计报表调查	专门调查

续表

调查形式 项　目	典型调查	重点调查	抽样调查
调查单位的选择	有意识地挑选在总体中具有代表性的单位	有意识地挑选在总体某一标志总量中占有绝大比重的单位	按随机原则抽取样本单位
调查结果能否推断总体	一般不能，在对准确性要求不高、总体单位标志值差异不大时也可推断总体	不能	能

三、统计问卷调查

统计问卷调查是调查者根据调查目的，按照严密的逻辑结构精心设计的一份调查表格。经被调查者填写过的问卷，就是调查所取得的原始资料。它是用来搜集统计资料的方法之一。

问卷调查是现代统计调查中一种十分重要的方法，而在问卷调查中，问卷设计又是其中的关键，问卷设计的好坏，将直接决定着能否获得准确可靠的统计信息。

（一）问卷调查的内容

一份完整的统计调查问卷，通常包括问卷名称、问卷说明、问卷主体和作业记录四部分内容。

1. 问卷名称

问卷的名称应简明扼要，概括统计调查的主题，以便被调查者明确主要的调查目的和调查内容。

2. 问卷说明

问卷说明指置于问卷前面，用来说明调查的目的、内容和要求，请求被调查者给予合作等。通常包括：

（1）调查的目的和意义。

（2）指标解释、调查须知及其他事项说明等。

（3）如涉及被调查者隐私的内容，必须指明予以保密，不对外提供等，以消除被调查者的顾虑。

3. 问卷主体

问卷调查的主体内容主要是根据调查目的所设计的一系列问题和可供选择的答案。问卷主体是调查者所要调查的基本内容,是调查问卷中最重要的部分。问卷主体内容设计的好坏,将直接影响整个统计调查的准确性。

4. 作业记录

作业记录是由调查者最后填写自己的姓名、调查日期、调查时间等,表明问卷执行和完成情况的记录,以便于审核和进一步追踪调查。

(二) 调查问卷设计的要求和原则

问卷设计的思想性和技术性很强,是取得准确可信资料的关键所在。在设计过程中要注意以下要点。

(1) 主题明确,形式简明。

(2) 问句的文字通顺,容易理解,便于回答。措辞要准确、客观。内容必须十分具体,不带任何倾向性和暗示,要避免重复。

(3) 涉及问题应该是可以测定的,便于以后进行数据录入和分析。

(4) 问句排列应充分体现调查提纲要求的逻辑结构,层次分明,先易后难,先问有关事实性问题,后问态度和意向方面的问题,最后问理由方面的问题。

(5) 问句的数量不宜过多。考虑到被调查者的耐心程度,问题的数量以被调查者能够接受的答题时间为准则。

(三) 调查问句常用的形式

1. 自由回答法

这类问句只提出问题,没有指定可供选择的答案,由被调查者自由回答,不受限制。这种问卷有利于获得丰富的统计信息,但其答案可能漫无边际、词不达意、可信度差,同时,也不容易汇总,给统计信息处理带来难度。

2. 两项选择法

两项选择法是这类问句给出非此即彼的两个答案,要求被调查者从中选择一个,回答"是"或"否"。这种方法容易提问,也容易回答。回答问题者态度明朗,能获得明确的答案,便于事后统计处理。但其不能反映回答问题者意愿的强弱,对于那些既不肯定也不否定的答案无法表示,只适用于搜集简单的事项或表态。

3. 多项选择法

这是由调查者列出问句,同时给出多种可能的答案,由被调查者从中选择最符合自己意愿或情况的一个或几个答案。这种方法具有两项选择法的优点,且灵活性更大。

在采用此法时,所给出的设问应该注意几点:给出的设问包括需要了解所有可能的答案;各种可能的答案必须互斥,不能相互交叉和相互包容;应从多项答案中选择一项还是选择几项,设问时必须表达明确,使设问与答案之间不会出现矛盾。

4. 赋值评价法

这种方法是用打分数或定等级来评价事物的好坏优劣。打分时,通常用百分制或十分制,等级一般定一级到五级或一级到十级。这种方法简便易行,评价活动余地也较大,而且便于统计处理和比较。但其分数的多少和等级的高低难以掌握尺度,往往因人而异,差距很大。因此,应用此法时,对其打分或定级的标准要作出统一的规定,供答问者参考。

第四节 统 计 整 理

一、统计整理的意义和方法

(一)统计整理的意义和作用

统计整理就是根据统计研究的目的和任务,对统计调查所搜集到的原始资料进行科学的汇总,或对已经加工的统计资料进行再加工,使其条理化、系统化的工作过程。统计整理包括对原始资料和次级资料的整理。

统计整理是统计调查的延续,是统计分析的前提和基础,在整个统计工作中起着承上启下的作用。

统计调查所取得的资料是分散而杂乱的,只能说明总体单位和总体的一般情况,不能反映总体全部特征。统计整理是对调查来的资料进行科学的整理加工后,形成能说明总体特征的综合资料,从而使之由反映总体单位特征的标志转化为反映总体综合特征的统计指标,是对社会现象从个体量的观察到对社会经济现象总体量认识的连接点,是人们对社会现象从感性认识到理性认识的过渡阶段。

(二)统计整理的方法和步骤

统计整理工作是一项系统的工作,具体工作内容包括对统计资料的审核、分组、汇总和编制统计图表等环节。

要做好这项工作，必须有计划地采用科学的方法进行。通常包括下列几个步骤。

1. 制定统计整理方案

在进行统计整理工作之前，要根据统计研究的任务和要求，对调查资料怎么处理做一个整体规划。这个整体规划就是统计整理方案。

统计整理方案包括确定统计分组的方法、用哪些指标来说明总体特征和对总体资料的处理方法。统计整理方案是确保统计整理工作有步骤、有计划开展的首要前提。

2. 审核原始资料

为保证统计资料的准确、及时、完整和系统性，对调查得到的资料要从逻辑和计算两方面进行审核。

审核的具体内容包括：调查单位是否有重复遗漏，所有调查项目是否填写完整；填写的内容是否有有悖逻辑、自相矛盾的地方；调查资料是否符合规定的时间；审核调查表中的各项指标数字计算方法、计算结果有无差错，合计数是否准确等。如发现问题，应及时查明原因并予以纠正。

3. 统计分组和汇总

根据研究任务和要求，确定调查所得的原始资料哪些需要分组或分类。统计分组的关键是选择正确的分组标志和合适的组限。关于统计分组在后面将作详细介绍。

统计汇总是在统计分组的基础上，把总体单位各标志值进行汇总。汇总方法主要有手工汇总和电子计算机汇总。科学的分类汇总是统计整理的重要环节，只有正确地分组汇总才能揭示总体的特征和规律。

4. 绘制统计图表

绘制统计图表是把汇总的资料按一定的规则在统计表或统计图上表现出来。

统计表和统计图是统计资料的表现形式，是统计整理成果的体现，这些内容将在以后详细介绍。

二、统计分组

（一）统计分组的概念

统计分组是根据统计研究的目的和要求，按照选定的标志将总体划分为若干个不同的类型或不同的组，使组与组之间有较明显的差异，使同一组内的单位具有相对的同质性，从而将调查取得的大量无序的统计资料整理成为有序的、层次分明的、能表现总体属性和特征的资料。

(二)统计分组的作用

统计分组是统计整理的重要方法,其作用主要有以下三个方面。

1. 划分现象的类型

统计分组的基本作用在于划分现象不同类型。客观现象是错综复杂的,现象内部各单位之间有其共性的一面,因而构成同质总体;它们又有个性的一面,相互之间存在某些差异。在进行统计分组之前,这种差异处于无序状态,显现不出来。通过统计分组,可划分总体内部单位的不同类型,进行分门别类的研究,对搜集的统计资料进行比较分析,综合汇总,揭示它们的特征和相互联系。如企业按产业活动可以划分为第一产业、第二产业、第三产业;按登记注册类型可以划分为内资企业、港、澳、台商投资企业、外商投资企业等多种类型。

2. 反映现象的内部结构

总体是由大量个别单位组成,在将其划分成不同类型的基础上,计算出各种不同类型单位在总体单位中所占的比重,可以说明各个组成部分在总体中的分布状况,反映现象总体的内部结构,从而揭示客观现象的性质和发展变化的规律。

统计分组既可以采用品质标志分组,也可以采用数量标志分组。如表 2-3 中通过对上海市生产总值按照产业类型分组,可以看出,上海市 2017 年第三产业产值比重达到生产总值的 69%,该市在以习近平总书记为核心的党中央领导下,全面贯彻党的方针政策,加大改革力度,落实国务院和上海市委的决策部署,在创新驱动、转型发展中产业结构发生很大变化。

表 2-3 2016 年和 2017 年上海市生产总值按产业类型分组表

产业类型	2016 年		2017 年	
	生产总值(亿元)	比重(%)	生产总值(亿元)	比重(%)
第一产业	109.47	0.40	98.99	0.3
第二产业	7 994.34	29.10	9 251.40	30.7
第三产业	19 362.34	70.50	20 783.47	68.9
合计	27 466.15	100.00	30 133.86	100.00

从 2004 年 12 月 31 日和 2008 年 12 月 31 日全国进行的第一次、第二次经济普查结果可以看出,单位从业人员学历、职称、技术等级情况如表 2-4 所示发生了很大变化,反映

出单位从业人员素质显著提高,对单位的转型发展、创新驱动、可持续发展提供了有力的科学技术支撑。

表 2-4　全国第一次、第二次经济普查单位从业人员学历、职称、技术等级情况表

项目	第一次经济普查		第二次经济普查	
	从业人员(万人)	比重(%)	从业人员(万人)	比重(%)
一、从业人员合计	21 459.3	100.0	27 311.5	100.0
具有研究生及以上学历者	152.1	0.7	358.6	1.3
具有大学本科以上学历者	1 708.1	8.0	3 106.0	11.4
具有大专学历者	3 360.9	15.6	4 796.1	17.6
具有高中学历者	7 206.6	33.6	8 610.5	31.5
具有初中以下学历者	9 031.6	42.1	10 440.3	38.2
二、具有技术职称的人员合计	4 182.8	100.0	4 559.7	100.0
具有高级技术职称者	399.7	9.6	515.1	11.3
具有中级技术职称者	1 543.0	36.9	1 747.5	38.3
具有初级技术职称者	2 240.1	53.5	2 297.1	50.4
三、具有技术等级证书人员合计	2 009.1	100.0	2 381.1	100.0
高级技师	51.8	2.6	98.2	4.1
技师	164.2	8.2	280.7	11.8
高级工	659.8	32.8	793.6	33.3
中级工	1 133.3	56.4	1 208.6	50.8

资料来源:摘自第一次、第二次全国经济普查主要数据公报(国家统计局)

3. 分析现象之间的依存关系

客观现象是一个复杂的整体,各种现象不是孤立存在的,它们之间存在相互联系、相互制约的依存关系,一种现象的变化会受另一种现象变化的影响。通过统计分组,反映这种依存关系及其对现象发展过程中的影响程度,分析影响因素中哪些是主要的,哪些是次要的。例如,居民收入和消费支出之间的关系,适当施肥量与农作物产量之间的关系,商品销售额与流通费用率之间的关系,都可以通过统计分组反映它们之间的依存关系,从而分析各因素变动对结果产生的作用程度。

如居民收入与恩格尔系数有依存关系,居民收入越高,恩格尔系数越低;反之恩格尔系数越高,反映人们生活富裕与贫困程度如表 2-5 所示。恩格尔系数 $= \dfrac{\text{食品支出额}}{\text{居民消费支出总额}}$

表 2-5　某地×年居民家庭收入与恩格尔系数表

按收入分组(美元)	2 000 以下	2 000~3 000	3 000~4 000	4 000~5 000	5 000~6 000	6 000~7 000	7 000~8 000
恩格尔系数(%)	64.9	60.2	56.7	54.4	50.5	49.5	46.6

三、统计分组标志的概念及其选择原则

（一）统计分组标志的概念

所谓统计分组标志，就是划分总体单位为不同性质类型组的标准。要充分发挥统计分组的作用，必须正确选择分组标志，保证科学分组。不同的分组标志反映着总体的不同特征。因此，要根据统计研究的目的和任务，选择能够反映客观现象本质特征的标志。在实践中，分组标志的选择，不仅是个技术方法问题，而且还是一个重要的理论问题。

（二）选择分组标志的原则

选择分组标志要根据下面三个基本原则进行。

1. 要根据统计研究的目的和任务选择分组标志

同一总体中的总体单位可以按照许多不同标志进行分组，具体采用什么分组标志，主要取决于研究的目的和任务。例如，每个工业企业各自具有所属的经济类型、职工人数、产品品种、生产能力、盈利水平等各种标志。若要研究企业经济类型，要选择所有制类型为分组标志；若要研究企业的经营效果，要选择盈利水平作为分组标志。

2. 要选择最能反映现象本质特征的标志作为分组依据

在同一总体单位中的许多标志中，在为研究某一目的时，应选择最能反映事物本质特征的标志，才能得出触及问题实质的结果，达到预期效果。如果要研究企业的经营效绩，可选择营业盈利水平、劳动生产率、平均工资等作为分组标志。

3. 要结合研究对象所处的历史条件和社会环境选择分组标志

能反映现象本质的重要标志，往往会随着现象所处的时间、地点的变化而变化。某一标志，在这种条件下，可作为分组的重要标志；而在另一种情况下，由于时过境迁，会丧失其作为分组标志的现实意义。过去，人们常用职工人数的多少作为划分大、中、小型企业的分组标志，而在科学技术高速发达的当今世界，职工人数与企业规模已经没有必然联系，再用这个标志进行此类分组，显然意义不大。如上海洋山深水港码头的货物装卸，过去都是靠工人体力操作，现如今机械化程度相当高，整个码头上货物装卸几乎看不见人，都是计算机自动操作，而货物吞吐量却位列世界第一。

四、统计分组的种类

统计分组可以从不同的角度进行分类。

（一）按分组标志性质不同分为品质标志分组和数量标志分组

总体单位的标志有品质标志和数量标志，因此统计分组根据分组标志的性质不同，分为品质标志分组和数量标志分组两种。如职工可以按受教育程度分为研究生、本科生……；也可按工龄长短分为三年、五年……

1．品质标志分组

品质标志分组是根据统计研究的目的，选择反映现象性质属性差异的品质特征对总体单位进行分组。所谓品质标志是以事物性质属性来表现的标志。这种分组，有些比较简单明了，界限容易分清，如人口按性别分为男、女两组；有的则比较复杂烦琐、界限不容易分清，如在工业企业按部门细分类、工业产品按经济用途分类，行业众多，没有统一的标准，很难界定。类似这种分组，在实际操作中，为了方便和统一，国家统计部门制定了适合一般情况的标准分类目录。如《工业部门分类目录》、《工业产品分类目录》、《商品目录》等。为了便于各国间的比较，联合国还制定了国际通行的有关标准分类。

2．数量标志分组

数量标志分组是选择反映事物数量差异程度的数量标志对总体单位进行分组。所谓数量标志是以数量多少表现的标志。这种分组反映了客观现象的规模水平，在反映事物的变动及其过程中揭示质变，即从量变到质变。正确确定反映事物性质差异的数量界限，是按数量标志分组的关键。将数量标志进行分组又可分为两种，当离散型变量个数不多、变动范围不大时，可进行单项式分组；当离散型变量的变量个数较多，变动范围大和连续型变量则应进行组距式分组。这些将在后面研究变量数列的分组时详细讨论。

（二）按分组标志的多少分为简单分组、复合分组和分组体系

1．简单分组

简单分组是指按一个标志进行分组，只反映总体某一方面的数量状态和结构特征。如人口按性别分组、工业企业按所属经济类型分组。这种分组只能反映现象某一标志特征方面的差异变化，不能反映现象的其他特征情况。

2. 复合分组

复合分组是指按两个或两个以上标志重叠分组,即先按一个主要标志分组,然后再按另一个从属标志在已按主要标志分组的基础上再分组。如人口按性别先作简单分组,分为男、女两组后,再按接受教育程度分为研究生、大学文化程度、中学文化程度等。复合分组比简单分组说明的问题更多,能对总体作出比较全面和深入的分析,反映其内部类型和结构特征。但复合分组的组数将随着分组标志个数的增加而成倍地增加。因此,在进行复合分组时,分组标志个数不宜选得过多,要适当控制。

3. 分组体系

分组体系是根据统计分析的要求,通过对同一总体中的总体单位进行多种不同分组,而形成的一种相互联系、相互补充,从多方面反映总体内部关系的体系。在统计分析中,不论是简单分组还是复合分组,都只能对客观现象从某一个方面和某几个方面进行深入研究分析,不能说明现象的全貌,而统计分组体系则是从不同的角度来对总体单位进行系统全面的观察分析,它适用于对复杂现象的系统研究。

统计分组体系有平行分组体系和复合分组体系两种形式。平行分组体系是对总体采用两个或两个以上标志分别进行简单分组。如2014年12月31日,第三次全国经济普查单位可以按机构类型、产业活动、有证照的个体经营户几个标志同时分组,形成平行分组体系,如表2-6所示。

表2-6 第三次全国经济普查单位数与有证照个体经营户平行分组表

2014年12月31日 单位:万个

按机构类型分组	单位数	按产业活动分组	单位数	有证照的个体经营户	单位数
企业法人	1 085.7	第二产业	287.5	第二产业	188.3
机关事业法人	820.8	第三产业	1 015.9	第三产业	3 090.8
社会团体法人与其他法人	161.1				
合计	1 303.5	合计	1 303.4	合计	3 279.1

资料来源:第三次全国经济普查主要数据公报(国家统计局 2014.12.31)

复合分组体系是对总体同时选择两个或两个以上的分组标志重叠起来进行分组。如2014年12月31日我国第三次经济普查单位数、产业活动和有证照的个体经营户形成的复合分组体系如表2-7所示。

建立分组体系,应根据统计研究目的和要求,结合现象特点,确定分组标志,分成若干个组和主、辅顺序,达到既满足要求又体现现象特点。

表 2-7 我国第三次经济普查单位数与有证照个体经济户复合分组表

2014 年 12 月 31 日　　　　　　　　　　　　　　　　　单位：万个

机 构 类 型	单位数（万个）	机 构 类 型	单位数（万个）
1. 单位数	1 303.4	3. 有证照的个体经营户	3 279.1
其中：法人单位	287.5	其中：第二产业	188.3
机关事业单位	820.8	第三产业	3 090.8
社会团体法人与其他法人	161.5		
2. 产业活动单位	1 303.4		
其中：第二产业	287.5		
第三产业	1 015.9		

资料来源：第三次全国经济普查主要数据公报（国家统计局 2014.12.31）

五、分布数列

（一）分布数列的概念

在统计分组的基础上，将各组的总体单位数汇总计算，再按一定的顺序一一对应排列，说明总体单位数在各组的分布情况，这种形式称为分布数列。它能够反映总体的分布规律和性质，在统计分析中被广泛应用。

分布数列由两部分组成：一是分组的组别；二是与之相对应的各组总体单位数。其中各组总体单位数称为次数（或频数）。各组的次数与总体总次数之比称为比重（或频率）。各组的频数、频率大于 0，所有组的频率总和等于 100%。在变量分配数列中，频数（频率）表明对应组标志值的作用程度。频数（频率）数值越大，表明该组标志值对于总体水平所起的作用也越大；反之，频数（频率）数值越小，表明该组标志值对于总体水平所起的作用越小。

分布数列按其所选择的分组标志性质不同，可以分为按品质标志分组的品质分布数列如表 2-8 所示和按数量标志分组的变量分布数列如表 2-9 所示。

表 2-8 某厂某车间 20××年×月末职工人数统计表

按性别分组	人数（频数）（人）	比重（频率）（%）
男职工	250	62.5
女职工	150	37.5
合计	400	100.0

（二）变量数列的种类

变量数列是统计中常见的数列类型。按变量的性质和数据的多少，如前所述可分为单项式数列和组距式数列两种。

1. 单项式数列

单项式数列是指数列中每一组只有一个变量值。单项式数列适用于离散型变量数列,而且变量的取值不多,相互之间的差异足以使每个取值具有一种类型的意义。如表 2-9 所示,某车间工人生产某种零件数情况分组表,即属于此种类型。

表 2-9　某厂某车间×年×月工人生产某种零件统计表

按生产零件个数分组(变量值)(个)	工人数(次数或频数)(人)	比重(频率)(%)
10	6	5.6
12	14	13.0
16	50	46.3
18	20	18.5
20	16	14.8
22	2	1.8
合计	108	100.0

2. 组距式数列

组距式数列是指总体单位按某一标志值划分在某一区间取值范围内,适用于连续型变量数列或虽为离散型变量数列,但取值很多,不便于一一列举分组的情况。

所谓连续型变量数列是指其取值是连续的,每一组中的变量值可以用小数形式表示。分组后,前后相邻的各组之间的上限与下限重合。如某车间工人按生产定额完成程度分组的连续型分布数列如表 2-10 所示。

表 2-10　某月某车间工人按生产定额完成程度分组表

按生产定额完成程度分组(%)	工人数(人)	比重(频率)(%)
90 以下	5	4.8
90~100	14	13.3
100~110	37	35.2
110~120	29	27.6
120~130	15	14.3
130 以上	5	4.8
合计	105	100.0

所谓离散型变量数列,一般是指其变量值为整数,分组后前后相邻组之间的上、下限不重合。如表 2-11 所示为某地区 25 个商店按职工人数分组即为离散型组距分布数列。

表 2-11　某地区 25 个商店按职工人数分组表

按职工人数分组(人)	商店个数(个)	各组商店占总数的百分比(%)
15～25	5	20.0
26～35	3	12.0
36～45	3	12.0
46～55	5	20.0
56～65	2	8.0
66～75	2	8.0
76～85	5	20.0
合计	25	100.0

在组距数列中,影响各组次数分布的要素是组数多少和组距大小。

组数就是分组后形成的小组数目。每一组变量值中最大值称为上限,最小值称为下限;上限与下限之间的距离称为组距,上限与下限之间的中点值称为组中值。相邻两组的界限称为组限。

每一组数中,既有上限又有下限的组称为闭口组。

$$闭口组的组距 = 上限 - 下限$$

$$组中值 = \frac{上限 + 下限}{2}$$

当数据分布比较分散,特别是两端的极值相差很大时,则采用开口组的形式。开口组是指某一组中只有上限或者只有下限的组。分组后有的组可以只有上限而没有下限,用××以下表示;有的组只有下限而无上限,用××以上表示。如表 2-10 所示工人按生产定额完成程度分组形成的开口组,第一组 90% 以下,最后一组 130% 以上。开口组的组距一般可用相邻组的组距推算,组中值按下列公式推算:

$$组中值 = 上限 - \frac{相邻组组距}{2}$$

或

$$组中值 = 下限 + \frac{相邻组组距}{2}$$

统计分组要满足穷尽原则和互斥原则,连续变量值中同一变量值既是上一组的上限,又是其相邻的下限,统计时按"上限不在内"处理,即把该变量值归入作为下限的那一组进行统计。

有时为了满足统计工作需要,更简便地概括总体各单位的分布特征,还要编制累计频数和累计频率。累计方法有向上累计和向下累计两种。向上累计是指将各组频数或频率由变量值低的组向变量值高的组累计,表明在这些数值以下所有数值的累计频数或所占的比重累计频率;向下累计是指将各组频数或频率由变量值高的组向变量值低的组累计,表明在这些数值以上所有数值即累计频数所占的比重即为累计频率。如表 2-14 中某校 50 名学生统计学考试成绩表中的向上累计和向下累计。

当数据分布比较均匀时,可采用等距分组,编制等距式数列。这种数列分组规范,容易编制,应用广泛。在等距数列中,组距等于全距(全距=数列中最大值-数列中最小值)除以组数。组距的大小与组数成反比,组数越多,组距越小;反之,组数越少,则组距越大。因此,在分组时应考虑以能反映各类型组的特征,使组与组之间有明显差异为宜。

有些现象的资料数据很多,某一标志值呈单峰集中分布,可以参考史德杰斯经验公式计算分组的组数和组距。

$$组数 = 1 + 3.322 \lg N,$$

$$组距 = \frac{全距}{1 + 3.322 \lg N}$$

式中:N 为数据个数。

当数据分布很不均匀,为了正确反映各类型组的特征,需要采用异距分组。如人的生命周期各阶段的特征不同,若按年龄分组,则不宜用等距分组,而应用异距分组,如表 2-12 所示。

有些现象中各类型差异很大,其标志值呈等比级差变化,则组中值也应按等比级数确定。采用上限与下限的几何平均数,即上限与下限的乘积平方根,表 2-13 中第一组与第二组的组中值分别为 $\sqrt{1\times10}=3.1623$ 和 $\sqrt{10\times100}=31.623$,其他各组以此类推。如某地 450 家商店按营业额多少分组表中,反映其规模类型分布特征如表 2-13 所示。

表 2-12　某地人口按年龄分组情况表

按年龄分组(岁)	人数(万人)
1 岁以下	5
1~3	7
4~6	10
7~12	12
13~18	15
…	…

表 2-13　某地 450 家商店按营业额分组表

年营业额(千元)	百货商店个数(个)
1~10	6
10~100	132
100~1 000	214
1 000~10 000	88
10 000~100 000	9
100 000~1 000 000	1
合　计	450

(三)组距式变量数列的编制

编制组距式变量数列比较复杂,涉及问题较多。一般包括以下几个步骤。

(1)经审核后的原始资料按数值大小顺序排列,计算全距(R)。

(2) 确定组距和组限。

(3) 计算各组频数、频率。按需要计算累计频数和累计频率。

以某校某班学生统计学考试成绩为例予以说明。

【例 2-1】 某班 50 名学生统计学的考试成绩如下,试根据此数据进行分组,编制频数和频率分布表。

```
87  80  73  75  91  81  82  74  79  70
61  86  69  84  83  73  79  25  84  58
71  65  72  95  81  92  69  84  94  83
99  71  68  74  89  94  75  87  84  80
83  90  65  87  86  96  92  81  89  97
```

第一步,将上面的数据从低分到高分进行排序:

```
25  58  61  65  65  68  69  69  70  71
71  72  73  73  74  74  75  75  79  79
80  80  81  81  81  82  83  83  83  84
84  84  84  86  86  87  87  87  89  89
90  91  92  92  94  94  95  96  97  99
```

经过初步整理后,可以看出数据的大致集中趋势。其中,最小值为 25 分,最大值为 99 分,全距为 99－25＝74(分)。

第二步,确定组距和组数。考试成绩一般将全部数据分为 5 组。数列中最小值为 25,第一组可以选择开口组的形式,即 60 分以下,其余各组以 10 分为组距划分。

第三步,计算各组频数、频率、累计频数和累计频率。

根据第二步整理结果,可采用划记法统计各组频数,从而计算出频率、累计频数、累计频率。如表 2-14 所示。

表 2-14 50 名学生统计学考试成绩的分布表

按考试成绩分组(分)	人 数		向 上 累 计		向 下 累 计	
	频数(人)	频率(%)	频数(人)	频率(%)	频数(人)	频率(%)
60 以下	2	4	2	4	50	100
60～70	6	12	8	16	48	96
71～80	12	24	20	40	42	84
81～90	20	40	40	80	30	60
91～100	10	20	50	100	10	20
合计	50	100	—	—	—	—

采用组距数列时,要注意在现象变化中反映出不同质的差别,不仅要反映数量上的区别,而且在质量上也有一定差异。所以在决定组距时,不能太大,以免把质量上存在一定差异的单位归在一组。若组距太小,组数就会增多,总体在各组分布太分散,而且会将性质相似、差异不大的单位分在不同的组,难以看出现象的本质和发展规律。

(四) 常见的频数分布类型

在日常生活和社会经济中,常见的次数分布曲线有正态分布、偏态分布、U 形分布和 J 形分布等几种。

正态分布是一种对称的钟形分布,实际生活中很多现象服从这种分布,如商品市场价格、零件的公差等都服从这种分布。其特征为靠近中间的变量值分布次数最多,靠近两个极端的变量值分布次数少。正态分布是一种理论的分布形式,在实际中或多或少会呈现一定的偏态,如图 2-1 所示。

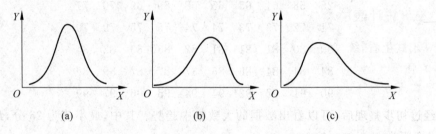

图 2-1　正态分布、左偏态分布(负偏)和右偏态分布(正偏)

U 形分布与正态分布相反,其特征是两端的频数分布多,中间频数分布少,形成两头大、中间小的分布曲线。如人口死亡率按年龄分组近似服从 U 形分布。在人口中,婴儿和老年人的死亡率高,中青年的死亡率低呈 U 形分布,如图 2-2(a)所示。

J 形分布有正 J 形和反 J 形两种。正 J 形分布表现为分布次数随着变量值的增大而增大,大都集中在右边。如投资额多少与利润大小,一般呈现正 J 形。反 J 形分布次数表现为随着变量值的增大而减少。如老年人数量按年龄高低分布,年龄越高,人数越少,如图 2-2(b)、图 2-2(c)。

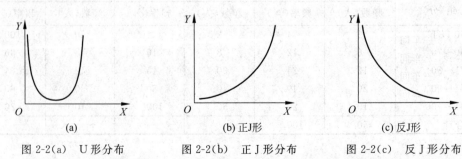

图 2-2(a)　U 形分布　　　图 2-2(b)　正 J 形分布　　　图 2-2(c)　反 J 形分布

第五节 统 计 表

一、统计表的概念和结构

（一）统计表的概念

把统计工作过程中搜集到的数字资料经过整理汇总后，按一定的项目和顺序填在设计好的表格内予以表述，这种表格称为统计表。

统计表是统计用数字"说话"的常用形式，具有完整而突出的表现能力，条理清楚，通俗易懂，便于比较分析，是系统提供和积累统计资料的重要工具之一。它能起到比用文字、数据叙述更生动、更深刻、更鲜明地说明问题的作用。

（二）统计表的结构

从形式上看，统计表由总标题、表头、横行标题、纵栏标题和数字资料等要素构成，如表 2-15 所示。

1．总标题

总标题是统计表的名称，概括说明统计表所反映的内容，置于表的正上方。

2．表头

表头说明统计表总体分成几个组成部分，以及相关组成的计量单位等。

表 2-15　统计表的构成要素

20××年×月某厂各车间完成定额工时情况

主　词		宾　词		
车　间		定额工时（工时）		完成百分比（%）
		计　划	实　际	
横行标题	一车间	4 000	4 400	110
	二车间	6 000	6 300	105
	三车间	5 000	4 500	90
	四车间	8 000	8 640	108
	合　计	23 000	23 840	103.5

（表头｜数字资料）

3. 横行标题

横行标题(或称主词)是总体各组或各单位的名称,说明统计研究的总体及其组成部分,是统计表所说明的对象,置于表的左边。

4. 纵栏标题

纵栏标题(或称宾词)是用来说明总体特征的指标名称,称宾词、置于表的右上方。主词和宾词的位置根据资料和列表的具体情况,有时也可互换位置。

5. 数字资料

数字资料是用来说明总体及其各组成部分数字特征,是统计表的核心内容,列于横行和纵行交叉处。

二、统计表的种类

统计表按其主词是否分组及如何分组,分为简单表、分组表和复合表三种。

(一)简单表

简单表是主词不经过任何分组,仅列出总体各单位的名称或按时间顺序和空间简单排列的统计表,如表 2-16 所示。

表 2-16　第六次人口普查京、津、沪、渝四个直辖市人口统计表
2010 年 11 月 1 日零时　　　　　　　　　　　　　　　　单位:人

城市名称	人口数	城市名称	人口数
北京市	19 612 368	上海市	23 019 148
天津市	12 938 224	重庆市	28 846 170

资料来源:2010 年第六次全国人口普查主要数据公报(国家统计局 2011.4.29)

简单表应用广泛,但反映问题比较粗略,难以深入说明问题。

(二)分组表

分组表是主词按某一标志进行分组的统计表(包括品质分布数列分组表和数量分布数列分组表)。通过分组表可以深入分析现象的本质和发展规律,如表 2-17 属于分组表。

表 2-17 某厂某车间工人生产某产品产量完成情况表

按产量分组(公斤)	工人数(人)	比率(频率)(%)
90 以下	5	4.8
90～100	14	13.3
101～110	37	35.2
111～120	29	27.6
121～130	15	14.3
131 以上	5	4.8
合 计	105	100.0

(三) 复合表

复合表是主词按两个或两个以上标志进行复合分组的统计表。在社会经济活动分析中具有重要的作用。当比较分析影响某种现象变化的多个因素作用时,复合表显得尤为重要,如表 2-18 所示。

表 2-18 某厂各车间职工性别和受教育程度统计表   单位:人

车间	职工人数	按性别分组		按文化程度分组		
		男	女	大学	高中	初中
一	254	201	53	8	80	166
二	381	274	107	12	96	273
三	325	250	75	17	101	207
合 计	960	725	235	37	277	646

三、宾词指标设计

宾词设计可以分为平行设计和交叉设计两种。平行设计是对宾词做并列平行设计,将其按顺序排列,直接说明指标的内容,对总体进行分析,如表 2-18 所示。

交叉设计是将宾词的各个指标结合起来做层叠设置。它能把几种分组结合起来,深入全面反映总体特征,如表 2-19 所示。但也不能分得过多过细,以免混淆不清,造成制表困难。

表 2-19 某厂三个车间职工性别和受教育程度统计表   单位:人

车间	全部职工人数	其 中								
		大 学			高 中			初 中		
		男	女	小计	男	女	小计	男	女	小计
一	254	5	3	8	30	50	80	100	66	166
二	381	7	5	12	50	46	96	173	100	273
三	325	10	7	17	40	61	101	150	57	207
合 计	960	22	15	37	120	157	277	423	223	646

四、统计报表的绘制原则

设计统计报表时应遵循科学、实用、简练、美观原则。

(1) 统计表的各种标题要力求简明、确切地反映统计资料的主要内容及所属的时间和地点。

(2) 统计表的内容要简明扼要,不要罗列太多和过于庞杂。内容确实较多的,可分设几张统计表。

(3) 统计表的栏数较多时,通常加编号,并说明其相互关系,主词和计量单位等栏用甲、乙等作序编栏;宾词栏用1,2,3等数字编号。

(4) 表中数字资料要填写整齐,位数对齐,应确定同等的精度。如有相同数字应全部填写,不得写"同上"、"同左"等字样;对于没有数字的空格内用"—"表示;若缺少资料,用"……"表示,表明并非漏填。

(5) 统计表中数字使用同一种计量单位时(称共用单位),应在表格的右上方注明。若计量单位不统一,横行可以设计量单位栏,纵栏的计量单位相同时应与纵标题写在一起,用"( )"括起来。

(6) 统计表左右两端不封口,表的上下端用粗线;同一表内如有两个以上不同内容,要用双细线隔开。

(7) 特殊需要说明的统计资料,应在表的下面加附注。编制完毕经审核后,单位、主管负责人和填表人分别签名盖章,以示负责。

第六节 统 计 图

一、统计图的概念和意义

统计图是利用几何图形或具体象形图来表现统计资料,以说明社会经济现象之间的数量和数量关系。

统计图是表现统计资料的一种重要方法。它不仅通俗易懂、简明具体、形象生动,而且是向人民群众进行宣传和向世界展现我国国情、国力的有效工具。它是统计研究分析的重要方法之一。

二、统计图的作用

统计图可以表明现象之间的对比关系,分析现象总体内部的结构,反映现象的发展趋势,揭示现象间的依存关系,说明总体单位的分布状况,反映一个国家、一个地区的社会经济势力、计划完成情况等。

三、统计图的绘制原则

统计图的绘制可用计算机制作,不同统计图绘制基本方法和原理相同。

(一)绘制统计图要有明确的目的

统计图是表现统计资料的重要形式,也是揭示社会现象本质及发展规律的工具。因此,设计和绘制统计图必须有明确的目的。

(二)绘制统计图要有科学性

统计图与一般美术图画不同,它是实际事物的具体反映,不允许夸张。为此,要从现象性质、实际资料、图示目的、绘制方法等方面有严格思维逻辑,做到准确无误地表现统计资料。

(三)绘制统计图要有艺术性

图形的布局、形式、线条、字体、色彩等方面力求精心设计、灵活应用,使画面鲜明醒目、生动活泼,既提高图示的效果,又使读者印象深刻。

(四)绘制统计图要适合不同的场合使用和不同的对象观看

统计图要根据不同的统计资料和不同目的绘制不同的图形,并且使每个图形有简明扼要的标题,做到内容与形式和谐统一。要采用大众通俗易懂、喜闻乐见的图案。

四、统计图的绘制步骤

(1)根据目的和要求,搜集并审核统计资料。

(2)确定图案形式。

(3)对资料进行分析、加工和计算,如计算百分比,确定比例尺度、图中线条长度等。

(4)绘制草图。

(5)书写图名,加注数字、图例及文字说明,如绘制单位、日期、资料来源等。

(6)审核草图。

(7)正式绘制图形。

(8)全面检查图形中内容,发现差错或遗漏予以纠正。

五、统计图的种类及其绘制方法

(一) 条形图

1. 条形图的意义

条形图是用宽度相等的条形,用其高低比较统计指标数值大小的图形。用来对比资料的数值可以是绝对数,也可以是相对数或平均数;可以是同类指标不同地点、时间、单位之间的对比,也可以是实际指标与计划指标的对比。它是最简明醒目,又易于绘制、易于理解且应用最广的一种统计图。

条形的排列形式既可纵排也可横排。前者叫纵条形图,绘制时用横轴(x 轴)作基线,表示统计指标,用纵轴(y 轴)作尺度线,表示各个指标相应的数值;后者称为横条形图,绘制时用纵轴(y 轴)作基线,表示统计指标,用横轴(x 轴)作尺度线,表示各个指标相应的数值。

2. 条形图的绘制步骤

(1) 画出轮廓线。

(2) 绘制基线,先画出一个直角坐标,以坐标轴为基线。如绘制横条形图,以纵坐标为基线;绘制纵条形图,以横坐标为基线。基线是条形的起点线,宜用粗线段表示。

(3) 绘制尺度线,以横(纵)坐标轴为基线,以纵(横)坐标轴作为尺度线。尺度与基线相垂直,尺度一般从零开始,全部尺度以等距表示。

(4) 把各指标数值按照比例尺度绘制各条形,条形间数值按大小、时间先后或重要程度等顺序排列,条形间间隔必须相等,一般不超过条形宽度。对不同性质的条形,以不同的线纹或颜色区别。

(5) 对纵坐标轴和横坐标轴,要分别标出其标目与单位。标目要紧贴坐标轴线,用词简单、准确。

(6) 作出必要说明,如标题、单位、图例、资料来源、附表等。

3. 条形图的分类

条形图按图示现象的种类,可细分为单一条形图、复合条形图和结构条形图(分段条形图)等。

(1) 单一条形图。单一条形图也称单条图。它是用多条高低或长短不同的条形来比较一种同类指标的条形图。如图 2-3 表明某市 2013—2017 年国际旅游入境人数单一条形图,显示某市创新驱动、转型发展中彰显一个国际大都市吸引境外游客的魅力。

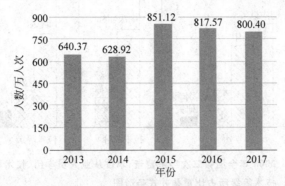

图 2-3　某市 2013—2017 年国际旅游入境人数单一条形图

(2) 复合条形图。复合条形图也称复条图。它是由两条或两条以上的条形组成一组,以体现现象之间相互关系的一种统计图。复条图的绘制方法和单条图一样,其形式有并列式和叠并式两种。图 2-4 为某市"十二五"以来,社会消费零售总额和社会固定投资总额并列式条形图。

图 2-4　某市消费、投资总额比较复合条形图

从图 2-4 中可以看出,某市需求结构不断优化,全社会消费品零售总额"十二五"以来持续领先增长,进行供给侧改革,汽车和家电以旧换新、家电下乡等措施出台,拉动内需,消费惠民政策成效显现。

如图 2-5 为 2008 年 12 月 31 日我国第二次经济普查,单位从业人员中,学历、技术职称、技术等级,所占比重叠并式条形图。

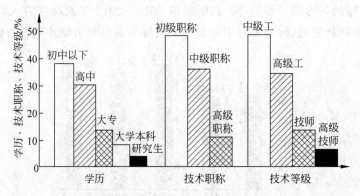

图 2-5 2008 年全国第二次经济普查，单位从业人员学历、技术职称、技术等级所占比重叠并式条形图

（3）结构条形图。结构条形图也称分段条形图。它是以条形的全长代表总体的全部，条形内部分段代表总体各组成部分，分段的长短表示各组成部分在总体中所占的比重。结构条形图主要是从各个时期分段条形的比较反映总体结构在时间上的变化。

结构条形图可分为单式和复式两种。其绘制方法基本上与单条图相同。复式结构条形图是以两种以上条形为一组，每组的各条中又分作若干段，即复式条形图中的各条加上分段表示某一现象构成的情况。如 2013—2017 年某地货物进出口平稳较快增长，坚持出口和进口并重，努力优化贸易结构，全面提升开放型经济水平，取得了可喜的成绩。其复式结构条形图如图 2-6 所示。

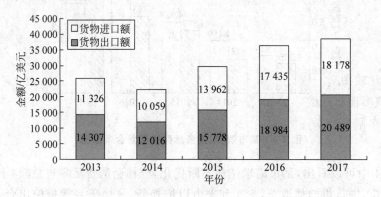

图 2-6 某地 2013—2017 年货物进出口总额复式结构条形图

（二）平面图

平面图是以几何图形面积大小表示统计资料的一种图形。它主要用于比较统计指

标,说明总体内部的结构及其变化。

常用的平面图有圆形图、方形图、三角形图等。其绘制方法将在下面分别加以阐述。

1. 圆形图

圆形图是以圆内各扇形面积的大小或以圆形面积的大小来表明某一现象统计数值的一种图形。主要用于各指标数值的比较,或以整圆作为总体、以圆内扇形代表总体中各部分,来显示总体结构及各部分比重。圆形图通常有单圆形图和多圆形图等。

(1)单圆形图。单圆形图是用整个圆面积及其中各扇形面积代表总体及总体各个组成部分的统计图形,也称单圆结构图。凡属反映现象内部结构情况的资料均可用这种图绘制。

单圆形图的绘制步骤:先在图纸上选择适当位置作为圆心,然后确定圆的半径,根据各构成部分占总体的比重,求出各构成部分占圆心角的度数(构成部分占圆心角的度数=各构成部分所占的百分比×360度),再把圆形划分为若干扇形。如2017年某市国内生产总值按产业绘制成单圆形图,如图2-7所示。

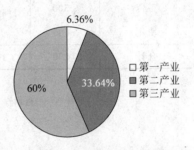

图2-7 2017年某市产业结构单圆形图

从图2-7中可以看出,2017年某市根据自身转型发展的特点在创新驱动、转型发展中取得可喜成绩,加快了第三产业的发展,从而使第三产业增加值占某市生产总值的比重高达60%。

(2)多圆形图。多圆形图是用两个或两个以上的圆面积对统计指标进行比较或显示其总体内部结构的图形。常用的有多圆形比较图和多圆形结构比较图。

多圆形比较图是用圆形面积大小表示同类指标数值的多少。圆形面积大的表示指标的数值大,圆形面积小的表示指标的数值小。

在绘制多圆形比较图时,要先求出圆半径的大小。其计算公式为

$$圆半径 = \sqrt{\frac{圆面积}{3.1416}}$$

应用上式求出各个圆半径,并以其中最大的圆半径为标准,在图纸上适当的位置绘图。这种多圆形图应排列在同一水平线上,以便于比较。

多圆形结构比较图是把几个表明总体内部结构的单圆排列起来观察总体内部结构的变化。它既能反映总体内部结构的变化,又能表明总体总量在不同时间、地点条件下的变化情况。

绘制多圆形结构比较图较为复杂,先依据有关比较的数值确定圆的半径,绘出各个圆形;再根据结构比重计算所占圆心角度数比例,绘出圆内各部分。按表2-20所示甲、乙、丙三个企业某产品成本及其构成绘制成多圆形结构比较图,如图2-8所示。从中可以看出三个企业生产同种产品,由于各自的生产条件不同,其成本项目料、工、费占成本中的比重也各不相同。

表2-20 甲、乙、丙三个企业某产品成本及其构成比较

成本项目	甲 企 业		乙 企 业		丙 企 业	
	金额(元)	比重(%)	金额(元)	比重(%)	金额(元)	比重(%)
材料	6 000	60	6 360	53	9 000	60
工资	3 500	35	3 600	30	3 750	25
费用	500	5	2 040	17	2 250	15
合计	10 000	100	12 000	100	15 000	100

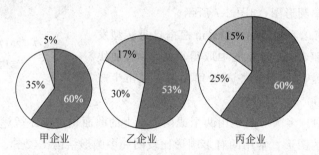

图2-8 甲、乙、丙三企业生产某产品成本多圆形结构比较图

2. 方形图

方形图是以方形面积大小比较统计数值多少的一种图形。主要反映现象在不同时间、地点和单位之间的差别及其变化情况。常用的有正方形图和长方形图等。

(1)正方形图。正方形图是用正方形面积大小比较统计指标数值多少的图形。它适于比较现象的面积或产量等方面的差别。

正方形图的绘制步骤:以指标数值作为正方形面积,按公式"正方形边长 = $\sqrt{\text{正方形面积}}$"计算出与各指标数值对应的正方形边长,绘制正方形图。

利用正方形图比较统计指标,绘制虽较简单,但比较效果不如条形图鲜明突出。如不

注明正方形所代表的数值,特别是当指标数值彼此相差甚微时,很难从图形面积上判别其差异。因此,只有在指标数值相差较大时,才用这种图形。按表 2-21 某地区 2016 年与 2017 年某企业固定投资额绘制成正方形图,如图 2-9 所示。

表 2-21　某地区固定投资情况表

年份	投资总额(千万元)	√投资总额(千万元)	绘图边长＝√投资总额÷5(厘米)
2016	100	10.0	2.0
2017	275	16.0	3.3

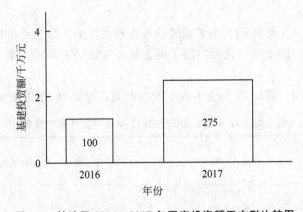

图 2-9　某地区 2016—2017 年固定投资额正方形比较图

(2) 长方形图。长方形图是用长方形面积大小表示两因素乘积构成的指标数值大小。如工业生产总值是工人劳动生产率和工人平均人数的乘积,某种农产品产量等于每亩产量与播种面积的乘积等。

长方形图的绘制步骤:

① 以两个因素的数值作为对应长方形的长度和宽度;
② 把长度(宽度)按同一比例扩大或缩小到某适合绘图的数值,作为绘图边长(宽);
③ 用①②中的数据在水平位置上绘出所需的长方形;
④ 把长、宽代表的名称和数量写在长方形的左侧和底边,把总数值写在长方形内。

按表 2-22 所绘制的长方形比较图如图 2-10 所示。

表 2-22　甲、乙两企业生产某产品资料

企业名称	生产工人数(人)	日劳动生产率(吨/人)	总产量(万吨)
甲	5 000	1 200	600
乙	8 000	600	480

图 2-10　甲、乙两企业生产情况长方形比较图

3. 三角形图

三角形图是以三角形面积大小或垂线的长短和底边的宽窄表示指标数值大小。它主要用于反映现象在时间上的变化和空间上的比较。常用的有单式三角形图和复式三角形图等。

三角形图的绘制步骤以 A 企业不同年度生产某产品为例,予以说明(见表 2-23)。

表 2-23　以 A 企业 2015—2017 年生产某产品产量表

年份	产量(万吨)	$\sqrt{\text{产量}}$(万吨)	绘制底长 $= \dfrac{\sqrt{\text{产量}}}{20}$(厘米)
2015	900	30	1.5
2016	2 916	54	2.7
2017	4 900	70	3.5

(1) 计算各年产量的平方根,如 2017 年产量的平方根 $=\sqrt{4\ 900}=70$(万吨)。

(2) 将各年产量的平方根按同一比例扩大或缩小到某一适合绘图的数值,分别作为三角形的底边。设在上例中均缩小 20 倍,得到 2017 年三角形底边 $=70\div 20=3.5$(厘米)。

(3) 在同一水平线上按所计算的底边的长度不同画三个等腰三角形。

(4) 加上必要的文字说明。从图 2-11 中可以看出 A 企业三年来加快改革开放步伐,转型发展,做大做强生产发展快速增长情况。

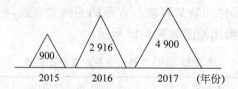

图 2-11　A 企业某产品产量 2015—2017 年来
三角形比较(单位:万吨)

（三）立体图

立体图是用立体体积或它的长、宽、高表示指标数值的大小。常用的有正立方体图、长立方体图和柱形立方体图等。

正立方体图是用立方体体积表示指标数量多少。常用于不同时间和空间指标数值的比较。长立方体图是以几个长、宽、高及其体积说明各有关指标数值大小。凡是三个不同因素相乘得到的指标，都可用长立方体图表示。柱形立方体图是以柱体的高度表示指标数值。它又分为单式柱形立体图和复式柱形立体图两种。它是条形图的变形，即把单（复）条图中的条形画成柱体（方柱体、圆柱体、多角形柱体等）就成为单（复）式柱形立体图。此外，也常有把柱体集中在一起绘制的，特点是美观、生动，还可解决柱体过多时无法分散绘制的困难。图式略。

（四）曲线图

1. 曲线图的意义和绘制步骤

曲线图是以曲线的升降起伏表示现象变动情况和发展趋势。主要用于显示现象在时间上的发展变化，研究现象的分配情况和分析现象之间的依存关系等。

根据绘制方法和尺度不同，可分为等差曲线图（也称算术曲线图）和等比曲线图（也称对数曲线）两种。前者以纵轴或横轴尺度点之间的相等距离代表相等数量，经常在实际工作中应用。后者以纵轴或横轴尺度点之间的相等距离代表数量的相等倍数或比率，常用于图示环比速度。

根据图示资料的性质和作用的不同，曲线图通常可分为动态曲线图、距限曲线图、对数曲线图等。

2. 动态曲线图

动态曲线图是用曲线的升降显示现象变化过程和规律性。它不仅能反映现象在各个时间的发展变化，还能通过曲线的斜率显示现象发展速度的快慢；既可表明绝对水平的动态，如人口的增长，工业产品产量、产值增长，又能表明相对水平和平均水平的动态，如第一产业、第二产业、第三产业产值在国内生产总值中所占比重的动态变化。

动态曲线图的绘制步骤：画一直角坐标，以横轴表示时间，以纵轴表示现象发展水平和速度，分别标上尺度点，从尺度点出发，画出指导线构成坐标格。把各时期的指标数值点在坐标格的相应位置上，依次连接各坐标点即成为动态曲线图。图 2-12 为 2017 年我国居民消费价格同比上涨动态曲线图。

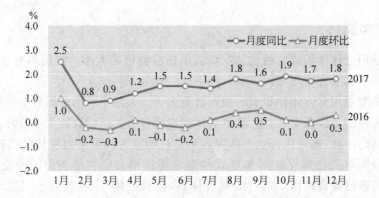

图 2-12　2017 年居民消费价格月度涨跌幅度

从中可以看出我国全年居民消费价格 2017 年比 2016 年上涨 2.6%，涨幅比上年回涨 1.5 个百分点。

3. 距限曲线图

距限曲线图是用于显示两个有联系的现象在同一时间的差距以及该现象的差距在不同时间变化情况的图形。如某地历年的进口额和出口额、财政收入与支出、出生率与死亡率，均可用距限曲线图表示。

距限曲线图绘制方法与一般动态曲线图相似，不过距限曲线图侧重在反映两条曲线间的距离，所以两曲线间的面积应画上适当线纹或涂上颜色，以突出显示距离的变化。按表 2-24 某地历年来外贸部门出口额绘制距限曲线图，如图 2-13 所示。

表 2-24　某地历年外贸部门出口额　　　　　　　　　　单位：亿美元

年份	进出口总额	出口额	进口额	进出口差额
2008	41.6	20.2	21.4	−1.2
2009	109.8	48.7	61.1	−12.4
2010	128.5	63.3	65.2	−1.9
2011	118.4	63.1	55.3	+7.8
2012	112.9	56.8	56.1	+0.7
2013	290.4	143.0	147.4	−4.4
2014	563.8	272.4	291.4	−19.0
2015	735.3	367.6	367.7	−0.1
2016	772.0	414.3	357.7	+56.6
2017	860.1	438.3	421.8	+16.5

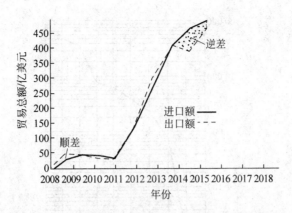

图 2-13　某地历年外贸部门进出口贸易总额距限曲线图

从图 2-13 可以看出某地外贸进出口总额逐年增加,但存在逆差。

4. 对数曲线图

对数曲线图是用对数尺度绘制的一种图形。当现象变动甚大、数值悬殊时常采用这种图形。对数曲线图可显示事物变动的增减速度和绝对差额,当比较的数量相差极大时用它表示环比发展速度较明显。当动态数列呈平均递增或递减时,还可用对数曲线预测变化趋势及数值。

对数曲线图的绘制步骤:画直角坐标轴,先标上等差尺度数,根据对数与真数的对应关系,把纵轴上的尺度数改写成以它们为对数的真数。以横轴尺度数表示时间,以纵轴尺度数表示指标数值,根据所给资料确定坐标点,连接坐标点即成对数曲线图。

对数曲线图有单对数图和双对数图两种。单对数图是图的两轴之一采用对数尺度绘制的图形。双对数图是 x 值和 y 值均用对数尺度绘制的图形。现以单对数曲线图为例,说明如下。按表 2-25 某厂历年小轿车产量绘制成单对数图,如图 2-14 所示。

表 2-25　某厂历年小轿车产量(2010—2017 年)　　　　单位:百辆

年　份	产　量	年　份	产　量
2010	20	2014	6 600
2011	630	2015	8 250
2012	2 125	2016	14 000
2013	3 900	2017	15 700

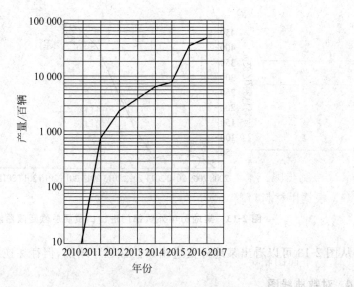

图 2-14　某厂历年小轿车产量单对数曲线图

（五）象形图和统计地图

1. 象形图的意义和绘制步骤

象形图是用各种实物的具体形象表示统计指标数值的图形。它主要用于表示统计指标及显示现象的发展变化情况。

象形图是统计图中最生动活泼、鲜明醒目、通俗易懂的图形。在进行宣传教育、展览、评比时都广泛地运用这种图形。

象形图的绘制步骤是先将要表示的资料画成条形图、平面图或立体图，再在图上画出具体形象。

常用的象形图有平面象形图和单位象形图等。

2. 平面象形图

平面象形图是以实物面积大小表示统计指标数量大小的一种图形。为了使面积大小与指标数值一致，通常是以各种几何图形（正方形、长方形、三角形、圆形等）的面积为基础加以形象化绘制而成。

平面象形图的绘制步骤：根据图示形象选定平面图，根据图示指标数值画出平面轮廓，以平面图轮廓为基础画出象形图。如以表 2-26 资料绘制某企业消耗甲材料的象形图如图 2-15 所示。

表 2-26　某企业 2015—2017 年消耗甲材料资料

年　份	耗料量（吨）	√耗料量（吨）	正方形边长＝√耗料量（cm）
2015	3.32	1.82	1.82
2016	4.82	2.02	2.02
2017	6.20	2.49	2.49

具体绘制步骤：
(1) 根据甲材料消耗量选定图示平面图。
(2) 根据耗料量平方根按不同比例画出（正方形）立体图形边长。
(3) 以平面图轮廓为基础画象形图。
(4) 描出清晰象形图,加上文字说明。

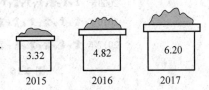

图 2-15　某企业 2015—2017 年消耗甲材料量平面象形图

（单位：吨）

3. 单位象形图

单位象形图是以实物形象的个数多少表示统计指标数值的一种图形。

单位象形图的绘制步骤：根据统计资料选择合适的、能反映资料性质特点的形象；根据指标数值决定单位形象代表的数量,推算出各指标数值所需的单位形象个数；决定排列形式,使其均匀地、整齐地排列；最后绘出象形图,即成为单位象形图。

以我国人口变化情况为例绘制单位象形图。

(1) 根据统计资料选择合适的、能反映统计资料性质特点的形象,如以人形象轮廓为单位形象。
(2) 根据人口数量决定单位形象代表的数量,推算出各指标数值所需的象形个数。
(3) 决定象形的排列形式,使其看上去整齐美观,易于比较数量间的差异。
(4) 制作模板,画出轮廓,着色,加文字说明。

其象形图如图 2-16 和图 2-17 所示。

（六）统计地图

1. 统计地图的意义和绘制步骤

统计地图是以地图为背景,利用各种几何图形和不同线纹或彩色,表明和比较事物在各地区上的分布状况,或对某些现象进行地区间比较的一种图形。它是一般地图与统计图形的结合,统计地图还能反映现象的地理位置以及与其他自然条件的关系。

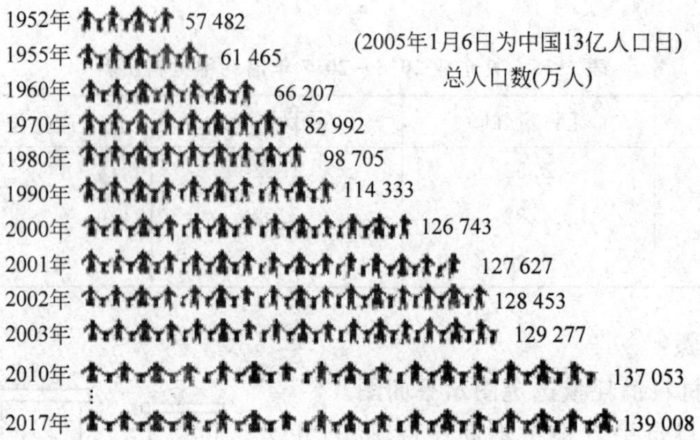

1952年 57 482
1955年 61 465
1960年 66 207
1970年 82 992
1980年 98 705
1990年 114 333
2000年 126 743
2001年 127 627
2002年 128 453
2003年 129 277
2010年 137 053
2017年 139 008
(2005年1月6日为中国13亿人口日)
总人口数(万人)

图 2-16　中国人口发展情况象形图

每增加1亿
用7年半时间
每增加1亿
用5年时间
每增加1亿
用7年时间
每增加1亿
用10年时间
每增加1亿
用14年时间
每增加1亿
用16年时间
5亿
7亿
9亿
12亿
13亿
13.7亿
13.9亿
1949
1964
1974
1995
2005
2010
2017
年份

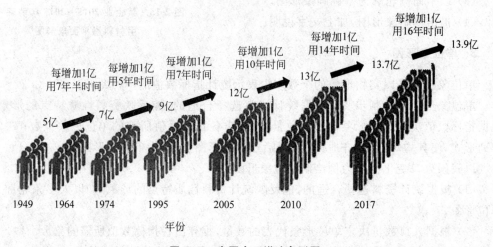

图 2-17　中国人口增速象形图

统计地图的绘制步骤：先画一张简明地图作底景，然后根据统计资料在地图上的适当位置，绘出点、圆和线纹等相应的统计图形。

常用的统计地图有单点统计地图和多点统计地图等。

2. 单点统计地图

单点统计地图也称单圆统计地图。它是以圆点的大小表示指标数值大小及其在各地区分布状况的一种图形。绘图时在各地区画一个圆，圆面积大小由该地区指标数值的大小决定。

3. 多点统计地图

多点统计地图是以圆点的多少表明事物数量在地区的分布状况。在这种图中,所有圆点的大小都相同。绘制多点统计地图先画背景地图,再在各地区画上若干大小相等的圆点。画时要注意美观整齐,便于比较,并且要在图例中注明一个圆点所代表的指标数量。

实训练习题

一、填空题

1. 专门调查主要有_____、_____、_____、_____四种形式。
2. 统计调查按照调查对象的范围分为_____和_____。
3. 统计调查问卷由四部分构成_____、_____、_____、_____。
4. 统计分组按照分组标志性质的不同分为_____和_____;按照分组标志个数的多少分为_____、_____和_____。
5. 分布数列由_____和_____两部分构成。
6. 在组距数列中,表示各组界限的变量值称为_____,其中点数值称为_____。
7. 统计表从形式上来看,包括_____、_____、_____、_____四部分。
8. 按工人操作机器台数分组属于_____变量数列,按工人工资进行分组属于_____变量数列。

二、判断题

1. 我国人口普查每十年进行一次,它属于经常性调查。（ ）
2. 全面调查和非全面调查是根据调查资料是否全面来划分的。（ ）
3. 统计报表制度是国家规定的一种统计报告制度。（ ）
4. 调查时间是指调查工作的起止时间。（ ）
5. 单一表是指一个调查单位单独登记的表格。（ ）
6. 统计整理是统计工作的最终阶段。（ ）
7. 将总体按照某个标志分组形成的数列叫变量数列。（ ）
8. 统计分组后分配在各组的总体单位数称为频率。（ ）
9. 变量数列的编制中,在条件不变的情况下,组数分得越多,组距也越大。（ ）

三、单项选择题

1. 统计调查按其组织形式分类,可以分为( )。
   A. 经常性调查和一次性调查　　B. 全面调查和非全面调查
   C. 统计报表制度和专门调查　　D. 定期调查和不定期调查

2. 对某公司 1 000 名职工的收入情况进行调查,从中随机抽取 100 位职工发放调查问卷,这种调查属于( )。
   A. 普查　　　B. 重点调查　　　C. 典型调查　　　D. 抽样调查

3. 2010 年 11 月 1 日零时,我国统计部门对全国人口情况进行调查,这种调查属于( )。
   A. 普查　　　B. 重点调查　　　C. 典型调查　　　D. 抽样调查

4. 重点调查中的重点单位是指( )。
   A. 这些单位创造的经济效益很大
   B. 这些单位在总体中处于重要地位
   C. 这些单位在总体单位数中占很大的比重
   D. 这些单位的标志值总量在总体标志总量中占有很大比重

5. 下列调查中,哪种调查属于全面调查( )。
   A. 普查　　　B. 重点调查　　　C. 典型调查　　　D. 抽样调查

6. 统计分组的依据是( )。
   A. 指标　　　B. 指标值　　　C. 标志　　　D. 标志值

7. 在全距一定的情况下,组距与组数的关系是( )。
   A. 成正比　　　B. 成反比　　　C. 无比例关系　　　D. 不确定

8. 某学生统计学考试成绩为 60 分,在分组时应归在下列哪一组( )。
   A. 50~60 分　　B. 60~70 分　　C. 60 分以下　　D. 以上都不对

9. 变量数列中各组频率之和应该是( )。
   A. 大于 100%　　B. 等于 100%　　C. 小于 100%　　D. 无法确定

四、思考题

1. 统计调查方案包括哪几部分内容?
2. 什么是统计报表制度?
3. 专门调查有哪几种组织形式?试举例说明。
4. 什么是统计分组?统计分组有哪些作用?
5. 什么是统计表?其结构如何?
6. 什么是统计图?它有何作用?
7. 试述统计图绘制的原则和步骤。

五、应用能力训练题

1. 某班 45 名学生统计学考试成绩从低分到高分排列如下：

    50 51 54 55 58 59 61 62 63
    64 65 66 67 68 69 70 71 72
    72 72 73 74 74 74 75 75 75
    76 77 78 79 80 81 83 84 85
    86 86 87 88 90 91 95 97 99

要求：试根据上述资料绘制成组距为 10 的等距数列的统计表并计算组中值和全距。

2. 某企业 201×年年末库存钢铁制品量如下表所示，试绘制单一条形图。

单位：万吨

品名	三角铁	矽钢片	白铁管	马口铁	其他
库存量	140	10	50	25	5

3. 某县财政支出情况如下表所示，试绘制多圆结构图。

年 份	工业（%）	农业（%）	商业及其他（%）	合计金额（万元）
2015	35	42.5	22.5	676
2016	58	26.5	15.5	1 600
2017	63	19.5	17.5	3 025

4. 某厂工人生产某产品月劳动生产率如下表所示，试绘制正方立体统计图。

年 份	2015	2016	2017
月劳动生产率（件／人）	18.4	36.0	70.4

5. 某地某种物资进出口情况如下表所示，试绘制距限曲线图。

单位：万件

年 份	出 口	进 口
2008	3 554	774.5
2009	6 250	218.0
2010	540	160.5
2011	720	64.0
2012	570	252.0
2013	860	350.0

续表

年　份	出　口	进　口
2014	456	1 550.0
2015	485	2 390.0
2016	703	713.5
2017	358	1 591.0

第三章 综合指标

内容提要

综合指标包括总量指标、相对指标、平均指标和标志变异指标。总量指标是社会经济统计的基本指标,反映现象的规模、达到的水平。相对指标是两个有联系的指标对比的比值,反映现象的数量特征、数量关系、变动程度,用来评价社会现象、工作业绩。平均指标是反映现象总体一般水平的代表值和描述数据分布集中趋势的特征值,在社会现象中,用来作为横向和纵向比较的指标;标志变异指标反映现象分布的离散程度,是与平均指标匹配的特征值。

第一节 总量指标

一、总量指标的概念和作用

(一)总量指标的概念

总量指标是反映某一客观现象总体在一定条件下的规模、水平或工作数量的总和。其表现形式是绝对数,故也称为绝对指标或绝对数。例如,一个国家或地区的人口总数、土地面积、国内生产总值;一家工业企业的产品产量、产品销售收入、实现利润总额等。

总量指标是统计中常用的最基本统计指标,在统计研究分析中,尤其在社会经济现象研究中具有重要作用。

(二)总量指标的作用

(1)总量指标是反映客观现象基本状况的重要指标,是认识事物的起点。它常用来反映一个国家的国情国力,反映一个地区乃至一个企业人力、财力、物力的基本情况。如国内生产总值、粮食产量、财政收入等指标,能表明一个国家或地区的经济发展水平。如2017年中国国内生产总值为827 122亿元,粮食产量61 791万吨,公共财政收入172 567亿元。这些总量指标表明我国在党的领导下,不断增强政治意识、大局意识、核心意识、学习贯彻落实党的十八大精神,统筹推进稳增长,经济运行稳中有进,稳中向好,好于预期。坚持以科学发展为主题,以加快转变经济发展方式为主线,保持经济平稳较快发展,国内生产总值跃升到世界第二位,国民经济运行状态良好,财政收入较快增长。总量指标可用来进行国际间、地区间经济实力比较分析。企业的产品产量、职工人数、生产能力等总量指标是制订计划,进行预测和决策的基本依据。

(2) 总量指标是进行经济分析、研究平衡供需关系、实行社会管理和经济管理的依据。政府部门制定人口政策、粮食产销政策、经济规划等,都需要掌握大量相关总量指标,并以此作为决策依据。

(3) 总量指标是各级政府机关制定方针政策,编制和检查国民经济运行情况,指导工作的重要依据。"十二五"期间的统计数据表明,我国社会生产力和综合国力显著提高,人民生活水平和社会保障水平显著提高,国际地位和国际影响力显著提高,圆满地完成了"十二五"规划。在此基础上顺利实施"十三五"规划,保障和改善民生是一切工作的出发点和落脚点。要实现城乡居民收入实际增长与经济增长同步,劳动报酬增长与劳动生产率增长同步,到2020年人均收入翻一番,对经济的增长目标、改善公共福利等都作了统筹规划。

(4) 总量指标是计算相对指标和平均指标的基础。相对指标、平均指标大多是两个有联系的总量指标对比计算的结果,是总量指标的派生指标。总量指标正确与否,直接影响相对指标和平均指标的正确性。

二、总量指标的分类

(一) 按其反映总体内容不同分类

总量指标按其所反映的内容不同可分为总体标志总量和总体单位总量。总体标志总量是总体各单位某一标志值的总和,表明总体在一定时间、地点等条件下该标志值达到的总体水平。如2017年我国发电装机容量177 703亿千瓦,全社会建筑增加值55 689亿元。总体单位总量是总体单位数的合计,反映总体在一定条件下总体单位达到的总规模。如我国第二次经济普查显示,2013年12月31日,全国共有第二、第三产业法人单位1 085.7万个。

(二) 按其反映总体所处的时间状态分类

总量指标按所处的时间状态可分为时期总量指标和时点总量指标两种。时期总量指标反映总体某一标志值在某一段时间内累积的总量,如商品销售收入、产品产量、进出口总额、固定资产投资额。如2017年全国社会消费品零售总额3 666 262亿元。时点总量指标反映总体在某一时刻的数量状况,如人口总数、库存商品量、外汇储备总额。如2010年11月1日零时全国第六次人口普查,我国人口为13.7亿人。时期总量指标和时点总量指标的性质不同,它们具有以下三个主要的区别。

（1）时期总量指标各期的数值可以连续累加，各个时期的总量指标累计加总后表明总体在这一段时期内发展过程的总量。如上海市 2017 年年度国内生产总值为 827 122 亿元，这是从 2017 年 1 月 1 日到 12 月 31 日，由上海市各行业所创造的价值累计加总而来。

时点总量指标的数值是每隔一段时间进行一次性登记，即某个瞬间（时点）的统计数表明现象总体在某一时点上状态的水平，只有同一现象同一时点的数值可以相加，不同现象的时点指标相加无现实意义。如 2010 年 11 月 1 日零时我国人口总数为 13.7 亿人（包括港、澳、台地区人口）；某企业 2017 年某月末某商品库存总量 50 万元。

将时期指标和时点指标进行对比分析时计算方法有所不同，必须加以注意。

（2）时期总量指标数值的大小与时间的长短有直接关系。一般来说，时期总量指标数值大小随时间的长短发生变化，现象总体经历的时间越长，指标数值越大，反之越小。如一家工业企业的全年产品产量，在正常情况下，比该年中任何一个月的产量大。

时点总量指标数值的大小与时间间隔长短无直接关系。如某企业的年末人数不一定比该年中某月末人数多。

（3）时期指标的数值是通过连续登记取得的，说明现象在一段时间内发生的总量。如一年的产品销售量是该年中每一日每一月连续登记汇总得来。

而时点指标是通过每相隔一段时间作一次登记取得的。如我国进行的六次人口普查资料，都是在相隔一定时间的某一时点上作一次性登记取得的。

（三）总量指标按其计量单位不同分实物量指标、价值量指标和劳动量指标

1. 实物量指标

实物量指标是用来反映商品使用价值的数量指标。经常采用的实物计量单位有：

① 自然实物单位，如汽车用"辆"，电视机用"台"，手表用"只"等。

② 度量衡单位，如棉布用"米(m)"，钢铁用"吨(t)"，土地面积用"平方米(m^2)"等；

③ 专用单位，如发电量用"千瓦时"，热量用"焦耳(J)"等。

④ 标准实物量单位。用来加总不同规格同类物质的实物数量，以准确地反映产品的使用价值，如把不同厚度的平板玻璃折算成"重量标箱"。

⑤ 复合单位。这是将两种以上实物量计量单位结合在一起，表明某种物资的数量，如电动机用"千瓦/台(kW/台)"，汽车运输量用"吨/公里(t/km)"等。

实物量指标能直接反映现象的具体内容和使用价值及其规模，给人以鲜明而具体的概念，是社会经济和人们生活中常用的计量单位。但用实物量指标计量的综合性能差。

2. 价值量指标

价值量指标以价值单位反映产品和劳务的数量，用货币单位来表示，能综合地反映经

营成果和社会财富。进行国民经济核算和企业经济核算的总量指标大都采用价值量指标，它能将不同种类、不同用途的产品或商品数量予以加总，应用相当广泛。

3. 劳动量指标

劳动量指标是用劳动时间为计量单位计算的产品产量或完成的工作量，一般用于企业内部核算。一名工人工作 1 小时称为 1 个工时，8 个工时为 1 个工日。企业按本单位的具体条件制定的生产单位产品或完成单位作业量所需要的时间标准，称为工时定额。按这种定额计算的产品总量或完成的工作总量，就是劳动量总量指标。此指标的优点是可以把不同种类、规格的产品产量或作业量进行加总。工业企业经常用这种定额工时产量指标安排作业计划、组织劳动竞赛和考核工人的劳动成果。

三、计算和运用总量指标时应注意的问题

为了保证总量指标计算的准确性，在统计总量指标时要注意以下几点。

（1）以正确理论作指导，确定每个总量指标的含义，划分有关指标间的界限和计算方法。只有按相关论述明确总量指标的含义、范围及计算方法，计算的总量指标才有现实意义。

（2）应用总量指标时要注意现象的同质性，不同质的实物量指标不能相加。在统计工业产品产量时，由于各种实物产品的使用价值不同、消耗劳动量不同、计量单位不同，因而不能直接相加。

（3）同类实物产品总量指标必须按照统一的计量单位才能进行加总。在实践中同一实物产品有时可以采用不同的计量单位，如建材产品中平板玻璃的计量单位可用重量标箱，也可用平方米。对此必须确定统一的计量单位进行计算，否则，就会造成差错和混乱。

（4）相同现象的总量指标，如计算口径不同，在加总时，应进行换算。

（5）不同时点的总量指标不能相加。如一个企业某季末的职工人数不能由相应的三个月末人数相加求得，这样相加是没有意义的。

第二节 相对指标

一、相对指标的概念及作用

相对指标也称相对数，是两个相互有联系的指标进行对比的比值，是以一个抽象化的数字反映现象数量特征和数量关系的综合指标。如 2017 年全国一般公共预算收入比上年增长 7.4％，全国 60 岁及以上人口占总人口的 17.3％等，都是相对数。

相对指标的作用有：

（1）运用相对指标将现象绝对数的具体差异抽象化，使原来不能直接对比的总量指

标可以进行比较。不同的企业因其生产规模、生产条件、生产产品不同,无法直接将总产量、总能耗等绝对指标进行对比评价。但是将这些指标计算成相对指标,如计划完成相对指标、万元产值综合能耗进行对比,就可以对其生产经营效绩作出科学评价。

(2) 相对指标可以综合说明现象之间的相互关系,反映事物之间的比例、结构、速度、强度等关系,能够说明总量指标不能充分说明的问题,为分析事物性质提供依据。如国民经济发展速度、各部门的经营成果、在国民经济中所占比重等指标,对分析一个国家或某个地区的经济状况具有重要的作用。

(3) 相对指标是对国民经济运行进行宏观调控和微观管理、考核企业经济效益的重要工具。在各级政府对国民经济运行进行宏观控制和监督、企业对经营活动情况进行考核时,广泛运用相对指标。

(4) 运用相对指标说明某些现象容易记忆,便于保密。

相对指标的具体表现大多数用系数、倍数、成数、百分数、千分数、翻番数等表示。也可使用复合单位,如人口密度、商品流转速度等。用上述指标表示事物的数量关系,人们容易记忆;对某些数据便于保密。

二、相对指标的表现形式

相对指标的表现可以概括为两大类:有名数和无名数。

(一) 有名数

有名数是由两个性质不同而有联系的总量指标数值对比所得的结果,反映现象的强度、密度。如人均住房面积、人均粮食产量、人口密度、人均 GDP 等指标。有名数多用复合计量单位。

(二) 无名数

这是一种被抽象化的数值,一般用系数、倍数、成数、百分数、千分数等表示。在统计分析中,视具体情况选用不同的表现形式,以准确清晰地反映现象的数量对比关系。

1. 系数和倍数

系数和倍数都是将对比的基数抽象化为1而计算出来的相对指标。当两个数值对比时,若分子与分母的数值相差不大,可用系数表示。如反映国民财富分配均衡程度的基尼系数。若分子数值比分母数值大得多时,常用倍数表示,如某年甲市完成的财政收入是乙市的 2.7 倍。

2. 成数

成数是将对比的基数抽象化为 10 而计算出来的相对指标,是一种习惯性表现形式。在计算农产品收获量时应用较多。如某地小麦亩产量今年比去年增产一成。

3. 百分数和千分数

百分数是将对比基数抽象化为 100 计算的相对指标,这是相对数中应用最广泛的一种,用符号"%"表示。编制、检查计划一般都用这种形式表示。

千分数是将对比基数定为 1 000 而计算出来的相对指标。当分子数值比分母数值小得多时,如人口出生率、死亡率、千人负伤率等用此种形式表示。

三、相对指标的种类和计算方法

因研究的任务和目的不同,对比的基数不同,相对指标可以分为计划完成相对指标、结构相对指标、比较相对指标、比例相对指标、强度相对指标、动态相对指标六种。

(一) 计划完成相对指标

计划完成相对指标是将某时期的实际完成数与同期计划数进行对比,反映某种计划执行情况的相对数。一般用来检查、监督计划的执行情况,用百分数表示。其计算公式为

$$计划完成相对指标(\%) = \frac{实际完成数}{同期计划数} \times 100\%$$

$$超额(+) 或未完成(-),计划绝对数额 = 实际完成数 - 同期计划数$$

实际工作中,相对比的两个数(分子、分母)可以是总量指标、相对指标、平均指标不同形式。因此,计划完成相对指标的计算方法相应地也有所不同。

1. 相对比的两个数为总量指标

计算公式:

$$计划完成相对指标(\%) = \frac{实际完成总量}{同期计划总量} \times 100\%$$

【例 3-1】 某企业某年第一季度计划生产甲产品 200 万吨,实际完成 220 万吨。计算和评价其计划完成情况。

$$计划完成相对指标(\%) = \frac{实际完成总量}{同期计划总量} \times 100\% = \frac{220}{200} \times 100\% = 110\%$$

$$超额完成计划的绝对数额 = 220 - 200 = (+)20(万吨)$$

该企业某年第一季度生产甲产品完成计划 110%,超额完成计划 10%,超额完成产量 20 万吨,计划执行情况良好。

在检查中长期计划完成情况时,除了检查计划完成程度外,还要计算其提前完成计划的时间。根据指标性质不同,检查方法分为累计法和水平法两种。

(1) 累计法。累计法是对中长期计划期内各年累计总和与预计完成数进行分析考核,具体做法是将整个计划期内实际完成的累计数与同期累计计划数进行对比。累计法适用于检查中长期计划期内计划执行情况,如固定资产投资总额、住宅建筑面积计划完成情况。其计算公式为

$$计划完成相对指标(\%) = \frac{计划期内实际完成累计数}{计划期计划累计数} \times 100\%$$

计划提前完成时间的计算是将计划期内全部时间减去自计划执行之日起至累计实际完成计划任务的时间。

【例 3-2】 某地 5 年计划规定累计完成固定资产投资额 600 亿元,实际执行情况如表 3-1 所示。

表 3-1 某市 5 年内固定资产投资情况　　　　　　　　　　单位:亿元

年度	第一年	第二年	第三年	第四年	第五年			
					一季	二季	三季	四季
投资额	100	120	130	140	30	40	40	50

$$计划完成相对指标(\%) = \frac{100+120+130+140+30+40+40+50}{600} \times 100\%$$

$$= 108.33\%$$

超计划完成投资额 $= 650 - 600 = 50$(亿元)

该地固定资产投资超额完成计划 8.33%,超计划完成投资 50 亿元。

根据表 3-1 资料计算得到某地从计划执行日起到第 5 年的第三季度末实际累计完成投资额 600 亿元,即 $100+120+130+140+30+40+40=600$(亿元),说明已提前 3 个月完成 5 年计划的固定资产投资任务。

(2) 水平法。水平法是检查整个计划期末达到规定水平的方法,适用于反映生产能力。如发电量、汽车产量、粮食产量。它是将计划期末(最后一年)实际达到的水平和计划规定同期应达到的水平对比。其计算公式为:

$$计划完成相对指标(\%) = \frac{计划期末实际达到水平}{计划期末规定达到的水平} \times 100\%$$

计算提前完成计划时间是根据计划期内连续一年时间的实际完成数,即连续 12 个月的累计数,而不是按日历年度计算,达到计划最后一年的计划水平,往后推算所余时间为提前完成计划的时间。

$$\begin{matrix}提前(+)或推迟(-) \\ 完成计划时间\end{matrix} = \begin{matrix}长期计划的 \\ 期末日期\end{matrix} - \begin{matrix}实际达到计划期最后 \\ 一年水平的日期\end{matrix}$$

【例 3-3】 某企业在"十二五"期间 5 年计划最后一年的甲产品产量为 5 000 万吨,实际计划执行情况如表 3-2 所示。

表 3-2　某企业 5 年内计划甲产品产量情况表　　　　单位:万吨

年度	第一年	第二年	第 三 年		第 四 年				第 五 年			
			上半年	下半年	一季	二季	三季	四季	一季	二季	三季	四季
产量	4 300	4 500	2 200	2 500	1 100	1 180	1 200	1 220	1 280	1 300	1 300	1 400

$$计划完成相对指标(\%) = \frac{1\ 280 + 1\ 300 + 1\ 300 + 1\ 400}{5\ 000} \times 100\% = 105.6\%$$

超计划完成产量 = 5 280 - 5 000 = 280(万吨)

计算提前完成计划时间,先计算连续 12 个月的实际达到产量水平,再推算提前完成计划的时间。本例中从第四年第三季度算起,到第五年第二季度末连续 12 个月的甲产品产量为 5 000 万吨,即 1 200 + 1 220 + 1 280 + 1 300 = 5 000(万吨),已达到计划期末的计划水平,说明提前 6 个月完成了计划。

在实际工作中,检查计划完成情况,不论长期计划或短期计划,都要随时掌握检查计划执行进度。如逐日、逐旬、逐月、逐季、逐年观察预测计划执行情况,掌握动态,发现经济运行中存在的问题和薄弱环节,以便随时采取措施,保证计划完成。其计算公式为

$$计划执行进度指标(\%) = \frac{某一段时间的实际累计完成数}{同期计划任务数} \times 100\%$$

【例 3-4】 某厂某年计划生产乙产品 1 200 万吨。第一、第二、第三季度分别实际完成产量为 300 万吨、280 万吨、305 万吨。

$$1 \sim 3\ 季度计划执行进度 = \frac{300 + 280 + 305}{1\ 200} \times 100\% = 73.75\%$$

从 1~3 季度计划执行进度的结果可以看出,全年时间已过 3/4,而实际完成产量尚未到 3/4 即 75%,仅完成 73.75%,因此,第四季度必要加强管理,找出薄弱环节,采取措施抓紧生产,以保证完成计划。

2. 两个相对比的指标为相对数

两个相对比的指标均为相对数用来检查计划完成情况,考核社会经济现象运行中降低或超额完成计划情况。如产品成本降低率、产值增长率等。其计算公式为

$$计划完成相对指标(\%) = \frac{实际完成百分数}{计划规定完成百分数} \times 100\%$$

【例 3-5】 某工厂甲产品的产值计划要求增长 10%,总成本要求下降 5%。实际产值增长了 15%,总成本下降了 3%。

则： 产值计划完成相对指标(%) = $\dfrac{100\% + 15\%}{100\% + 10\%} \times 100\% = 104.55\%$

总成本计划完成相对指标(%) = $\dfrac{100\% - 3\%}{100\% - 5\%} \times 100\% = 102.11\%$

从计算结果可得出,产值计划超额完成4.55%。这种指标,计算结果大于100%,说明超额完成计划,而且比值越大,计划完成得越好。而总成本没有完成计划。总成本指标,计算结果为102.11%,说明实际总成本比计划总成本增长2.11%,未能完成计划。总成本计划完成相对指标比值越小,计划完成得越好。

3. 两个相对比的指标均为平均数

其计算公式为

$$\text{计划完成相对指标}(\%) = \dfrac{\text{实际完成的平均数}}{\text{计划规定的平均数}} \times 100\%$$

【例3-6】 某厂计划要求月劳动生产率达到5 000 000元/人,乙产品的计划平均单位成本为100元,而实际月劳动生产率达到5 500 000元/人,乙产品实际平均单位成本为90元。

月劳动生产率计划完成相对指标(%) = $\dfrac{5\,500\,000}{5\,000\,000} \times 100\% = 110\%$

乙产品单位成本计划完成相对指标(%) = $\dfrac{90}{100} \times 100\% = 90\%$

计算结果表明,该厂月劳动生产率实际比计划超额10%(110%-100%),平均每人每月多生产产值500 000元(5 500 000-5 000 000)。乙产品平均单位成本实际比计划降低10%(90%-100%),乙产品平均每件成本降低10元(100-90)。该厂计划执行情况良好,做到了增产节约。

（二）结构相对指标

结构相对指标是在对总体内某一指标数值进行分组基础上,将总体中该指标某一部分数值与总体的全部数值进行对比的比值。说明总体内部结构和类型特征,一般用百分数或系数表示。其对比的基数是同一总体内的统计指标总数值,从而总体中各部分的结构相对数可以直接相加,其和为100%。计算公式如下：

$$\text{结构相对指标}(\%) = \dfrac{\text{总体中某一部分数值}}{\text{总体全部数值}} \times 100\%$$

结构相对指标在社会经济统计中应用广泛,具有重要的作用。
(1) 通过计算结构相对指标,人们可以认识事物的内部结构及其比例关系、发展变化情况,促进事物构成合理性。

如表3-3所示为2017年我国国内生产总值构成情况,显示了全国人民以习近平新时代中国特色社会主义思想为指导,在党中央、国务院领导下,认真学习贯彻党的十八大代会精神,深入贯彻落实科学发展观,紧紧围绕创新驱动、转型发展,坚定不移贯彻新发展理念,统筹推进"四个全面"战略布局,以供给侧结构性改革为主线推进稳增长,促改革,调结构,防风险,经济运行进程稳中有进,稳中向好,好于预期,经济社会保持平稳健康发展。

表3-3 2017年我国国内生产总值三次产业构成表   单位:亿元

项目	金额(亿元)	比重(%)
第一产业	65 486	7.9
第二产业	334 623	40.5
第三产业	427 032	51.6
合计	827 122	100.0

(2)通过计算结构相对指标反映总体内部构成,有利于抓住重点,加强宏观控制、微观管理,把工作做得更好。如产品成本由直接材料、直接人工、制造费用三项构成,一般情况下,直接材料费用占产品成本比重很大。要提高企业经济效益,降低产品生产成本,抓住节约直接材料这个关键问题,才能有效地达到提高企业经济效益的目的。

(3)通过计算某一现象不同时期的结构相对指标,有利于分析事物发展变化过程和趋势。如表3-4所示2004年和2008年,我国第一次、第二次经济普查数据显示,单位从业人员学历、职称、技术等级大幅度增加。从业人员内部构成发生显著变化,为落实科学发展观创新驱动、转型发展提供有力科学技术支撑,将推动国民经济平稳发展。

表3-4 我国第一次、第二次经济普查单位从业人员学历、职称、技术等级情况表

项目	从业人员(万人)		一普比二普增加	
	第一次经济普查	第二次经济普查	人数(万人)	百分数(%)
具有大学本科以上学历者	1 860.2	3 464.6	1 604.4	86.25
具有中高级技术职称人员	1 942.7	2 262.6	319.9	16.47
具有高级技术等级证书人员	711.6	891.8	180.2	25.32
……	…	…	…	…
从业人员合计	21 460.4	27 311.5	5 851.1	100

资料来源:第一次、第二次全国经济普查主要数据公报(国家统计局)

(三)比较相对指标

比较相对指标是指同一时期同类现象的不同总体某种指标数值在不同空间对比的比值。它反映同类事物在不同国家、不同地区或不同单位之间的差异程度。一般用倍数或百分数表示。计算公式如下:

$$\text{比较相对指标(\%)} = \frac{\text{某一国家或地区(单位)某种现象的某种指标数值}}{\text{另一国家或地区(单位)同类现象的同种指标数值}} \times 100\%$$

【例 3-7】 201×年甲市全年财政收入 86.20 亿元,乙市全年财政收入 232.77 亿元。201×年乙市完成的财政收入与甲市的财政收入比较:

$$\frac{232.77}{86.20} \times 100\% = 270.03\%$$

201×年甲市完成的财政收入与乙市的财政收入比较:

$$\frac{86.20}{232.77} \times 100\% = 37.03\%$$

计算结果表明,甲乙两城市由于各自特点不同,201×年在完成财政收入上存在很大差异。

比较相对指标中用来对比的两个指标,可以是总量指标,也可以是相对指标或平均指标。根据现象的性质和研究的目的,分子和分母还可以互换,以满足不同研究要求。

(四) 比例相对指标

比例相对指标是同一总体内不同组成部分的指标数值进行对比的比值。反映总体各部分的数量关系和比例关系。其计算公式为

$$\text{比例相对指标} = \frac{\text{总体中某一部分数值}}{\text{同一总体中另一部分数值}}$$

比例相对指标可以用百分数表示,也可用一比几或几比几表示。如我国第六次人口普查资料显示,中国人口 13.7 亿人(包括港、澳、台地区人口),其中内地城镇居民 6 655.8 万人,农村人口 6 741.5 万人,城镇居民与农村人口的比例为 49.68∶50.32,男女性别比例为 105.2∶100。

比例相对指标在我国国民经济宏观调控中具有重要作用,如轻重工业比例、三次产业产值比例,可促进经济按比例协调发展。

(五) 强度相对指标

强度相对指标是两个性质不同有联系的、不同总体的指标数值相对比的比值。它反映现象的强度、密度和普遍程度。在现实生活中,其应用相当广泛,如人口密度、商业网点密度、商品流通费用率。它是一种特殊的相对指标,一般用复名数表示。其计算公式如下:

$$\text{强度相对指标} = \frac{\text{某一现象的指标数值}}{\text{另一与此有联系现象的指标数值}}$$

强度相对指标有正指标、逆指标之分。正指标是指比值的大小与反映现象的强度、密度关系,指标数值越大,现象间的密切程度越大;逆指标则相反。其公式中的分子和分母可

【例3-8】 某市201×年年末人口总数是1 334.7万人,连锁商业网点为6 432个。

正指标:某市零售商业网点密度 = $\frac{6\,432}{1\,334.7}$ = 4.8(个/万人)

表示每1万人有4.8个零售商业网点为其服务。

逆指标:某市零售商业网点密度 = $\frac{1\,334.7}{6\,432}$ = 0.21(万人/个)

表示每个零售商业网点为2 100人服务。

【例3-9】 201×年我国有医疗卫生机构961 830个,卫生技术人员650万人,医疗卫生机构床位557万张。中国大陆总人口135 404万人。据此则可以计算下列强度相对指标,说明我国医疗卫生事业的发展水平。

正指标:

每千人拥有卫生技术人员数 = $\frac{650}{135\,404} \times 1\,000$ = 4.80(个/千人)

每千人拥有医疗卫生机构床位数 = $\frac{557}{135\,404} \times 1\,000$ = 4.11(张/千人)

逆指标:

每个卫生技术人员服务的人口数 = $\frac{135\,404}{650}$ = 208.31(人/人)

每张医疗卫生机构床位提供使用人数 = $\frac{135\,404}{557}$ = 243.100(人/张)

强度相对指标反映社会经济现象间的密切程度,便于在不同空间进行比较,找出差距,研究现象之间相互制约的关系,为制定政策、编制计划提供可靠依据。

(六)动态相对指标

动态相对指标是同一现象总体不同时间的两个指标数值对比的比值。它说明事物在不同时间上的发展变化过程,一般用百分数表示。通常将作为比较基础的时期称为基期,与基期对比的时期称为报告期或计算期。其计算公式如下:

$$动态相对指标(\%) = \frac{报告期数值}{基期数值} \times 100\%$$

动态相对指标在统计中应用非常广泛,可以研究现象在不同时间上的发展变化,以便人们认识现象的发展变化趋势及其发展规律性。

关于动态相对指标,将在第四章做专门介绍。

下面将六种相对指标列表进行比较,如表3-5所示。

表 3-5　六种相对指标比较

不同时期比较	同一时期比较				
	不同现象比较	同类现象比较			
		不同总体比较	同一总体中		
			部分与部分比较	总体中部分与总体比较	实际与计划比较
动态相对指标	强度相对指标	比较相对指标	比例相对指标	结构相对指标	计划完成相对指标

四、计算和运用相对指标应注意的问题

（一）两个相对比的指标必须要具有可比性

相对指标是两个有联系的指标数值之比,这两个指标所表明的经济内容、统计范围、计算方法、计量单位必须一致、可比。只有这样,计算结果才能反映现象的真相,符合统计分析研究的要求,避免得出错误的结论。例如,我国按同一不变价格计算的不同时期国民收入是可比的,它能够反映我国经济发展的变化情况。但是这个指标不能直接和其他国家的国民收入对比,因为二者之间的经济内容、计算方法、货币价值不同,因此,它们是不可直接对比的,缺乏可比性。

（二）相对指标要与总量指标结合起来运用

相对指标是两个指标数值之比,是把现象的绝对水平抽象化,掩盖了现象之间绝对量的差异。如表 3-6 所示,若仅看相对数,甲企业产量的增长速度为 10%,比乙企业增长的 6% 快得多。但把相对指标与总量指标结合起来分析,尽管甲企业产量增长速度快于乙企业,而乙企业增长的绝对数是 30 吨,甲企业仅 10 吨;乙企业增长 1% 的绝对值是 5 吨,甲企业仅为 1 吨,大的相对数后面隐藏着小的绝对数,可见只有将二者结合起来分析,才能避免片面性。

表 3-6　甲、乙两企业××产品产量情况表

企业名称	基期	报告期	增长量(吨)	增长速度(%)	增长1%的绝对值(吨)
甲	100	110	10	10	1
乙	500	530	30	6	5

（三）各种相对指标要结合运用

每种相对指标只能反映现象数量关系的某一方面,只有把各种相对指标联系起来分

析,才能全面地分析被研究对象的特征及其发展变化规律。例如,对一个工厂生产情况进行评价,不但要考察其产品产值、产量、质量、利税等计划完成情况,还要将它们与以前年度、同行业、国内外先进水平进行对比,研究其生产发展情况,才能对企业进行深入分析,作出切合实际的评价。

相对指标中除同一时期、同一总体的结构相对指标可以相加外,其余几种相对指标的数值不能简单相加。

第三节 平均指标

一、平均指标的概念和特点

平均指标是统计中常用的综合指标。它是说明同质总体内某一标志值在一定时间、地点、条件下所到达的一般水平,是总体内各单位参差不齐标志值的代表值。它具有以下特点。

(一)平均指标必须在同质总体内计算

这是计算平均指标的前提,只有这样,才能反映现象的本质,否则将会掩盖总体各单位之间的本质差异,歪曲事实真相,形成"虚构"平均数。

如某厂职工平均工资只能由该厂职工人数和相应的工资总额进行计算,凡不属于这个范围内的职工和相应的工资总额都不能包括在内。

(二)平均指标是一种一般化的水平指标

平均指标是通过总体标志总量与总体内各单位数值差异抽象化。如一个企业职工的工资高低不同,平均工资就是将不同工资差异抽象化。对总体中某一标志值集中趋势的测量,说明其一般水平的代表值。

(三)平均指标是指现象在一定条件下的代表性水平指标

客观现象随着时间、地点、条件变化而变化,因而反映现象一般水平的平均指标并不是固定不变的,必须联系具体条件观察现象的一般水平。

(四)计算平均指标应以大量观察法为基础

只有进行大量观察,将现象偶然性的差异相互抵消,平均指标才能反映总体内各单位某一数量指标的集中趋势。

二、平均指标的计算方法

平均指标的计算方法有两种,一种是根据总体标志总量和总体单位总量计算的数值平均数,如算术平均数、调和平均数、几何平均数;另一种是根据总体标志值所处位置确定的位置平均数,如众数、中位数。

(一) 算术平均数

算术平均数是一种最常见的平均数。它是将总体各单位的标志值相加,求得标志总量后除以总体单位总数得到的平均数。其计算公式为

$$算术平均数 = \frac{总体标志总量}{总体单位总数}$$

按掌握资料不同,它可分为简单算术平均数和加权算术平均数两种。

1. 简单算术平均数

简单算术平均数是掌握总体各单位标志值时,将总体各单位的标志值直接相加,得到总体标志总量,然后除以总体单位总数。其计算公式如下:

$$简单算术平均数 = \frac{总体各单位某一标志值之和}{总体单位总数}$$

用符号表示为

$$\bar{x} = \frac{x_1 + x_2 + \cdots + x_n}{n} = \frac{\sum_{i=1}^{n} x_i}{n}$$

式中:$\bar{x}$ 为算术平均数;x_i 为第 i 个单位的标志值,$i = 1, 2, \cdots, n$;n 为总体单位总数;$\sum$ 为求和符号。

2. 加权算术平均数

加权算术平均数是根据分组资料加工整理形成的变量数列或组距数列计算的算术平均数。其计算公式如下:

$$加权算术平均数 = \frac{\sum(各组变量值 \times 各组单位数)}{\sum 各组单位数}$$

用符号表示为

$$\bar{x} = \frac{x_1 f_1 + x_2 f_2 + \cdots + x_{n-1} f_{n-1} + x_n f_n}{f_1 + f_2 + \cdots + f_{n-1} + f_n} = \frac{\sum_{i=1}^{n} x_i f_i}{\sum_{i=1}^{n} f_i}$$

式中:x_i 代表各组变量值 $(i = 1, 2, \cdots, n)$;f_i 为各组单位数(次数)$(i = 1, 2, \cdots, n)$;$x_i f_i$ 为第 i 组的标志值之积;n 为组数。

从公式中可以看出,平均数($\bar{x}$)的大小不仅取决于各组变量值(x_i)的大小,同时,也与各组单位数(f_i)的多少有关。当某组出现的次数多,平均数受其影响就大;出现的次数少,平均数受其影响也小。因此,次数(f_i)对平均数($\bar{x}$)起着权衡轻重作用,统计中称它为权数。当各组次数相等时,计算的加权算术平均数等于简单算术平均数。

计算加权算术平均数可以用变量出现的次数(频数 f_i)作权数,也可以用频率(结构相对数)$\dfrac{f_i}{\sum_{i=1}^{n} f_i}$ 作权数,两者计算结果和经济意义是一致的。以表3-7所示为例说明如下。

表3-7 某厂甲车间工人人数和日产量情况表

工人按日产量分组 x_i(公斤)	工人人数 f_i(人)	各组工人频率 $\dfrac{f_i}{\sum_{i=1}^{n} f_i}$(%)	总产量 $x_i f_i$(公斤)	$x_i \dfrac{f_i}{\sum_{i=1}^{n} f_i}$(公斤)
200	12	11.77	2 400	23.54
220	10	9.80	2 200	21.56
240	35	34.31	8 400	82.34
260	30	29.41	7 800	76.47
300	15	14.71	4 500	44.13
合计	102	100.00	25 300	248.04

$$\text{工人平均日产量}\,\bar{x} = \frac{x_1 f_1 + x_2 f_2 + \cdots + x_n f_n}{f_1 + f_2 + \cdots + f_n} = \frac{\sum_{i=1}^{n} x_i f_i}{\sum_{i=1}^{n} f_i} = \frac{25\,300}{102} = 248.04(\text{公斤})$$

或

$$\text{工人平均日产量}\,\bar{x} = \sum x_i \cdot \frac{f_i}{\sum f_i} = 248.04(\text{公斤})$$

如果是组距数列,则以各组的组中值为代表值计算加权平均数。

某厂乙车间工人人数和产量情况如表3-8所示。

表3-8 某厂乙车间×年×月工人人数和日产量情况表 单位:公斤

按日产量分组(公斤)	组中值 x_i(公斤)	工人人数 f_i(人)	总产量 $x_i f_i$(公斤)
1 300~1 310	1 305	6	7 830
1 311~1 320	1 315	14	18 410
1 321~1 330	1 325	26	34 450
1 331~1 340	1 335	10	13 350
1 341~1 350	1 345	4	5 380
合计	—	60	79 420

$$\bar{x} = \frac{\sum_{i=1}^{n} x_i f_i}{\sum_{i=1}^{n} f_i} = \frac{1\,305 \times 6 + 1\,315 \times 14 + 1\,325 \times 26 + 1\,335 \times 10 + 1\,345 \times 4}{6 + 14 + 26 + 10 + 4}$$

$$= \frac{79\,420}{60} = 1\,323.67(公斤)$$

根据计算,某厂某车间工人生产某产品人均日产量为 1 323.67 公斤。

3. 算术平均数的数学性质

算术平均数具有多个数学性质。这些性质的主要作用是简化平均数的计算。这里介绍两个重要性质。

(1) 算术平均数与各个变量值的离差之和为零。

即
$$\sum_{i=1}^{n}(x_i - \bar{x}) = 0$$

显然有
$$\sum_{i=1}^{n}(x_i - \bar{x})f_i = 0$$

证明:

$$\because \bar{x} = \frac{\sum_{i=1}^{n} x_i}{n}$$

$$\sum_{i=1}^{n} x_i = n\bar{x}$$

$$\therefore \sum_{i=1}^{n}(x_i - \bar{x}) = \sum_{i=1}^{n} x_i - n\bar{x} = 0$$

同理可证:

$$\sum_{i=1}^{n}(x_i - \bar{x})f_i = 0$$

这个性质表明,平均数是把总体各单位变量的差异全部抽象化,用截长补短的办法将变量值小于平均数的负离差用大于平均数的正离差填补。

(2) 各个变量值与算术平均数的离差平方之和为最小值。即:

$$\sum(x_i - \bar{x})^2 = 最小值,同理\sum(x_i - \bar{x})^2 f_i = 最小值$$

证明:

$$\sum(x_i - \bar{x})^2 = 最小值$$

设 A 为不等于算术平均数($\bar{x}$)的任意值,则

$$\bar{x}-A=c, \quad c\neq 0, \quad A=\bar{x}+c$$

计算 $\sum_{i=1}^{n}(x_i-A)^2$ 的离差平方,得到

$$\sum_{i=1}^{n}(x_i-A)^2 = \sum_{i=1}^{n}[x_i-(\bar{x}-c)]^2 = \sum_{i=1}^{n}[(x_i-\bar{x})+c]^2$$

$$= \sum_{i=1}^{n}[(x_i-\bar{x})^2+2c(x_i-\bar{x})+c^2]$$

$$= \sum_{i=1}^{n}(x_i-\bar{x})^2+2c\sum_{i=1}^{n}(x_i-\bar{x})+nc^2$$

由性质(1),$\sum_{i=1}^{n}(x_i-\bar{x})=0$

故

$$2c\sum_{i=1}^{n}(x_i-\bar{x})=0$$

又因为

$$nc^2>0$$

所以

$$\sum_{i=1}^{n}(x_i-\bar{x})^2+nc^2 > \sum_{i=1}^{n}(x_i-\bar{x})^2$$

得

$$\sum_{i=1}^{n}(x_i-\bar{x})^2 = \text{最小值}$$

同理,对 $\sum_{i=1}^{n}(x_i-\bar{x})^2 f_i = $ 最小值可作类似证明。

这些性质表明,以任意不为算术平均数的数值为中心计算的离差平方之和总是大于以平均数为中心计算的离差平方和,算术平均数是误差最小的总体代表值。

算术平均数在统计中作用甚大、但它也有缺点:如当数列分布不够集中时,容易受极大值或极小值影响,这时,算术平均数缺乏代表性;当分配数列呈 U 形或 J 形分布时,算术平均数没有代表性。如人口死亡率与人口年龄关系分布现象。

4. 算术平均数与强度相对数的区别

算术平均数与强度相对数是两类不同性质的指标。其主要区别有:

(1) 算术平均数是平均指标。它是同一总体内各单位某一标志值的平均水平,分子、分母是同一总体的总量指标。强度相对数是相对指标,它是有联系的两个不同总体的总量指标之比。

(2) 算术平均数是以各单位标志总量之和作为分子,总体单位总量之和作为分母计算,分母中每一个总体单位都有与之相对应的标志值。强度相对数根据研究目的的不同,分子、分母可以互换,可用其中的任意一个总体的总量指标作为分子(或分母),计算的结果有正指标、逆指标之分。

(二)调和平均数

调和平均数也称"倒数平均数"。它先对各变量的倒数求平均数,然后再取倒数得到的平均数。当只掌握总体标志总量和各单位标志值,而无总体单位总量时,采取这种方法计算平均数。调和平均数有简单调和平均数和加权调和平均数两种计算形式。

1. 简单调和平均数

简单调和平均数是根据各标志值的倒数计算简单算术平均数,再取这一平均数的倒数。所以,调和平均数是各个变量倒数的算术平均数的倒数。其计算公式如下:

$$\bar{x}_H = \frac{1}{\left(\frac{1}{x_1} + \frac{1}{x_2} + \cdots + \frac{1}{x_n}\right)/n} = \frac{n}{\left(\frac{1}{x_1} + \frac{1}{x_2} + \cdots + \frac{1}{x_n}\right)} = \frac{n}{\sum_{i=1}^{n} \frac{1}{x_i}}$$

式中:$\bar{x}_H$ 为调和平均数;x_i 为第 i 个总体单位的标志的值($i = 1, 2, \cdots, n$);n 为总体单位总数;$\sum$ 为求和符号。

【例 3-10】 甲商品在三个商店的单价分别为 5 元、8 元、10 元。某人从三个商店各购买 10 元甲商品,其平均价格为

$$\bar{x}_H = \frac{n}{\sum_{i=1}^{n} \frac{1}{x_i}} = \frac{1}{\frac{\frac{1}{5} + \frac{1}{8} + \frac{1}{10}}{3}} = \frac{1}{0.147} = 7.06(元/公斤)$$

2. 加权调和平均数

加权调和平均数是各变量值倒数的加权算术平均数的倒数。其计算公式如下:

$$\bar{x}_H = \frac{1}{\frac{\frac{m_1}{x_1} + \frac{m_2}{x_2} + \cdots + \frac{m_n}{x_n}}{m_1 + m_2 + \cdots + m_n}} = \frac{m_1 + m_2 + \cdots + m_n}{\frac{m_1}{x_1} + \frac{m_2}{x_2} + \cdots + \frac{m_n}{x_n}} = \frac{\sum_{i=1}^{n} m_i}{\sum_{i=1}^{n} \frac{m_i}{x_i}}$$

式中,m 为权数。

【例 3-11】 某人从三个不同市场分别各买 20 元钱某种商品,其单价分别为 6.6 元/公斤,5.0 元/公斤,4.0 元/公斤,则该商品的平均单价为

$$\bar{x}_H = \frac{\sum_{i=1}^{n} m_i}{\sum_{i=1}^{n} \frac{m_i}{x_i}} = \frac{20 + 20 + 20}{\frac{20}{6.6} + \frac{20}{5.0} + \frac{20}{4.0}} = 4.99 元/公斤$$

【例 3-12】 某厂所属四个车间产值计划完成程度(%)及实际产值资料如表 3-9 所示。

表 3-9 某厂×月产值完成情况表

车间名称	计划完成程度 x(%)	实际完成产值 m(万元)	计划产值 $\dfrac{m_i}{x_i}$(万元)
甲	90	90	100
乙	100	200	200
丙	110	330	300
丁	120	480	400
合计	—	1 100	1 000

平均计划完成程度(%)为

$$\bar{x}_H = \frac{\sum_{i=1}^{n} m_i}{\sum_{i=1}^{n} \dfrac{m_i}{x_i}} = \frac{1\ 100}{1\ 000} \times 100\% = 110\%$$

【例 3-13】 某产品在三个不同市场的销售资料如表 3-10 所示。

表 3-10 某产品在三个市场销售资料表

市　场	市场价格 x_i(元/公斤)	销售额 m_i/元	销售量 $\dfrac{m_i}{x_i}$/公斤
甲	10.00	30 000	3 000
乙	15.00	30 000	2 000
丙	14.00	35 000	2 500
合计	—	95 000	7 500

某产品平均销售价格为

$$\bar{x}_H = \frac{\sum_{i=1}^{n} m_i}{\sum_{i=1}^{n} \dfrac{m_i}{x_i}} = \frac{95\ 000}{7\ 500} = 12.67(元/公斤)$$

调和平均数与算术平均数的计算结果和经济意义完全相同,只是由于所掌握的资料不同,将算术平均数公式变形为调和平均数形式来计算。

在实际工作中,计算调和平均数方法能够解决某些经济现象平均指标的计算问题,由于未能掌握其数量资料(如销售量、采购量等),故无法直接计算加权算术平均数。如大宗小商品的平均价格、农副产品收购的平均价格等,均可采用计算调和平均数方法来解决。

综上所述,若已掌握分组资料的各组变量值(x)及各组的标志值之和(m),可采用加权调和平均数计算平均指标;若已知为各组变量值(x)及各组分布次数(f)时,可直接用加权算术平均方法计算平均指标。

(三) 几何平均数

几何平均数是将 n 个变量连乘积开 n 次方根计算的平均数。常用于计算发展速度、比率等变量的平均数。几何平均数可以分为简单几何平均数和加权几何平均数两种。简单几何平均数的计算公式如下：

$$\bar{x}_G = \sqrt[n]{x_1 \cdot x_2 \cdot x_3 \cdots x_n} = \sqrt[n]{\prod x_i}$$

式中：$\bar{x}_G$ 为几何平均数；x_i 为各标志值；n 为变量值个数；$\prod$ 为连乘符号。

几何平均数也可用对数的形式计算，所以几何平均数也称"对数平均数"。将上述公式两边取对数得

$$\lg \bar{x}_G = \frac{1}{n}(\lg x_1 + \lg x_2 + \cdots + \lg x_n) = \frac{1}{n}\sum_{i=1}^{n}\lg x_i$$

$$\lg \bar{x}_G = \frac{\sum_{i=1}^{n}\lg x_i}{n}$$

再求其反对数，得几何平均数 $\bar{x}_G$。

【例 3-14】 某车间生产某产品，要经过铸造、切削加工和电镀三个连续作业的工序，各工序产品合格率如表 3-11 所示。

表 3-11 某车间某产品合格率

工　序	产品合格率 x(%)	合格率的对数 $\lg x$
铸造	95.0	1.977 7
切削加工	95.8	1.981 4
电镀	93.0	1.968 5
合　计	—	5.927 6

由于各工序的产品合格率是以本工序的合格品为基础计算的，所以各工序合格品率的总和不等于全车间的合格率，不能采用算术平均数法计算全车间的产品平均合格率。上述三道工序产品合格率的连乘积开三次方，取其正根才等于全车间的总合格率。即 $95.0\% \times 95.8\% \times 93.0\% = 84.64\%$ 再开三次方。三道工序的平均合格率为

$$\bar{x}_G = \sqrt[n]{\prod x_i} = \sqrt[3]{95.0\% \times 95.8\% \times 93.0\%} = \sqrt[3]{84.64\%} = 94.59\%$$

用对数方法计算结果与上述几何法计算方法结果完全一致：

$$\lg \bar{x}_G = \frac{\sum_{i=1}^{n}\lg x_i}{n} = \frac{5.927\ 6}{3} = 1.975\ 9$$

求反对数,可得三道工序的平均合格率为:$\bar{x}_G = 94.59(\%)$

当计算几何平均数每个变量值的次数不相同时,则应采用加权几何平均法计算。

其计算公式为

$$\bar{x}_G = \sqrt[\sum f_i]{x_1^{f_1} \cdot x_2^{f_2} \cdot \cdots \cdot x_n^{f_n}}$$

【例 3-15】 一笔银行存款,年利率按复利计算,存期为 25 年。其资料如表 3-12 所示。

表 3-12 按资本利率分组表

年利率(%)	本利率 x(%)	年数 f(年)
3	103	1
4	104	4
8	108	8
10	110	10
15	115	2
合计	—	25

用加权几何平均法求得 25 年的平均本利率为

$$\begin{aligned}
\bar{x}_G &= \sqrt[\sum f_i]{x_1^{f_1} x_2^{f_2} \cdots x_n^{f_n}} \\
&= \sqrt[25]{1.03^1 \times 1.04^4 \times 1.08^8 \times 1.10^{10} \times 1.15^2} \\
&= \sqrt[25]{1.03 \times 1.699 \times 1.850\ 9 \times 2.594 \times 1.322\ 5} \\
&= \sqrt[25]{7.651} \\
&= 1.084\ 8 \\
&= 108.48\% \\
108.48\% &- 100\% = 8.48\%
\end{aligned}$$

这笔银行存款 25 年的平均年利率为 8.48%。

几何平均法,除用于计算比率变量的平均数外,也可应用于某些呈几何级差变动的变量平均数。

从计算公式可以看出,几何平均数在实际应用中受条件限制。如被平均的变量值中不能有零,否则就不能计算;若原数列中有某个变量值为负数,就会形成负值或虚根,其结果失去意义。因此,几何平均数的应用范围比算术平均数应用范围狭窄。

算术平均数、调和平均数和几何平均数是三种不同的平均方法,对同一资料用这三种方法计算的平均数不相同,其关系为算术平均数>几何平均数>调和平均数,即 $\bar{x} > \bar{x}_G > \bar{x}_H$。

(四)位置平均数

1. 众数

众数是总体单位中出现次数最多的标志值,它能够鲜明地反映总体数据分布的集中趋势。众数是一种位置平均数,不受极端数值的影响,在实际工作中应用相当广泛。如大多数人穿戴的服装、鞋帽的尺寸;集市贸易上某种商品大多数的成交量;我国大多数家庭的人口数等,都是众数。它具有一般水平或代表值意义。众数只有在总体单位数多、具有明显集中趋势时,计算众数才具有合理的代表性和现实意义。当总体单位数少,或者总体单位数虽多,但无明显集中趋势时,就无所谓众数。

值得注意的是,当变量数列中出现两个或两个以上变量值的次数都比较集中时,往往反映统计数据来自两个或两个以上有区别的总体,则需要进一步调查研究,以免得出错误结论。

众数的计算,不同的资料采用不同的方法。对于确定单项数列的众数,可以直接观察:数列中出现次数最多的组即众数组,该组的变量值就是众数。如某服装店销售不同尺码的某种衣服,销售量最多的某种尺码衣服就是众数。

由组距数列计算众数分两步进行:先通过观察确定众数所在的组,然后再利用与众数相邻两组的频数,用比例插值法推算众数的上限公式或下限公式计算众数。以例 3-16 说明。

【例 3-16】 对某公司工人月收入进行抽样调查。其资料整理后如表 3-13 所示。

表 3-13　抽样调查某公司工人月收入情况表

	月收入分组(元)	工人数(人)	累计次数(人)	
			向上累计	向下累计
	1 000 以下	40	40	500
	2 000~3 000	90	130	460
众数所在组	3 000~4 000	110	240	370
中位数所在组	4 000~5 000	105	345	260
	5 000~6 000	70	415	155
	6 000~7 000	50	465	85
	7 000 以上	35	500	25
	合　　计	500	—	—

从表 3-13 不难看出,在抽查的 500 名工人中,月收入在 3 000~4 000 元的人数在数列中出现的次数最多(110 人),即众数所在组。然后利用上限公式或下限公式计算出众数的具体数值。用下限公式计算:

$$M_0 = L + \frac{f_1 - f_2}{(f_1 - f_2) + (f_1 - f_3)} \times d$$

$$= 3\,000 + \frac{110-90}{(110-90)+(110-105)} \times 1\,000$$
$$= 3\,800(元)$$

式中：f_1 为众数组的次数；f_2 为众数组前一组的次数；f_3 为众数组后一组的次数；L 为众数组的下限；d 为众数组的组距；M_0 为众数。

利用上限公式计算：
$$M_0 = U - \frac{f_1 - f_3}{(f_1 - f_2)+(f_1 - f_3)} \times d$$
$$= 4\,000 - \frac{110-105}{(110-90)+(110-105)} \times 1\,000$$
$$= 4\,000 - \frac{5}{20+5} \times 1\,000 = 3\,800(元)$$

式中：U 为众数所在组的上限；其他符号的代表意义与下限公式中符号相同。

两个公式计算结果相同，表明该公司工人月收入的众数为 3 800 元。

2. 中位数

中位数是将总体各单位的某一标志值按大小顺序排列后，位于中点位置的那个标志值。它把总体的标志值分成两等份，比它大的和比它小的各占一半。

中位数是位置平均数，它不受极大值和极小值的影响，具有稳定性特点。当变量次数呈 U 形、J 形分布时，中位数比算术平均数更具有代表性。

中位数的计算分两步进行：先确定中位数的位次，然后求出中点位次对应的标志值，即中位数。

(1) 根据单项式数列确定中位数。

【例 3-17】 有 5 名生产工人，日产零件数按大小顺序排列如下：15,17,18,20,22。

显然，中位数的位次：
$$O_m = \frac{N+1}{2} = \frac{5+1}{2} = 3$$

中位数的位次在数列的第三项，第三名工人的产量 18 件即中位数。

式中：O_m 为中位数所在项次；N 为总体单位总数。

若总体单位数 N 为偶数，设上例为 6 名工人的日产量为 15,17,18,20,22,23

中位数的位次：
$$O_m = \frac{N+1}{2} = \frac{6+1}{2} = 3.5$$

中位数的位置在第三名与第四名工人之间，相邻两个变量值的简单算术平均数为中位数：

$$M_e = \frac{18+20}{2} = 19(件)$$

(2) 根据组距数列计算中位数。根据组距数列计算中位数,先用公式 $\dfrac{\sum\limits_{i=1}^{n} f_i}{2}$ 确定中位数的位次 $\left(\sum\limits_{i=1}^{n} f_i 为数列的总次数\right)$,然后用比例插值法推出上限公式或下限公式计算中位数。以表 3-13 某公司工人月收入抽样调查资料为例。

第一步,求出中位数的位次:

$$\frac{\sum\limits_{i=1}^{n} f_i}{2} = \frac{500}{2} = 250$$

即中位数的位次为该数列的第 250 位工人。从表 3-13 中可以看出,中位数在 4 000~5 000 元这一组内。

第二步,利用下限公式或上限公式计算中位数数值。

用下限公式计算:

$$M_e = L + \frac{\dfrac{\sum\limits_{i=1}^{n} f_i}{2} - S_{m-1}}{f_m} \cdot d = 4\,000 + \frac{\dfrac{500}{2} - 240}{105} \times 1\,000$$

$$= 4\,000 + \frac{10}{105} \times 1\,000 = 4\,000 + 95.04 = 4\,095.24(元)$$

式中:M_e 为中位数;L 为中位数所在组的下限;$\sum\limits_{i=1}^{n} f_i$ 为数列的总次数;f_m 为中位数所在组的次数;S_{m-1} 为中位数所在组以前各组的累计次数,d 为中位数组的组距。

用上限公式计算:

$$M_e = U - \frac{\dfrac{\sum\limits_{i=1}^{n} f_i}{2} - S_{m+1}}{f_m} \cdot d = 5\,000 - \frac{\dfrac{500}{2} - 155}{105} \times 1\,000$$

$$= 5\,000 - \frac{95}{105} \times 1\,000 = 5\,000 - 904.76 = 4\,095.24(元)$$

式中:U 为中位数所在组的上限;S_{m+1} 为中位数所在组以后各组的累计次数。

其他符号意义与下限公式相同。

两个公式计算结果相同,即中位数为 4 095.24 元。

三、位置平均数与算术平均数的关系

中位数、众数和算术平均数都是反映被研究现象数量分布的集中趋势。它们之间存在一定关系,这种关系可以用来反映总体数量分布的特征,并可进行相互之间的推算。

(一) 可以利用中位数、众数和算术平均数的数量关系判断总体的分布特征

当总体次数分布完全对称,呈正态分布曲线时,则中位数、众数、算术平均数三者完全相等,如图 3-1(a) 所示。

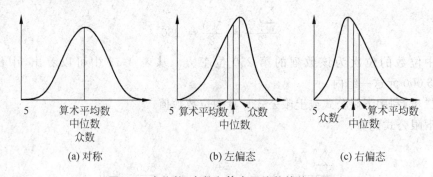

(a) 对称　　　　(b) 左偏态　　　　(c) 右偏态

图 3-1　中位数、众数和算术平均数的关系图

当总体次数分布呈左偏态时,说明高数值比较集中,平均数受小数值影响大,算术平均数向极小值一方靠近,算术平均数小于中位数和众数,即 $\bar{x} < M_e < M_0$,如图 3-1(b) 所示。

当总体次数分布呈右偏态时,说明低数值比较集中,平均数受较大值影响大,使算术平均数靠极大值一方,算术平均数大于中位数和众数,即 $\bar{x} > M_e > M_0$,如图 3-1(c) 所示。

(二) 利用位置平均数与算术平均数的关系可以相互推算

无论是右偏还是左偏,算术平均数、中位数、众数之间存在一定的比例关系。中位数居中,众数与中位数之间的距离为算术平均数与中位数之间距离的 2 倍,即

$$M_e - M_0 = 2(\bar{x} - M_e)$$

由此可以得到三个推算公式:

$$M_0 = 3M_e - 2\bar{x}$$

$$M_e = \frac{M_0 + 2\bar{x}}{3}$$

$$\bar{x} = \frac{3M_e - M_0}{2}$$

【例 3-18】 根据表 3-13,某公司工人月收入抽样调查资料计算得到众数(M_0)为 3 800 元,中位数(M_e)为 4 095.24 元。试推算其算术平均数为多少?此现象呈何种分布?

算术平均数:

$$\bar{x} = \frac{3M_e - M_0}{2} = \frac{3 \times 4\,095.24 - 3\,800}{2} = 4\,242.86(元)$$

从上述数据可知:$\bar{x} > M_e > M_0$,即 4 242.86>4 095.24>3 800。

计算说明,某公司工人月收入呈右偏态分布,且工人月收入算术平均数偏向高端,多数工人月收入低于算术平均数。

四、平均指标的作用

(1) 平均指标可以用来对同一现象在不同地区、不同单位进行比较,用以反映各地区、各单位之间工作成绩和产品质量等情况的差异及现象的发展规律,评价不同企业生产经营管理情况,如劳动生产率、平均成本等。通过分析,总结经验,找出差距,挖掘潜力,提高企业经济效益。

(2) 平均指标可以用来对同一现象在不同时间的状态进行比较,反映社会现象的发展规律。如对不同历史时期的平均工资进行对比,反映我国职工工资收入不断增加,人民生活水平逐步提高。

(3) 将有关指标与平均指标结合运用,可以分析现象之间的内在联系,如劳动生产率提高与产品成本之间的关系;产品原材料单耗与产品产量的关系。在抽样调查中,可以利用样本平均数推算总体平均数。

(4) 平均指标可以用于编制和检查计划,如对粮食、棉花农作物的单位平均产量、工人劳动生产率、平均工资等指标进行对比分析,检查计划执行情况。

五、计算和运用平均数应遵守的原则

(一) 平均数只能在同质总体中计算

平均指标具有代表性,反映研究现象内各单位某一标志值的一般水平。因此,它必须在同质总体内计算平均数,否则,非但不能说明事物的性质及其规律性,反而会歪曲事实真相,形成虚构平均数。

(二) 要将总平均数与组平均数结合起来运用

总平均数代表总体的一般水平,而且受组平均数和各组权数变动影响,致使总平均数可能发生与组平均数呈相反方向的变化。如表 3-14 所示资料就是这种情况。

从表 3-14 可以看出,各组的劳动生产率报告期比基期都有所提高,技术工人组从 100 件/人提高到 102 件/人,普通工人组从 50 件/人提高到 52 件/人;全厂总的劳动生产率报告期比基期不升反降,从 90 件/人下降到 89 件/人,与组平均数发生相反变化,这主要是受各组频数出现不同的影响。

表 3-14　某厂技术工人与普通工人生产情况资料

类别	基期				报告期			
	人数(人)	比重(%)	产量(件)	劳动生产率(件/人)	人数(人)	比重(%)	产量(件)	劳动生产率(件/人)
技术工人	400	80	40 000	100	420	74	42 840	102
普通工人	100	20	5 000	50	150	26	7 800	52
合计	500	100	45 000	90	570	100	50 640	89

(三) 平均指标与标志变异指标结合起来分析

两者结合起来分析可以用标志变异指标判断平均指标的代表性大小,还能从集中趋势和离散趋势两方面考虑数据分布特点。

(四) 平均指标与总量指标结合起来应用

平均指标说明总体某一指标的一般水平,但它将总体各单位标志的差异掩盖起来,仅看平均指标,容易产生片面性。将平均指标与总量指标结合起来分析,才能全面了解情况得出正确的结论。

第四节　标志变异指标

一、标志变异指标的意义和作用

(一) 标志变异指标的意义

标志变异指标反映总体各单位标志值之间差异大小、变动程度和离散趋势。

平均指标是把总体各单位标志值的差异抽象化,是总体某一标志值的代表值,反映其集中趋势。然而总体内各单位标志值往往参差不齐,它们分布在平均数周围,呈现一种集中趋势或离散趋势,只是程度不同而已。从两个方面描述总体的分布特征,是人们了解和掌握总体分布情况的基本着眼点。

（二）标志变异指标的主要作用

（1）平均数代表性的大小如前所述,平均指标是总体某一数量标志值的代表值,它与总体标志变异的差异程度大小有密切联系,标志变异程度越大,则平均数代表性越小；若标志变异程度越小,平均数代表性则越大。

（2）反映社会现象和其他经济活动的差异性和均衡性。标志变异程度越大,总体差异程度越大,均衡性越差；反之,当标志变异程度越小,则总体差异程度越小,均衡性越好。

【例 3-19】 甲、乙两厂对某厂某材料第一季度供货计划完成情况如表 3-15 所示。

表 3-15　甲、乙两厂×年第一季度对某厂完成某种材料供货计划情况　　单位：%

企业名称	供货计划完成			
	一季度总供货计划执行结果	1月	2月	3月
甲厂	100	32	34	34
乙厂	100	20	30	50

从表 3-15 可以看出,甲、乙两厂第一季度总供货计划都完成了,但供货计划执行的均衡性不一样。甲厂按月均衡地执行计划。而乙厂前松后紧,会影响购货方生产经营活动的正常进行。

（3）标志变异指标在抽样调查中是计算抽样单位多少和计算抽样误差的依据。这些内容将在第六章抽样推断中专门介绍。

二、标志变异指标的种类和计算方法

常用的标志变异指标有全距、平均差、标准差和标志变动系数。

（一）全距(R)

全距又称极差,是指总体单位标志值中最大标志值与最小标志值之差。它表明总体单位标志值的变动幅度或范围,是测定标志变动最简单的方法。

全距计算简单：

$$全距(R) = 最大值 - 最小值$$

在闭口分组的资料中,全距＝末组上限－首组下限；有开口分组的资料不予计算。全距能反映总体中两极的差异,衡量平均数代表性的大小。实际工作中,全距用于检查产品质量的稳定性,进行产品质量控制,使质量指标误差控制在一定范围内。一旦超过控制范围,立即采取措施,以保证产品的质量。全距在编制分配数列时,作为确定组数、组距的依据。

但全距只从两端数值考察,忽略了中间数据的变动情况,受极端值的影响很大,不能准确综合反映总体单位间标志值的实际差异。

(二) 平均差(AD)

平均差是总体各单位标志值对其算术平均数的绝对离差的算术平均数。如前所述,总体各单位的标志值与其算术平均数的离差之和等于零,即

$$\sum_{i=1}^{n}(x_i - \bar{x}) = 0$$

所以,计算平均差,采用离差的绝对值($|x_i - \bar{x}|$),以消除离差的正负方向。

平均差计算简便,意义明确。平均差能反映总体中所有单位标志值的差异情况和平均数代表性大小。平均差越大,总体各单位标志值越离散,平均数代表性越小;反之,则平均数代表性越大。

根据掌握资料的不同,平均差有以下两种不同的计算方法。

1. 简单式平均差计算方法

$$AD = \frac{\sum_{i=1}^{n}|x_i - \bar{x}|}{n}$$

【例 3-20】 某厂某车间甲、乙两组均为 7 人,其生产某产品日产量资料如表 3-16 所示。

表 3-16 某厂甲、乙两组生产某产品日产量情况表　　　　单位:公斤

甲组 ($\bar{x}_甲 = 70$)			乙组 ($\bar{x}_乙 = 70$)		
产量 $x_甲$	离差 ($x_甲 - \bar{x}_甲$)	绝对离差 $|x_甲 - \bar{x}_甲|$	产量 $x_乙$	离差 ($x_乙 - \bar{x}_乙$)	绝对离差 $|x_乙 - \bar{x}_乙|$
55	−15	15	64	−6	6
60	−10	10	66	−4	4
65	−5	5	68	−2	2
70	0	0	70	0	0
75	5	5	72	2	2
80	10	10	74	4	4
85	15	15	76	6	6
合计	0	60	合计	0	24

甲组的平均差:

$$AD_甲 = \frac{\sum_{i=1}^{n_1}|x_{甲i} - \bar{x}_甲|}{n_1} = \frac{60}{7} = 8.57(公斤)$$

乙组的平均差：

$$AD_Z = \frac{\sum_{i=1}^{n_2}|x_{Zi}-\bar{x}_Z|}{n_2} = \frac{24}{7} = 3.43(公斤)$$

式中：AD 为平均差；x_i 为各单位标志值；$\bar{x}$ 为算术平均数；n_1、n_2 为甲、乙两组变量个数。

计算结果表明，甲组的平均差比乙组大，说明甲组日平均产量（70 公斤）的代表性比乙组日平均产量（70 公斤）的代表性小，则乙组工人的技术水平比甲组均衡。

2. 加权式平均差的计算方法

$$AD = \frac{\sum_{i=1}^{n}|x_i-\bar{x}|f_i}{\sum f_i}$$

【例 3-21】 某厂一车间 100 名工人日产甲产品资料如表 3-17 所示。

表 3-17 某厂一车间工人日产甲产品资料整理表　　　单位：公斤

按日产量分组	工人数 f_i（人）	组中值 x_i	$x_i f_i$	$x_i - \bar{x}$	$|x_i - \bar{x}|$	$|x_i - \bar{x}| f_i$
50～60	5	55	275	-17	+17	85
61～70	35	65	2 275	-7	+7	245
71～80	45	75	3 375	+3	3	135
81～90	15	85	1 275	+13	13	195
合计	100	—	7 200	—	—	660

根据表 3-17 资料计算：

算术平均数：

$$\bar{x} = \frac{\sum_{i=1}^{n} x_i f_i}{\sum_{i=1}^{n} f_i} = \frac{7\ 200}{100} = 72(公斤)$$

平均差：

$$AD = \frac{\sum_{i=1}^{n}|x_i-\bar{x}|f_i}{\sum_{i=1}^{n} f} = \frac{660}{100} = 6.6(公斤)$$

平均差反映总体各单位标志值平均的差异，比全距更优。但它采取离差的绝对值形式计算，使平均差在数学处理上比较烦琐，且不大理想。

(三)标准差(σ)

标准差是总体中各单位标志值与算术平均数离差平方和的算术平均数的平方根,又称为均方差。均方差的平方称为方差。标准差是测定标志变动程度最重要、最常用的指标。这个指标考虑了总体各单位标志值变动的影响,还能将总体中各单位标志值的差异程度全部包括在内,可以准确地综合反映总体的离差程度,同时又避免计算平均差时处理过程中的缺陷。

根据掌握资料的不同,标准差有两种不同的计算方法。

(1)简单式单项资料,采用简单式计算方法,其公式为

$$\sigma = \sqrt{\frac{\sum_{i=1}^{n}(x_i - \bar{x})^2}{n}}$$

【例 3-22】 仍以前面表 3-16 某厂某车间甲、乙两组生产某产品资料为例计算,如表 3-18 所示。

表 3-18 某厂甲、乙两组生产某产品日产量表　　　　单位:公斤

甲组($\bar{x}_甲=70$)			乙组($\bar{x}_乙=70$)		
产量 $x_甲$	离差($x_甲-\bar{x}_甲$)	离差平方($x_甲-\bar{x}_甲$)²	产量 $x_乙$	离差$|x_乙-\bar{x}_乙|$	离差平方$|x_乙-\bar{x}_乙|^2$
55	−15	225	64	−6	36
60	−10	100	66	−4	16
65	−5	25	68	−2	4
70	0	0	70	0	0
75	5	25	72	2	4
80	10	100	74	4	16
85	15	225	76	6	36
合计	0	700	合计	0	112

甲组的标准差:

$$\sigma_甲 = \sqrt{\frac{\sum_{i=1}^{n}(x_{甲i} - \bar{x}_甲)^2}{n_甲}} = \sqrt{\frac{700}{7}} = 10(公斤)$$

乙组的标准差:

$$\sigma_乙 = \sqrt{\frac{\sum_{i=1}^{n}(x_{乙i} - \bar{x}_乙)^2}{n_乙}} = \sqrt{\frac{112}{7}} = 4(公斤)$$

式中:σ 为标准差;其他符号意义与前面同义。

计算结果表明,甲组的标准差(10公斤)比乙组的标准差(4公斤)大,说明甲组的平均数比乙组的平均数代表性小。可见,标准差越大,平均数代表性越小,总体各单位标志值离散程度也越大;反之,标准差越小,平均数代表性越大,总体各单位标志值离散程度越小。

（2）加权式资料采用加权平均方法计算。组距数列资料计算,用各组组中值(x)代表各组变量值。

其公式如下：

$$\sigma = \sqrt{\frac{\sum_{i=1}^{n}(x_i - \bar{x})^2 f_i}{\sum f_i}}$$

【例3-23】以表3-17资料为例,计算过程如表3-19所示。

表3-19　某厂一车间工人日产甲产品资料表　　　　　　单位:公斤

按日产量分组	工人数 f/人	组中值 x	xf	$x-\bar{x}$	$(x-\bar{x})^2$	$(x-\bar{x})^2 f$
50～60	5	55	275	−17	289	1 445
60～70	35	65	2 275	−7	49	1 715
70～80	45	75	3 375	+3	9	405
80～90	15	85	1 275	+13	169	2 535
合计	100	—	7 200	—	516	6 100

根据表中资料计算：

$$\bar{x} = \frac{\sum_{i=1}^{n} x_i f_i}{\sum_{i=1}^{n} f_i} = \frac{7\ 200}{100} = 72(公斤)$$

标准差：

$$\sigma = \sqrt{\frac{\sum_{i=1}^{n}(x_i - \bar{x})^2 f_i}{\sum_{i=1}^{n} f_i}} = \sqrt{\frac{6\ 100}{100}} = 7.81(公斤)$$

（四）标志变动系数（离散系数）

全距、平均差、标准差等标志变异指标相同之处是均反映同一个总体内各单位标志值的变异程度,不同之处是具体表现形式各不相同,用绝对数或平均数表示,都有计量单位,因此,无法在不同的总体之间进行对比。例如,要对不同总体之间各单位的标志变异程度作对比分析,必须采用标志变异系数,以消除平均数影响后的变异程度,形成相对数。常用的离散系数有全距系数、平均差系数和标准差系数三种。

1. 全距系数(V_R)

全距系数是用全距与其平均数相比所得的比值。
即

$$V_R = \frac{R}{\bar{x}} \times 100\%$$

2. 平均差系数(V_{AD})

平均差系数是用标准差与其相应的算术平均数相比所得的比值。
其计算公式如下:

$$V_{AD} = \frac{AD}{\bar{x}} \times 100\%$$

3. 标准差系数(V_σ)

标准差系数是以标准差与其相应的算术平均数相比求得的相对数。计算公式如下:

$$V_\sigma = \frac{\sigma}{\bar{x}} \times 100\%$$

【例 3-24】 某企业从国外进口某种电子元器件,从日本进口的平均单价为 98 元,均方差为 8 元。从美国进口的平均单价为 70 元,均方差为 7 元。

$$V_{\sigma 日} = \frac{\sigma_日}{\bar{x}_日} \times 100\% = \frac{8}{98} \times 100\% = 8.16\%$$

$$V_{\sigma 美} = \frac{\sigma_美}{\bar{x}_美} \times 100\% = \frac{7}{70} \times 100\% = 10\%$$

由此可以看出,虽然从日本进口的电子元器件平均单价、标准差都比从美国进口大,但从两者的均方差系数进行分析,从日本进口比从美国进口单位成本更有代表性、更稳定的结论。当市场上商品价格波动较大时,以均方差系数比较不同市场的价格,有助于在以后进货时作出明智的决策。

标准差系数是统计中最常用、最重要的分析指标之一。它能对比不同水平总体之间的标志变异程度。标准差是用绝对数表示,其数值大小受不同总体单位标志值水平高低的影响。因此要对比不同总体之间平均数代表性大小,应采用标准差系数进行。

【例 3-25】 某厂甲、乙两个生产小组生产不同产品平均日产量如表 3-20 所示。

表 3-20 甲、乙两个生产小组平均日产量和标准差

组别	平均数 $\bar{x}$(台)	平均差 AD(台)	标准差 σ(台)	平均差系数 V_{AD}(%)	标准差系数 V_{σ}(%)
甲	70	6.0	7.07	8.571	10.10
乙	7	2.8	3.41	40.000	48.70

从表 3-20 可见，甲组的平均差、标准差都比乙组大，但并不能说明甲组工人日产量差异性比乙组大，甲组工人平均日产量代表性比乙组少。相反，从两个组的标志变异系数来看，乙组的平均差系数和标准差系数都比甲组大，说明甲、乙组工人日产量差异大，乙组工作日产量平均数代表性比甲组小。

实训练习题

一、填空题

指出下表中各题数值是属绝对数、相对数还是平均数，并将其所属的具体种类填入表格内。

指 标 数 值	指标类型	具体种类
1. 某年某市国民生产总值为 128 亿元		
2. 某年年末某市职工人数为 86 万人		
3. 某大学全部学生中，加入中国共产党的学生占 8.0%		
4. 某厂工人年龄在 30 岁以下的人数是 30 岁以上人数的 2 倍		
5. 某年某市工业总产值是上年的 115%		
6. 某年末上海地区的人口总数是北京地区的 1.6 倍		
7. 某年某市平均每一家零售商店为 311 人服务		
8. 某年某市小汽车工人劳动生产率为 480 辆/人		
9. 某年年底某企业完成了年初计划产量的 105%		
10. 某厂工人月工资为 8 000 元的人数最多		

二、判断题

1. 时期指标数值大小与时期长短有直接关系。 （　　）
2. 同一时点上的同类现象的时点指标数值可以相加。 （　　）
3. 相对指标的数值在表现形式上只有无名数。 （　　）
4. 标志变异指标越大，说明平均数的代数性越大。 （　　）
5. 众数既不受数列中极端值的影响，也不受数列中开口组的影响。 （　　）

三、单项选择题

1. 商品销售额、商品库存量、固定资产投资额、居民储蓄额指标中,属于时点指标的有( )。
   A. 1个   B. 2个   C. 3个   D. 4个

2. 将全国粮食产量与人口数比较,属于( )。
   A. 算术平均数   B. 强度相对数   C. 比较相对数   D. 动态相对数

3. 众数是数列中( )。
   A. 最大的变量值
   B. 最少的次数
   C. 出现次数最多的变量值
   D. 不是一种平均数

4. 中位数的计算公式是( )。

   A. $L + \dfrac{\dfrac{\sum_{i=1}^{n} f_i}{2} - S_{m-1}}{f_m} \times d$ B. $L + \dfrac{\dfrac{\sum_{i=1}^{n} f_i}{2} S_{m+1}}{f_m} \times d$

   C. $L + \dfrac{\dfrac{\sum_{i=1}^{n} f_i}{2} S_{m-1}}{f_m} \times d$ D. $L + \dfrac{\dfrac{\sum_{i=1}^{n} f_i}{2} S_{m+1}}{\sum_{i=1}^{n} f_i} \times i$

5. 几何平均数的计算公式是( )。

   A. $\sqrt{x_1 \cdot x_2 \cdots x_n}$

   B. $\sqrt[\sum_{i=1}^{n} f_i]{x_1^{f_1} + x_2^{f_2} + \cdots + x_n^{f_n}}$

   C. $\sqrt[\sum_{i=1}^{n} f_i]{x_1^{f_1} \cdot x_2^{f_2} \cdots x_n^{f_n}}$ $\sqrt[\sum_{i=1}^{n} f_i]{x_1^{f_1} + x_2^{f_2} + \cdots + x_n^{f_n}}$

   D. $\sqrt[\sum_{i=1}^{n} f_i]{x_1^{f_1} \cdot x_2^{f_2} \cdots x_n^{f_n}}$

四、思考题

1. 什么是总量指标?它有哪些作用?
2. 相对指标有哪几种?怎样计算?计算和应用相对数应注意哪些问题?
3. 试述平均指标的意义、种类及其计算方法。使用平均数时应遵守哪些原则?
4. 什么是标志变异指标?有哪些种类?如何计算?
5. 时期指标和时点指标各有哪些特点?

五、应用能力训练题

1. 某年某集团公司所属甲、乙、丙三个工厂有关资料如下表所示。

某集团公司所属三个厂某年利润完成情况表

工厂名称	上年实现利润(万元)	本年利润(万元)		各厂计划比重(%)	本年实际比上年(%)	本年计划完成程度(%)
		实际	计划			
(甲)	(1)	(2)	(3)	(4)	(5)	(6)
甲厂	140		160		+10	
乙厂	200		210			102.86
丙厂		228				100.00
合计	580					

要求：(1) 计算表中空格的数字；

(2) 说明各栏数字属哪类指标；

(3) 根据表中各栏指标，对该公司某年利润完成情况作简要分析。

2. 根据"十三五"规划，某产品在五年规划的最后一年生产量应达到803万吨。该产品在五年规划最后两年每月实际产量如下表所示。

某企业"十三五"规划最后两年某产品生产情况表　　　　　单位：万吨

年度＼月份	1	2	3	4	5	6	7	8	9	10	11	12	合计
第四	50	50	54	55	58	59	62	63	63	63	72	75	724
第五	75	76	78	79	81	81	84	85	86	89	90	93	997

要求：根据表中资料计算该产品提前完成五年规划的情况。

3. 甲商品在不同地区的售价差异很大，现将其有关资料整理如下表所示。

甲商品销售量和销售价格资料

销售价格(元/件)	销售量(百件)
110～120	128
121～130	239
131～140	768
141～150	486
151～160	201
161～170	196
171～180	131
181～190	13
合计	2 162

要求：

(1) 计算甲商品的平均价格；

(2) 计算甲商品价格的众数、中位数；

(3) 根据甲商品价格的算术平均数、众数、中位数的关系,判断其价格分布的特点。

4. 甲、乙两个生产小组有关资料如下表所示。

甲、乙两组生产某产品产量情况表

甲 组		乙 组	
日产量(吨)	工人数(人)	日产量(吨)	工人数(人)
5	7	4	25
6	8	5	30
7	22	6	9
9	11	7	8
合计	48	合计	72

要求：计算两组生产产量平均数、全距、平均差、标准差、平均差系数、标准差系数,并据此比较两组生产情况,说明哪个组技术水平比较均衡。

5. 根据第二章实训练习题中第四大题的第 7 小题资料计算 $\bar{x}$、AD、σ、V_R、V_{AD}、V_{σ}。

第四章 时间数列

内容提要

社会经济现象是随着时间的变动不断地发生变化,其统计指标数值按时间顺序排列而形成的时间数列,用来反映社会经济现象发展变化的过程和特点,是研究现象发展变化的趋势和规律及对未来状况进行科学预测的重要依据。本章主要介绍时间数列的种类和计算方法、常用的动态分析指标、时间数列的测定及应用。

第一节 时间数列概述

一、时间数列的概念和作用

第三章研究的综合指标是根据同一时间的资料,从静态上对总体的数量特征进行分析。与此同时,人们还要对社会经济现象在不同时间的变化进行动态分析(所谓动态是指社会现象在不同时间上的发展变化),于是就要编制时间数列或动态数列。

时间数列是将现象的某一系列统计指标在不同时间上的数值,按其时间先后顺序排列而形成的数列,亦称动态数列,如表 4-1 所示。

表 4-1 2012—2017 年我国国内生产总值发展情况表　　单位:亿元

年 份	2012	2013	2014	2015	2016	2017
国内生产总值	519 322	568 845	636 463	6 767 208	744 127	827 122

从表 4-1 可以看出,时间数列由两个要素构成,即现象所属的时间和反映客观现象在各个时间上的统计指标值。由此可知,时间数列具有两个特点:一是反映客观现象的指标概念相对稳定;二是指标数值随着时间的变化而变化。

一般,时间数列可表示为:$a_0, a_1, a_2, \cdots, a_{n-1}, a_n$。

研究时间数列具有重要作用:

① 通过时间数列的编制和分析,可以从数量方面研究社会经济现象的发展过程和规律,建立数学模型,预测未来,为编制计划、制定政策提供依据;

② 利用有关的时间数列数值对比,分析现象之间发展变化的依存关系和不同空间的发展水平。

二、时间数列的种类

时间数列按统计指标性质不同,可以分为绝对数时间数列、相对数时间数列和平均数时间数列三种。其中绝对数时间数列是基本数列,后两种数列是由绝对数时间数列派生而来。

(一) 绝对数时间数列

绝对数时间数列是由一系列同类总量指标(绝对数),按时间先后顺序排列而形成的。它反映某种社会经济现象在各个不同时期所达到的绝对水平及其发展变化情况。按其所反映的社会经济现象性质不同,可分为时期数列和时点数列两种。

1. 时期数列

时期数列由一系列时期指标形成,数列中的每个指标数值都是反映某种现象在一段时间发展过程的总量。如表 4-2 中的工业增加值就是绝对数时期数列。

2. 时点数列

时点数列由一系列时点指标形成,数列中每个指标数值都是反映现象在某一时点所达到的状态或水平。如表 4-2 中年末职工人数、年末生产工人人数即绝对数时点数列。

表 4-2 某工业企业生产经营情况统计表

序号	项 目	2014 年	2015 年	2016 年	2017 年
1	工业增加值(万元)	3 360.00	4 160.00	4 800.00	5 600.00
2	年末职工人数(人)	500.00	520.00	600.00	620.00
3	其中:年末生产工人人数(人)	420.00	416.00	498.00	527.00
4	生产工人数占职工总数的比重(%)	84.00	80.00	83.00	85.00
5	全员劳动生产率(万元/人)	6.72	8.00	9.00	9.03
6	生产工人劳动生产率(万元/人)	8.00	10.60	9.64	10.63

3. 时期数列和时点数列的特点

时期数列和时点数列所反映现象的性质不同,它们各有特点:

(1) 时期数列中的各个指标数值可以相加，相加之和表示被研究现象在一段时期内的发展总量；而时点数列中的各个指标数值不能简单相加，相加后没有实际意义。

(2) 时期数列中各个指标数值的大小与其所属时间长短有直接关系。一般情况下，时间越长，指标数值越大，反之就越小；时点数列中，每个指标数值的大小与时间长短无直接关系。

(3) 时期数列中的各个指标数值通常都是连续不断登记取得的；而时点数列中的每个指标数值则是在每相隔一定时间的某一时点上，作一次性登记取得的。

（二）相对数时间数列

相对数时间数列是将一系列同类相对指标的数值，按时间先后顺序排列形成的时间数列，以反映两个相互联系的社会经济现象之间的发展变化情况。如表 4-2 中生产工人人数占全部职工人数的比重就是相对数时间数列。

在相对数时间数列中，各个指标对比的基数不同，它们不能直接相加。

（三）平均数时间数列

平均数时间数列是将一系列同类平均指标数值，按时间先后顺序排列形成的时间数列，以反映两个相互联系的社会经济现象之间的发展变化情况。如表 4-2 中生产工人劳动生产率、全员劳动生产率就是此类指标。

同样，平均数时间数列中各个指标数值一般也不能直接相加。

在实际工作中，这三种时间数列指标经常结合起来运用，便于对社会经济现象发展过程进行全面系统的分析研究。

三、编制时间数列的原则

编制时间数列的目的在于分析社会经济现象的变化过程及其规律性。因此，在编制时间数列时应遵守以下四项原则。

（一）时间的间隔期长短应该一致

无论时期数列还是时点数列，都应保持可比性，即时期数列的跨度和时点数列的间隔期力求一致，以便通过时间数列中各个指标数值的大小对比研究社会现象的发展变化情况及其规律。

但这也不是绝对的，有时为了研究某事物，说明它的特殊性，也可将间隔期不等的时期指标编成时间数列，如表 4-3 所示。

表 4-3　我国两个不同时期的钢产量表　　　　　　　　　　单位：万吨

时期（年份）	1900—1949	1953—1957
钢产量	776	1 667

表 4-3 中虽然两个指标时间间隔期不等，但很能说明问题：我国第一个五年计划期间钢产量超过中华人民共和国成立之前半个世纪钢产量的一倍以上。

（二）总体范围要一致

时间数列中各个指标数值应反映同一总体内某一标志值的变化，使总体的空间范围前后一致，才能保证获取的资料具有可比性。如在改革过程中，企业转型发展进行兼并重组后，形成一个新的企业。这样重组前与重组后是不同的总体，要编制重组后企业的某一指标的时间数列，必须对与之相应的时间数列中的指标予以说明。

（三）指标内容应相同

在时间数列中各个指标的内容应该一致，保证它们的同质性，以免导致错误的结果。如公有制经济企业和民营企业性质不同，在编制有关时间数列时，应注意不同时期指标数值所包含的经济内容应该相同，不能将同一数列中两种不同经济性质的各个指标数值混为一谈，以免引起误导。

（四）计算方法、计量单位应该统一

组成时间数列中各个指标数值的计算方法、计量单位应该一致。如不同年份用不同国家计算国民收入时，必须经过换算调整成同一时期的同一币种，才能编制时间数列。我国规定用不同币种计算的某些经济指标，最终都要换算成人民币核算对外报送。

第二节　时间数列的水平指标

利用时间数列研究事物发展变化的方向、速度、趋势和规律分为两种：一是通过对时间数列的趋势分析；二是计算一系列动态分析指标。

动态分析指标可以分为两类：发展水平指标和发展速度指标。发展水平指标主要有发展水平、平均发展水平、增减量和平均增减量四种。分析发展速度的指标主要有发展速度、增减速度、平均发展速度、平均增减速度和增长 1% 的绝对值五种。

一、发展水平和平均发展水平

（一）发展水平

发展水平是时间数列中各不同时期的总量指标数值，反映社会经济现象在各个不同时期所达到的水平。它是计算各种动态分析指标的基础。

根据发展水平在时间数列中所处的位置不同可分为：处于时间数列第一项指标数值的最初水平（a_0），处于时间数列中最后一项指标数值的最末水平（a_n），处于这两项中间的其余各项指标数值的中间水平（$a_1, a_2, \cdots, a_{n-1}$），如表 4-4 所示。

表 4-4　2011—2017 年我国某产品产量情况表　　　　单位：万吨

年份	2011	2012	2013	2014	2015	2016	2017
符号	a_0	a_1	a_2	a_3	a_4	a_5	a_6
钢产量	42 266	48 966	50 049	69 626	79 627	79 776	95 318

2011：最初水平；2012—2016：中间水平；2017：最末水平

在对比两个不同时期发展水平时，把作为对比基础时期的发展水平称为基期水平；把被研究时期与基期水平对比的发展水平称为报告期水平。如表 4-4 所示，2017 年某产品产量与 2011 年某产品产量对比，则 2017 年某产品产量 95 318 万吨是报告期水平，而 2011 年某产品产量 42 266 万吨是基期水平。基期、报告期和最初水平、中间水平、最末水平都不是固定不变的，而是随着研究目的要求和研究时间的变更作相应的改变。发展水平在文字说明上习惯用"增加到"或"增加为"及"下降到"或"下降为"表示。如表 4-4 所示我国某产品产量从 2011 年的 42 266 万吨增加到 2017 年的 95 318 万吨。

（二）平均发展水平

1. 平均发展水平的概念和作用

平均发展水平又称为序时平均数或动态平均数。它是时间数列中各个时期或时点上发展水平的平均数。利用它可以把社会经济现象在不同时间上的变动差异抽象化，从动态上说明现象在某一段时间内的一般水平。

序时平均数与一般平均数都是将研究现象的数量差异抽象化，概括地反映现象的一般水平。但二者之间又有区别：

① 序时平均数是从动态上反映现象在某一段时间内的一般水平；而一般平均数是静态反映现象在同一时间不同总体单位的一般水平。

② 序时平均数是根据时间数列计算，即根据不同时期或时点的指标数值和时间数列

的项数计算的平均数。它所抽象化的是同一现象在不同时间表现出来的差异；而一般平均数是根据变量数列计算的，即根据同一时期的总体标志总量和总体单位总数计算的平均数。它所抽象化的是同一时间不同总体单位之间标志值的差异。

序时平均数在统计上具有重要作用：

(1) 反映现象在一段时间内的一般水平。序时平均数可以消除现象在一段时间内波动的影响，便于在各段时间之间进行比较，并观察其发展趋势及其规律。

(2) 通过序时平均数可以了解时间数列中某些可比性问题，便于对同一现象在不同时期的变化状况进行比较分析。

2．序时平均数的计算方法

如前所述，反映事物发展的时间数列有绝对数时间数列、相对数时间数列和平均数时间数列三种。利用它们计算序时平均数的方法也各不相同。

(1) 利用绝对数时间数列计算序时平均数。因为绝对数时间数列分为时期数列和时点数列两种，它们各自有不同的特点，所以计算序时平均数的方法也有所不同。

1) 由时期数列计算序时平均数。

设时期数列为：$a_1, a_2, \cdots, a_{n-1}, a_n$。

因为时期数列中各项指标数值(a_i)可以相加，所以在计算序时平均数($\bar{a}$)时，可以采用简单算术平均法计算。用数列中各个指标数值之和$\left(\sum_{i=1}^{n} a_i\right)$除以时期的数列项数($n$)：

$$\bar{a} = \frac{a_1 + a_2 + \cdots + a_n}{n} = \frac{\sum_{i=1}^{n} a_i}{n}$$

【例 4-1】 某商店 201×年营业额如表 4-5 所示，要求计算第一季度月平均营业额。

表 4-5　某商店 201×年第一季度营业情况表　　　　单位：亿元

月　份	1	2	3
商品营业额	70.20	60.81	79.72

$$\bar{a} = \frac{\sum_{i=1}^{n} a_i}{n} = \frac{70.20 + 60.81 + 79.72}{3} = 70.24（亿元）$$

计算结果显示，该商店 201×年第一季度月平均营业额为 70.24 亿元。

2) 由时点数列计算序时平均数。

因为时点数列是由一系列不同时点上瞬间资料登记取得的,按其资料登记是否连续分为连续时点数列和间断时点数列两种,其计算方法也不一样。

① 间隔期相等的连续时点数列计算序时平均数。

设数列为:$a_1, a_2, \cdots, a_{n-1}, a_n$。

这种时点数列一般是按日登记的时点资料而形成的。若时点的资料是按逐日排列形成的,则可运用简单算术平均法进行计算。其计算公式为

$$\bar{a} = \frac{a_1 + a_2 + \cdots + a_n}{n} = \frac{\sum\limits_{i=1}^{n} a_i}{n}$$

式中:$\bar{a}$ 为序时平均数;a_i 为时点数列中各时点上的数值;n 为时点数列的项数。

② 间隔期不等的连续时点数列计算序时平均数。

设数列为:$a_1, a_2, \cdots, a_{n-1}, a_n$。

这种序时平均数是在时点数发生变动时才登记一次形成的时点数列,各时点数值的间隔期不等。以各时点数之间的间隔期为权数,用加权算术平均法计算。其计算公式为

$$\bar{a} = \frac{a_1 f_1 + a_2 f_2 + \cdots + a_n f_n}{f_1 + f_2 + \cdots + f_n} = \frac{\sum\limits_{i=1}^{n} a_i f_i}{\sum\limits_{i=1}^{n} f_i}$$

式中:f_i 为每次变动后间隔期的长度。

【例 4-2】 某企业职工人数变动情况如表 4-6 所示,试计算该厂第一季度日平均人数。

表 4-6 某企业 201×年第一季度职工人数变动资料   单位:人

时间	1月1日	1月20日	2月3日	2月24日	2月28日	3月31日
原有人数	1 254	1 261	1 273	1 268	1 284	1 284
增加人数	—	10	12	—	20	—
减少人数	—	3	—	5	4	—

该厂第一季度日平均人数:

$$\bar{a} = \frac{a_1 f_1 + a_2 f_2 + \cdots + a_n f_n}{f_1 + f_2 + \cdots + f_n}$$

$$= \frac{1\,254 \times 19 + 1\,261 \times 14 + 1\,273 \times 21 + 1\,268 \times 5 + 1\,284 \times 31}{19 + 14 + 21 + 5 + 31}$$

$$= \frac{114\,357}{90} = 1\,270.63 \approx 1\,271(人)$$

③ 间隔期相等的间断时点数列计算序时平均数。由于社会经济现象经常变化,随时

登记其变动情况有难度也没有必要，往往每隔一定时间登记一次，并假定所研究现象在两个相邻时点间的变动是均匀的。

这种序时平均数计算方法需先计算各相邻两时点发展水平的平均数，将其作为这两时点间的平均数，然后再将这些平均数用简单算术平均法求其序时平均数或直接将数列中的首、末两项折半加上中间各项之和，除以时间数列项数减 1 进行计算。因此，n 个时点，应有 $n-1$ 个端点，设数列为：$a_0, a_1, a_2, \cdots, a_{n-1}, a_n$。于是：

$$\bar{a} = \frac{\frac{a_0+a_1}{2} + \frac{a_1+a_2}{2} + \cdots + \frac{a_{n-1}+a_n}{2}}{n-1} = \frac{\frac{a_0}{2} + a_1 + \cdots + a_{n-1} + \frac{a_n}{2}}{n-1}$$

【例 4-3】 根据表 4-7 资料，计算该企业 201×年第三季度各月平均人数和第三季度月平均人数。

表 4-7　某企业 201×年 4 个月末职工人数资料表　　　　单位：人

时间	6月30日	7月31日	8月31日	9月30日
符号	a_0	a_1	a_2	a_3
职工人数	1 100	1 160	1 200	1 240

$$\bar{a} = \frac{\frac{a_0}{2} + a_1 + \cdots + a_{n-1} + \frac{a_n}{2}}{n-1} = \frac{\frac{1\,100}{2} + 1\,160 + 1\,200 + \frac{1\,240}{2}}{4-1} = 1\,177(人)$$

④ 间隔期不相等的间断时点数列计算序时平均数。这种序时平均数不能直接应用上面的方法计算，而要以各时点之间的间隔长度为权数，将各相应的时点平均数加权计算，再除以时间数列项数之和，计算序时平均数。计算公式如下：

$$\bar{a} = \frac{\frac{a_0+a_1}{2}f_1 + \frac{a_1+a_2}{2}f_2 + \cdots + \frac{a_{n-1}+a_n}{2}f_{n-1}}{f_1+f_2+\cdots+f_{n-1}}$$

式中：f 为时点的间隔长度。

【例 4-4】 某公司 201×年库存甲商品资料如表 4-8 所示，要求计算该公司 201×年各月甲商品平均库存量。

表 4-8　某公司 201×年库存甲商品资料　　　　单位：万吨

时间	1月1日	5月31日	9月1日	12月31日
符号	a_0	a_1	a_2	a_3
甲商品库存量	13 130	13 136	13 140	13 141

将表 4-8 中有关数据代入公式：

$$\bar{a} = \frac{\frac{13\,130 + 13\,136}{2} \times 5 + \frac{13\,136 + 13\,140}{2} \times 3 + \frac{13\,140 + 13\,141}{2} \times 4}{5 + 3 + 4} = 13\,137 (万吨)$$

根据计算得知,该公司 201×年各月甲商品平均库存量为 13 137 万吨。

这种方法计算的序时平均数,假定被研究现象在相邻两个时点之间的变动是均匀的,所计算的结果是一个近似值。

（2）相对数时间数列计算序时平均数。因为相对数时间数列是由两个有密切联系的时间数列相应项对比形成的,各个相对数不能直接相加,所以由相对数时间数列计算序时平均数,必须将构成相对数时间数列的两个时间数列,即分子和分母的序时平均数进行对比计算。

其基本计算公式为

$$\bar{c} = \frac{\bar{a}}{\bar{b}}$$

式中：$\bar{c}$ 为相对数时间数列的序时平均数；分子 $\bar{a}$ 为绝对数时间数列的序时平均数；分母 $\bar{b}$ 为绝对数时间数列的序时平均数。

根据这个公式计算相对数时间数列序时平均数时,应当分清其分子、分母的数列是时期数列还是时点数列,间隔期相等还是不相等,然后根据不同情况运用不同方法进行计算。

为使不同性质分子、分母数列与所反映的时期相匹配（都为 n 期）,设时期数列和连续时点数列为 $a_1, a_2, \cdots, a_{n-1}, a_n$,而间断时点数列为 $a_0, a_1, a_2, \cdots, a_{n-1}, a_n$;两者相差一项 a_0。

一般可分为 3 种情况。

1）由两个时期数和相应项对比形成的相对数时间数列计算序时平均数。根据所掌握的资料不同,又分为 3 种情况。

① 形成相对数时间数列的分子、分母资料齐备,先将分子分母均用简单算术平均法计算其平均数 $\left(\frac{\sum_{i=1}^{n} a_i}{n}, \frac{\sum_{i=1}^{n} b_i}{n} \right)$,再求序时平均数。其计算公式为

$$\bar{c} = \frac{\sum_{i=1}^{n} a_i / n}{\sum_{i=1}^{n} b_i / n} = \frac{\sum_{i=1}^{n} a_i}{\sum_{i=1}^{n} b_i}$$

② 只掌握相对数时间数列中各项的比值（c）和分母资料（b）,缺少分子资料（a）。因为 $c = \frac{a}{b}$,则 $a = bc$,因此,可将 $a = bc$ 代入上述公式得

$$\bar{c} = \frac{\sum_{i=1}^{n} a_i}{\sum_{i=1}^{n} b_i} = \frac{\sum_{i=1}^{n} b_i c_i}{\sum_{i=1}^{n} b_i}$$

③ 已知相对数时间数列中各自的比值(c)和分子资料(a),缺少分母资料(b)。因为 $c=\dfrac{a}{b}$,所以 $b=\dfrac{a}{c}$,将其代入上述公式得

$$\bar{c}=\dfrac{\sum\limits_{i=1}^{n}a_i}{\sum\limits_{i=1}^{n}b_i}=\dfrac{\sum\limits_{i=1}^{n}a_i}{\sum\limits_{i=1}^{n}\dfrac{a_i}{c_i}}$$

【例 4-5】 根据表 4-9 资料计算三个企业第一季度各自月平均计划完成情况。

表 4-9 201×年第一季度某公司所属甲、乙、丙三个企业生产某产品情况 单位:吨

企业	产量	1月	2月	3月
甲	计划产量(b)	614	600	624
	实际产量(a)	620	596	632
乙	计划产量(b)	600	500	612
	计划完成(c)(%)	102	98	101
丙	实际产量(a)	588	600	632
	计划完成(c)(%)	99	100	104

甲企业第一季度月平均计划完成情况:

$$\bar{c}=\dfrac{\sum\limits_{i=1}^{n}a_i}{\sum\limits_{i=1}^{n}b_i}=\dfrac{620+596+632}{614+600+624}=100.54\%$$

乙企业第一季度月平均计划完成情况:

$$\bar{c}=\dfrac{\sum\limits_{i=1}^{n}b_ic_i}{\sum\limits_{i=1}^{n}b_i}=\dfrac{600\times1.02+500\times0.98+612\times1.01}{600+500+612}$$

$$=\dfrac{1\,720.12}{1\,712}=100.47\%$$

丙企业第一季度月平均计划完成情况:

$$\bar{c}=\dfrac{\sum\limits_{i=1}^{n}a_i}{\sum\limits_{i=1}^{n}\dfrac{a_i}{c_i}}=\dfrac{588+600+632}{\dfrac{588}{0.99}+\dfrac{600}{1}+\dfrac{632}{1.04}}=\dfrac{1\,820}{1\,801.63}=101.02\%$$

2) 由两个时点数列相应项对比形成的相对数时间数列计算序时平均数。如前所述，时点数列可分为连续时点数列和间断时点数列，且它们又分间隔期相等和间隔期不相等两种，其计算方法也不一样。

① 两个间隔期相等的连续时点数列相应项对比形成的相对数时间数列可用简单算术平均法计算序时平均数。其计算公式为

$$\bar{c} = \frac{\sum_{i=1}^{n} a_i / n}{\sum_{i=1}^{n} b_i / n} = \frac{\sum_{i=1}^{n} a_i}{\sum_{i=1}^{n} b_i}$$

② 两个间隔期相等的间断时点数列相应项对比所形成的相对数时间数列计算序时平均数，其计算公式为

$$\bar{c} = \frac{\bar{a}}{\bar{b}} = \frac{\dfrac{\dfrac{a_0}{2} + a_1 + \cdots + a_{n-1} + \dfrac{a_n}{2}}{n-1}}{\dfrac{\dfrac{b_0}{2} + b_1 + \cdots + b_{n-1} + \dfrac{b_n}{2}}{n-1}} = \frac{\dfrac{a_0}{2} + a_1 + \cdots + a_{n-1} + \dfrac{a_n}{2}}{\dfrac{b_0}{2} + b_1 + \cdots + b_{n-1} + \dfrac{b_n}{2}}$$

【例4-6】 计算表4-10所示某企业第二季度月平均工人数占全体职工人数的比重。

表4-10　某企业201×年第二季度各月末职工人数表　　单位：人

项目	3月	4月	5月	6月
生产工人数(a)	420(a_0)	420(a_1)	416(a_2)	428(a_3)
全体职工人数(b)	500(b_0)	510(b_1)	520(b_2)	540(b_3)
工人数占职工总数的比重$\left(c=\dfrac{a}{b}\right)$(%)	84(c_0)	82.35(c_1)	80(c_2)	79.26(c_3)

$$\bar{c} = \frac{\bar{a}}{\bar{b}} = \frac{\dfrac{420}{2} + 420 + 416 + \dfrac{428}{2}}{\dfrac{500}{2} + 510 + 520 + \dfrac{540}{2}} = 81.29\%$$

经计算得到该企业第二季度月平均工人数占全体职工人数的81.29%。

3) 由时期数列和时点数列相应项对比形成的相对数时间数列计算序时平均数。这又分两种情况：

① 当分子为时期数列，分母为间隔期相等时点数列，各自相应项对比所形成的相对数时间数列，计算序时平均数。其计算公式为

$$\bar{c} = \frac{\bar{a}}{\bar{b}} = \frac{\dfrac{a_1 + a_2 + \cdots + a_n}{n}}{\dfrac{\dfrac{b_0}{2} + b_1 + \cdots + b_{n-1} + \dfrac{b_n}{2}}{n' - 1}}$$

其中：n 为时期数列的项数，n' 为时点数列的项数。

【例 4-7】 根据表 4-11 资料分别计算某商店第一季度各月商品流转次数、第一季度月平均商品流转次数和第一季度商品流转次数。

表 4-11　某商店 201×年第一季度商品销、存情况表　　　　单位：万元

项　目	上年 12 月	1 月	2 月	3 月
营业额	—	120(a_1)	216(a_2)	312(a_3)
月末库存商品额	50(b_0)	70(b_1)	76(b_2)	84(b_3)

$$商品流转次数 = \frac{商品营业额}{平均商品库存额}$$

表 4-11 中商品营业额是时期指标，商品库存额是时点指标。

$$1 月份商品流转次数 = \frac{a_1}{\dfrac{b_0 + b_1}{2}} = \frac{120}{\dfrac{50 + 70}{2}} = 2(次)$$

$$2 月份商品流转次数 = \frac{a_2}{\dfrac{b_1 + b_2}{2}} = \frac{216}{\dfrac{70 + 76}{2}} = 2.96(次)$$

$$3 月份商品流转次数 = \frac{a_3}{\dfrac{b_2 + b_3}{2}} = \frac{312}{\dfrac{76 + 84}{2}} = 3.9(次)$$

第一季度月平均商品流转次数计算不能简单地将上面 3 个月商品流转次数相加后除以 3。因为 3 个月的商品流转次数是序时平均数，不能直接相加，应先通过计算分子、分母的序时平均数，再进行对比，计算第一季度月平均商品流转次数。

因此，第一季度月平均商品流转次数为

$$\bar{c} = \frac{\bar{a}}{\bar{b}} = \frac{\dfrac{\sum_{i=1}^{n} a_i}{n}}{\dfrac{\dfrac{b_0}{2} + b_1 + \cdots + b_{n-1} + \dfrac{b_n}{2}}{n' - 1}} = \frac{\dfrac{a_1 + a_2 + \cdots + a_n}{n}}{\dfrac{\dfrac{b_0}{2} + b_1 + \cdots + b_{n-1} + \dfrac{b_n}{2}}{n' - 1}}$$

$$= \frac{120 + 216 + 312}{\dfrac{50}{2} + 70 + 76 + \dfrac{84}{2}} = 3.04(次)$$

第一季度商品流转次数也不是各月商品流转次数相加的总和。因为各月商品流转次数构成相对数时间数列,所以应该采用第一季度营业总额除以第一季度月平均商品库存量求得:

$$\overline{c} = \frac{\sum_{i=1}^{n} a_i}{\frac{b_0}{2} + b_1 + \cdots + b_{n-1} + \frac{b_n}{2}} = \frac{120 + 216 + 312}{\frac{50}{2} + 70 + 76 + \frac{84}{2}} = 9.12(次)$$

也可以用第一季度月平均商品流转次数乘以月份数求得,即
$$c = \overline{c} \times n = 3.04 \times 3 = 9.12(次)$$

② 当分子是时点数列、分母为时期数列时,其计算公式为

$$\overline{c} = \frac{\overline{a}}{\overline{b}} = \frac{\frac{a_0}{2} + a_1 + \cdots + a_{n-1} + \frac{a_n}{2}}{n' - 1} \Big/ \frac{b_1 + \cdots + b_n}{n}$$

(3) 利用平均数时间数列计算序时平均数。如前所述,平均数分一般平均数(静态平均数)和序时平均数(动态平均数),它们的计算方法也有区别。

1) 由一般平均数构成的平均数时间数列计算序时平均数。一般平均数时间数列是由两个绝对数时间数列相应项对比形成的。它和相对数时间数列一样也分3种情况:分别由两个时期数列对比、两个时点数列对比和一个时期数列与另一个时点数列对比形成的平均数时间数列。所以由一般平均数时间数列计算序时平均数时,同样不能直接通过数列中的平均指标数值简单平均求得,必须先计算分子、分母的序时平均数,再进行对比求得平均数序时平均数。基本计算公式为

$$\overline{c} = \frac{\overline{a}}{\overline{b}}$$

【例 4-8】 根据表 4-12 资料计算某公司 201×年第一季度月平均工资。

表 4-12 某公司 201×年第一季度职工人数、工资情况

月 份	上年 12 月	1 月	2 月	3 月
月末职工人数 b(人)	1 250(b_0)	1 258(b_1)	1 260(b_2)	1 280(b_3)
月平均工资 c(元)	—	1 780(c_1)	1 760(c_2)	1 740(c_3)

因为各月平均工资平均基数不同,所以不能直接将 3 个月的平均工资之和除以 3 计算第一季度月平均工资,而应通过计算第一季度工资总额的序时平均数与月平均人数对比求得。在本例中没有工资总额的资料,但可由月平均工资乘以各月的平均人数求得,即 $a = c \cdot \overline{b}$,则

$$\bar{c} = \frac{\bar{a}}{\bar{b}} = \frac{\dfrac{\sum_{i=1}^{n} a_i}{n}}{\dfrac{\dfrac{b_0}{2} + b_1 + \cdots + b_{n-1} + \dfrac{b_n}{2}}{n'-1}} = \frac{\dfrac{\sum_{i=1}^{n} c_i \cdot b_i}{n}}{\dfrac{\dfrac{b_0}{2} + b_1 + \cdots + b_{n-1} + \dfrac{b_n}{2}}{n'-1}}$$

$$\bar{c} = \frac{\left(c_1 \cdot \dfrac{b_0+b_1}{2} + c_2 \cdot \dfrac{b_1+b_2}{2} + \cdots + c_n \cdot \dfrac{b_{n-1}+b_n}{2}\right)\big/n}{\left(\dfrac{b_0}{2} + b_1 + \cdots + b_{n-1} + \dfrac{b_n}{2}\right)\big/(n'-1)}$$

$$= \frac{\left(1\,780 \times \dfrac{1\,250+1\,258}{2} + 1\,760 \times \dfrac{1\,258+1\,260}{2} + 1\,740 \times \dfrac{1\,260+1\,280}{2}\right)\big/3}{\left(\dfrac{1\,250}{2} + 1\,258 + 1\,260 + \dfrac{1\,280}{2}\right)\big/(4-1)}$$

$= 1\,714.60$(元)

2) 由序时平均数所形成的平均数时间数列计算序时平均数。这也分两种不同情况。

① 由间隔期相等的序时平均数形成的平均数计算序时平均数,可以用简单算术平均法计算。

【例 4-9】 根据表 4-13 资料计算乙企业 201×年第一季度月平均库存量。

表 4-13　乙企业 201×年第一季度某商品各月平均库存量　　　　　单位:吨

月　份	1	2	3
平均库存量($\bar{a}_i$)	60	73	80

第一季度某商品月平均库存量为

$$\bar{a} = \frac{\sum_{i=1}^{n} \bar{a}_i}{n} = \frac{60+73+80}{3} = \frac{213}{3} = 71(吨)$$

② 由间隔期不相等的序时平均数所形成的平均数计算序时平均数,则以间隔期长度为权数乘积之和,用加权算术平均法计算。其计算公式为

$$\bar{a} = \frac{\bar{a}_1 f_1 + \bar{a}_2 f_2 + \cdots + \bar{a}_n f_n}{f_1 + f_2 + \cdots + f_n} = \frac{\sum_{i=1}^{n} \bar{a}_i f_i}{\sum_{i=1}^{n} f_i}$$

二、增减量和平均增减量

(一)增减量

增减量是说明时间数列中报告期水平比基期水平变动的绝对数。它反映了报告期水

平比基期水平增加或减少的数量。

$$增减量 = 报告期水平(a_n) - 基期水平(a_0)$$

所得结果可以是正值，也可以是负值。其具体经济意义要根据指标的性质分析而定。由于选择基期的不同，增减量可分为逐期增减量和累计增减量，如表 4-14 所示。

1. 逐期增减量

逐期增减量是报告期水平减去其前一期水平之差，说明现象在两个相邻时期或时点上发展水平增加或减少的数量。其计算公式为

$$逐期增减量 = 报告期水平 - 报告期前一期水平$$

即

$$a_1 - a_0, a_2 - a_1, \cdots, a_n - a_{n-1}$$

2. 累计增减量

累计增减量是报告期水平与某一固定基期水平之差，说明现象在一段时期或一定间隔期内总计增加或减少的数量。其计算公式为

$$累计增减量 = 报告期水平 - 某一固定基期水平$$

即

$$a_1 - a_0, a_2 - a_0, \cdots, a_n - a_0$$

3. 逐期增减量与累计增减量的关系

从计算公式中可知，逐期增减量和累计增减量之间有如下关系。

(1) 累计增减量等于各期逐期增减量之和。即

$$a_n - a_0 = (a_1 - a_0) + (a_2 - a_1) + \cdots + (a_n - a_{n-1})$$

表 4-14 某地 2012—2017 年某产品产量发展情况 单位：万吨

年 份		2012	2013	2014	2015	2016	2017
产量	符号	a_0	a_1	a_2	a_3	a_4	a_5
	数量	3 560	3 716	4 002	4 347	4 666	5 205
逐期增减量($a_n - a_{n-1}$)		—	156	286	345	319	539
累计增减量($a_n - a_0$)		—	156	442	787	1 106	1 645

根据表 4-14 资料计算得

$$1\ 645 = 156 + 286 + 345 + 319 + 539$$

(2) 两个相邻的累计增减量之差等于相应的逐期增减量。即

$$(a_i - a_0) - (a_{i-1} - a_0) = a_i - a_{i-1}$$

根据表 4-14 资料计算得

$$(a_5 - a_0) - (a_4 - a_0) = a_5 - a_4 = (5\ 205 - 3\ 560) - (4\ 666 - 3\ 560)$$

$$= 5\,205 - 4\,666 = 1\,645 - 1\,106 = 539(万吨)$$

4. 年距增减量

在实际工作中，为了消除季节变动的影响，经常使用年距增减量指标，即本期发展水平与去年同期发展水平的增减量。

$$年距增减量 = 本期发展水平 - 去年同期水平$$

增减量用文字说明时，习惯用"增加了"或"减少了"表示。

（二）平均增减量

平均增减量是说明某种现象在一定时期内每期平均增加或减少的数量。它是逐期增减量的算术平均数。其计算公式为

$$平均增减量 \bar{\Delta} = \frac{逐期增减量之和}{逐期增减量的个数} = \frac{(a_1 - a_0) + (a_2 - a_1) + \cdots + (a_n - a_{n-1})}{n}$$

或

$$平均增减量 \bar{\Delta} = \frac{累计增减量}{时间数列项数 - 1} = \frac{a_n - a_0}{n' - 1}$$

由表 4-14 资料计算得某地产品 2012—2017 年间平均每年的增长量为

$$\frac{a_n - a_0}{n' - 1} = \frac{5\,205 - 3\,560}{6 - 1} = \frac{1\,645}{5} = 329(万吨)$$

用这种方法计算的平均增长量称为水平法计算平均增长量。它能保证以基期水平 a_0 为基础，每期按平均增长量增长，n 期之后计算的理论水平与 n 期的实期水平完全相等。但是，水平法计算的平均增长量只考虑期末水平(a_n)和期初水平(a_0)，未能考虑中间各期水平的变化。因此，用它计算的平均增长量推算各期水平，与实际水平可能有很大差别。

平均增减量也可用总和法计算。用平均增减量推算各期理论水平之和等于各期实际水平之和，即

$$(a_0 + \bar{\Delta}) + (a_0 + 2\bar{\Delta}) + \cdots + (a_0 + n\bar{\Delta}) = \sum_{i=1}^{n} a_i$$

整理后得

$$na_0 + \bar{\Delta}(1 + 2 + \cdots + n) = \sum_{i=1}^{n} a_i$$

则平均增减量

$$\bar{\Delta} = \frac{\sum_{i=1}^{n} a_i - na_0}{1 + 2 + \cdots + n}$$

【例 4-10】 某年甲地农产品收购量 2007 年为 71.4 万吨，2007—2017 年累计收购量

为 724.1 万吨,其中:2017 年为 65.2 万吨。(* 2007—2017 年包括了 2007 年,则 $n'=11$)

按水平法计算平均增减量 $\bar{\Delta} = \dfrac{a_n - a_0}{n'-1} = \dfrac{65.2-71.4}{11-1} = -0.62$(万吨)

即在此期间平均每年甲地农产品收购量减少 0.62 万吨,以此推算各年水平的总收购量为 744.48 万吨,即 $\sum_{i=1}^{n} a_i = 71.4 \times 11 - 0.62 \times (1+2+\cdots+11) = 785.4 - 0.62 \times 66 = 785.4 - 40.92 = 744.48$ 万吨,与实际收购量 724.1 万吨不符。这是因为最后一年(2017 年)的收购量下降,致使平均增长量为负数,推算结果与实际收购量存在差异。

按总和法计算:

$$\bar{\Delta} = \dfrac{\sum_{i=1}^{n} a_i - na_0}{1+2+\cdots+n} = \dfrac{724.1 - 714}{55} = 0.18(\text{万吨})$$

即在此期间甲农产品的收购量平均每年增加 0.18 万吨。据此推算各年的总收购量为 723.9 万吨,即 $\sum_{i=1}^{n} a_i = na_0 + \bar{\Delta} \times (1+2+\cdots+n) = 10 \times 71.4 + 0.18 \times 55 = 714.0 + 9.9 = 723.9$(万吨),与实际收购量基本相符(相差 0.2 万吨,此乃因小数取舍造成)。

在实际工作中,究竟应用哪种方法,视具体情况选择。

第三节 时间数列的速度指标

时间数列的速度指标有发展速度、增长速度、平均发展速度、平均增长速度。它们都是在发展水平指标基础上加工整理计算得来,是统计中广泛应用的动态分析指标。

一、发展速度和增长速度

(一)发展速度

发展速度是数列中报告期水平与基期水平之比,表明现象发展变化的程度。它把对比的两个时期发展水平数值抽象化,反映报告期水平已发展到基期水平的若干倍或百分之几。其计算公式为

$$\text{发展速度} = \dfrac{\text{报告期水平}}{\text{基期水平}} \times 100\% = \dfrac{a_i}{a_0} \times 100\%$$

根据对比基期不同,发展速度可分为环比发展速度和定基发展速度两种。

1. 环比发展速度

环比发展速度为各期水平和其前一时期水平之比,说明现象逐期发展变化程度。环

比发展速度用符号表示为

$$\frac{a_1}{a_0}, \frac{a_2}{a_1}, \cdots, \frac{a_n}{a_{n-1}}。$$

2. 定基发展速度

定基发展速度是各期水平和某一固定基期水平之比,表明现象在一段时期内总的发展变化速度,亦称总速度(R)。定基发展速度用符号表示为

$$\frac{a_1}{a_0}, \frac{a_2}{a_0}, \cdots, \frac{a_n}{a_0}。$$

如表 4-15 所示环比发展速度和定基发展速度的计算示例。

表 4-15　某地 2012—2017 年某产品产量发展情况

年份		2012	2013	2014	2015	2016	2017
产量	符号	a_0	a_1	a_2	a_3	a_4	a_5
	数量（万吨）	3 560	3 716	4 002	4 347	4 666	5 205
环比发展速度(%) $\frac{a_n}{a_{n-1}}$		—	104.38	107.70	108.62	107.34	111.55
定基发展速度(%) $\frac{a_n}{a_0}$		100	104.38	112.42	122.11	131.07	146.21

3. 环比发展速度与定基发展速度的关系

根据以上所述可以看出:

(1) 各环比发展速度的连乘积等于定基发展速度,即

$$\frac{a_1}{a_0} \cdot \frac{a_2}{a_1} \cdot \cdots \cdot \frac{a_n}{a_{n-1}} = \frac{a_n}{a_0}$$

根据表 4-15 计算得

$$104.38\% \times 107.70\% \times 108.62\% \times 107.34\% \times 111.55\% = 146.21\%$$

(2) 两个相邻时期定基发展速度之商等于相应的环比发展速度,即

$$\frac{\frac{a_n}{a_0}}{\frac{a_{n-1}}{a_0}} = \frac{a_n}{a_{n-1}}$$

根据表 4-15 资料计算得

$$\frac{146.21\%}{131.07\%} = 111.55\%$$

发展速度除说明现象的发展程度外,还表明现象的发展方向。当发展速度大于

100%时,说明现象发展呈上升趋势;当发展速度小于100%时,表明现象发展呈下降趋势。

(二)增长速度

增长速度亦称增长率。它是增长量与基期水平之比,是扣除基期水平之后的一种发展速度,表示报告期水平比基期水平增长或者降低的程度。其计算公式为

$$增长速度 = \frac{增减量}{基期水平} = \frac{报告期水平 - 基期水平}{基期水平} = \frac{报告期水平}{基期水平} - 100\%$$
$$= 发展速度 - 100\%$$

发展速度与增长速度是一个问题的两种表述方法,二者有密切关系。

(1) 发展速度是说明报告期水平比基期水平发展到百分之几,包括基期水平;增长速度则说明报告期水平比基期水平增长了百分之几,扣除了基期水平。

(2) 发展速度是通过报告期水平与基期水平对比计算的;增长速度是通过报告期水平减去基期水平后与基期水平对比计算的。

(3) 发展速度没有正负数之分,增长速度则有正负值之分。当增长速度为正值时,表示现象的增长程度;当其为负值时,表示现象的降低程度。

由于增长量有逐期增长量和累计增长量之分,增长速度因所采用基期不同,分为环比增长速度和定基增长速度。

1. 环比增长速度

环比增长速度是逐期增长量与其前一期发展水平之比,表明现象逐期增长程度。其计算公式为

$$环比增长速度 = \frac{逐期增减量}{前一期水平} = \frac{本期水平 - 前一期水平}{前一期水平} = 环比发展速度 - 100\%$$

用符号表示:

$$\frac{a_n - a_{n-1}}{a_{n-1}} = \frac{a_n}{a_{n-1}} - 100\%$$

2. 定基增长速度

它是累计增减量与某一固定基期水平之比,表明现象在一段时期内总的增减程度。

$$定基增长速度 = \frac{累计增减量}{某一固定基期水平} = \frac{报告期水平 - 某一固定基期水平}{某一固定基期水平}$$
$$= 定基发展速度 - 100\%$$

用符号表示:

$$\frac{a_n - a_0}{a_0} = \frac{a_n}{a_0} - 100\%$$

这里必须注意,定基增长速度不等于环比增长速度的连乘积。所以,定基增长速度与环比增长速度之间不能直接换算。

3. 增长 1% 的绝对值

发展水平和增长量是绝对数,说明现象发展所达到的和所增长的绝对数量;发展速度和增长速度是相对数。说明现象发展和增长程度,把现象之间变化的差异抽象化了,在一定程度上掩盖了发展水平的差异。因此,低水平基础上的增长速度与高水平基础上的增长速度是不可比的,而环比增长速度具有不同的经济意义。由此可知,在动态分析时,不仅要看各期增长的百分数,还要看每增长 1% 包含的绝对值,这是一个由相对数和绝对数相结合运用的指标。

$$每增长\ 1\%\ 的绝对值 = \frac{逐期增长量}{环比增长速度 \times 100} = \frac{逐期增长量}{\frac{逐期增长量}{前一期水平} \times 100} = \frac{前一期水平}{100}$$

用符号表示:

$$每增长\ 1\%\ 的绝对值 = \frac{a_n - a_{n-1}}{\frac{a_n - a_{n-1}}{a_{n-1}} \times 100} = \frac{a_{n-1}}{100}$$

从上述可知,每增长 1% 的绝对值是前一期水平的 1%。通常基期水平越高,则发展速度提高 1% 所包含的增长量越大,反之则越小。

表 4-16 为各增长速度示例。

表 4-16 某地 2012—2017 年某产品产量发展情况

年份	2012	2013	2014	2015	2016	2017
符号	a_0	a_1	a_2	a_3	a_4	a_5
产量(万吨)	3 560	3 716	4 002	4 347	4 666	5 205
环比增长速度(%) $\frac{a_n - a_{n-1}}{a_{n-1}}$	—	4.38	7.70	8.62	7.34	11.55
定基增长速度(%) $\frac{a_n - a_0}{a_0}$	—	4.38	12.42	22.11	31.07	46.21
增长 1% 绝对值(万吨) $\frac{a_{n-1}}{100}$	—	35.60	37.16	40.02	43.47	46.66

4. 年距发展速度和年距增长速度

在实际工作中,为了消除季节波动和其他因素的影响,经常要计算年距发展速度和年距增长速度。

年距发展速度是说明本年发展水平与去年同期发展水平对比所得的发展变化程度和发展方向。

$$年距发展速度 = \frac{本年发展水平}{去年同期发展水平} \times 100\%$$

年距增长速度是说明现象年距增长量与去年同期发展水平对比所达到的增长程度和发展方向。

$$年距增长速度 = \frac{年距增长量}{去年同期发展水平} \times 100\% = 年距发展速度 - 100\%$$

二、平均发展速度和平均增长速度

（一）平均发展速度和平均增长速度的概念

平均发展速度是根据各期环比发展速度计算的序时平均数，说明某种现象在一段较长时间内逐期平均发展的程度。通常用几何平均法和方程法计算，两种计算方法的应用条件各不相同，后面另将详细阐述。

平均增长速度是根据平均发展速度计算而来，二者仅相差一个基数：

$$平均增长速度 = 平均发展速度 - 1$$

平均增长速度说明某现象在一段较长时间内逐期平均增长的程度。若计算结果为正值，表明被研究现象在一段时间内是逐期递增；若计算结果为负值，则表明其逐期递减。

平均发展速度和平均增长速度指标在实际工作中应用很广泛。它们可以概括地反映国民经济建设中取得的成就，说明各个历史阶段中发展或增长的程度，可用于对不同历史时期、不同国家、不同地区的社会经济现象发展情况进行比较。利用这两个指标可分析计划完成情况，并以此作为编制长期计划的重要依据之一；还可利用平均发展速度预测未来发展水平等。

（二）平均发展速度的计算方法

1. 几何平均法（水平法）

因为现象的发展总速度（R）不等于各期环比发展速度之和，而是等于各期环比发展速度的连乘积开 n 次方，所以计算平均发展速度不能用算术平均法，而采用几何平均法。

几何平均法是指一段时期内各期环比速度的连乘积开 n 次方根。其计算公式为

$$\bar{x}_G = \sqrt[n]{x_1 \cdot x_2 \cdot \cdots \cdot x_{n-1} \cdot x_n} = \sqrt[n]{\prod_{i=1}^{n} x_i}$$

$$\bar{x}_G = \sqrt[n]{\frac{a_1}{a_0} \cdot \frac{a_2}{a_1} \cdot \cdots \cdot \frac{a_{n-1}}{a_{n-2}} \cdot \frac{a_n}{a_{n-1}}} = \sqrt[n]{\frac{a_n}{a_0}}$$

式中：x_i 为各期的环比发展速度；$\bar{x}_G$ 为平均发展速度；n 为环比发展速度项数；$\prod$ 为连乘符号。

其实质是现象从最初水平(a_0)出发，每期按平均发展速度($\bar{x}_G$)发展，经过 n 期后，达到最末水平(a_n)。即 $a_0 \cdot \bar{x}_G^n = a_n$。

因为各期环比发展速度的连乘积等于相应的定基发展速度，则

$$\bar{x}_G = \sqrt[n]{\frac{a_1}{a_0} \cdot \frac{a_2}{a_1} \cdot \cdots \cdot \frac{a_{n-1}}{a_{n-2}} \cdot \frac{a_n}{a_{n-1}}} = \sqrt[n]{\frac{a_n}{a_0}}$$

从上述可知几何平均法计算平均发展速度有三个公式可以选用。

① 当已经掌握了现象逐期环比发展速度资料时，则选用 $\bar{x}_G = \sqrt[n]{\prod x_n}$；

② 若已知现象的最初水平和最末水平，可选用 $\bar{x}_G = \sqrt[n]{\frac{a_n}{a_0}}$；

③ 如掌握了现象的总速度(R)时，则用 $\bar{x}_G = \sqrt[n]{R}$。

用几何平均法计算平均发展速度，要开 n 次方根，通常可以通过平均发展速度查对表或利用求对数表、计算机、计算器等工具求解。

以表 4-15 某地 2012—2017 年某产品产量的发展情况为例，计算平均发展速度。

(1) 用各年环比发展速度连乘积开 n 次方根计算：

$$\text{平均发展速度} = \bar{x}_G = \sqrt[n]{x_1 \cdot x_2 \cdot \cdots \cdot x_n}$$
$$= \sqrt[5]{1.0438 \times 1.0770 \times 1.0862 \times 1.0734 \times 1.1155}$$
$$= \sqrt[5]{1.4621} = 1.0789 = 107.89\%$$

(2) 根据现象最初、最末水平计算：

$$\bar{x}_G = \sqrt[n]{\frac{a_n}{a_0}} = \sqrt[5]{\frac{5\,205}{3\,560}} = \sqrt[5]{1.4621} = 107.89\%$$

(3) 用现象发展总速度计算：

$$\bar{x}_G = \sqrt[n]{R} = \sqrt[5]{1.4621} = 107.89\%$$

三个公式计算的平均发展速度结果相等。

平均增长速度＝平均发展速度－100%＝107.89%－100%＝7.89%，其结果也是相等的。

利用公式 $\bar{x}_G = \sqrt[n]{\frac{a_n}{a_0}}$ 可以进行推算和预测。当已知最初水平 a_0、平均发展速度 $\bar{x}_G$ 和年份 n 时，可将原公式变形，计算最末水平，即 $a_n = a_0 \cdot \bar{x}_G^n$，预测未来某一年社会现象将达到的发展水平。还可以根据掌握的资料不同，将原公式变形为

$$n = \frac{\lg a_n - \lg a_0}{\lg \bar{x}_G}, \quad a_0 = \frac{a_n}{\bar{x}_G^n}$$

分别求得年份 n 和最初水平 a_0。

【例 4-11】 某地 2012 年甲产品产量为 6.2 万吨,2017 年为 8.7 万吨,试计算 2012—2017 年甲产品平均发展速度和平均增长速度。如果以此速度发展到 2022 年,甲产品的年产量可达到多少万吨?假定计划在 2022 年水平上翻两番,需要几年方能完成计划?

2012—2017 年平均发展速度:

$$\bar{x}_G = \sqrt[n]{\frac{a_n}{a_0}} = \sqrt[5]{\frac{8.7}{6.2}} = 107.01\%$$

$$平均增长速度 = 107.01\% - 100\% = 7.01\%$$

设 2022 年甲产品产量为 a_n,则

$$a_n = a_0 \cdot \bar{x}_G^n = 8.7 \times 1.0701^5 = 12.21(万吨)$$

因为 $\bar{x}_G = \sqrt[n]{R} = \sqrt[n]{4}$

所以 $n = \dfrac{\lg R}{\lg \bar{x}_G} = \dfrac{\lg 4}{\lg 1.0701} = \dfrac{0.6021}{0.0294} = 20.48 \approx 21(年)$

根据计算,在 21 年后甲产品产量可以翻两番。

由上述可知,用水平法计算平均发展速度,侧重于考察中长期计划期末发展水平,适宜计算钢铁、粮食、煤炭产量及国民生产总值等水平指标的平均发展速度。

2. 方程法(累计法)

方程法是通过研究某一现象在一定时期内各期实际水平累计之和对基期水平之比所形成的代数方程式计算平均发展速度。

某产品第一年的发展水平为:$a_1 = a_0 \bar{x}^1$;

某产品第二年的发展水平为:$a_2 = a_0 \bar{x}^2$;

……

某产品第 n 年的发展水平为:$a_n = a_0 \bar{x}^n$。

方程法的实质是以最初水平 a_0 为基础,每期按平均发展速度 $\bar{x}_G$ 发展,计算各期水平之和等于各期实际水平的总和。即

$$a_0 \bar{x}^1 + a_0 \bar{x}^2 + \cdots + a_0 \bar{x}^n = \sum_{i=1}^{n} a_i$$

$$a_0(\bar{x}^1 + \bar{x}^2 + \cdots + \bar{x}^n) = \sum_{i=1}^{n} a_i$$

$$\bar{x}^1 + \bar{x}^2 + \cdots + \bar{x}^n = \frac{\sum_{i=1}^{n} a_i}{a_0}$$

这个方程所得正解即我们要计算现象的平均发展速度。然而,解这个高次方程比较

麻烦。在实际工作中,通常使用已编好的《平均发展速度查对表》中的"累计法查对表"(见本书附表),根据年限和各年发展水平总和为基础的百分比 $\left[\dfrac{\sum\limits_{i=1}^{n} a_i}{a_0}\right]$ 直接查表求得平均发展速度,或用电子计算器或计算机计算。

查表方法简单介绍如下。

(1) 先计算出各期发展水平总和 $\left(\sum\limits_{i=1}^{n} a_i\right)$ 和最初水平(a_0)的比值,即 $\dfrac{\sum\limits_{i=1}^{n} a_i}{a_0}$。

(2) 计算 $\dfrac{\sum\limits_{i=1}^{n} a_i / a_0}{n}$,以此判断现象发展是递增型还是递减型。若结果大于100%,为递增型;若小于100%,为递减型;若接近于100%,表示现象无明显增减速度变化,不必计算平均发展速度。下面仍以表4-15某地2012—2017年某产品产量为例。

已知:$a_0 = 3\,560$ 万吨,$\sum\limits_{i=1}^{n} a_i = 21\,936$ 万吨,$n = 5$ 年,则

$$\dfrac{\sum\limits_{i=1}^{n} a_i}{a_0} = \dfrac{21\,936}{3\,560} = 616.18\%$$

$$\dfrac{\sum\limits_{i=1}^{n} a_i / a_0}{n} = \dfrac{616.18\%}{5} = 1.232\,4 = 123.24\%$$

由计算结果可知,该产品以递增型发展。

据此查"累计法查对表"中 $n=5$ 这一列最接近 616.18% 的数值,而表4-15资料计算为 615.33%。顺水平方向从表中第一列可查得平均增长速度为 7%,即某产品 2012—2017 年的平均增长速度为 7%,平均发展速度为 107%。

由此可以看出,同一资料用几何平均法和方程法计算所得结果不完全一致(107.89%,107%)。这是因为两种方法各有特点,主要表现如下。

(1) 从计算目的和结果看,几何平均法侧重于考察最末一年的发展水平,按所确定的平均发展速度,使最末一年的发展水平等于其实际水平,$a_0 \cdot \overline{x}_G^n = a_n$,即 $3\,560 \times (107.89\%)^5 = 5\,205$(万吨),且最后一年的定基发展速度也和实际的定基发展速度 146.21% 一致,$\overline{x}_G^n = \dfrac{a_n}{a_0}$,即 $(107.89\%)^5 = \dfrac{5\,204}{3\,560} = 146.21\%$。方程法侧重于考察全期发展水平总和等于全期实际水平,即

$$a_0 \bar{x}_G^1 + a_0 \bar{x}_G^2 + \cdots + a_0 \bar{x}_G^n = \sum_{i=1}^{n} a_i$$

$$3\,560 \times 107\% + 3\,660 \times (107\%)^2 + \cdots + 3\,560 \times (107\%)^5 = 21\,906(万吨)$$

这个结果与表 4-15 中各年产量总和 21 936 万吨稍有出入,此乃因平均发展速度 $\bar{x}_G$ 小数取舍所致。各年定基发展速度总速度与实际各年定基发展速度总速度基本一致,即

$$\bar{x}_G^1 + \bar{x}_G^2 + \cdots + \bar{x}_G^n = \frac{\sum_{i=1}^{n} a_i}{a_0}$$

$$107\% + (107\%)^2 + \cdots + (107\%)^5 = 615.33\%$$

所以,这种方法也称累计法。由于小数取舍关系,结果与表 4-15 中的 616.19% 稍有差异。

(2) 从计算过程看,几何平均法不反映中间各期水平变化,平均速度快慢、方向取决于最末水平和最初水平的比值;方程法考虑中间各期水平变化,平均发展速度快慢、方向取决于整个时间各期水平之和与基期水平的比值。

(3) 从计算条件看,几何平均法求得的平均发展速度是各环比发展速度的平均数。它掩盖了某一段时期内各个环比发展速度的数量差异,因此各个环比发展速度必须是同增或同减,如果是有增有减则计算的平均发展速度就失去实际意义。方程法计算的平均发展速度掩盖了各期发展水平的数量差异,当各期发展水平相差悬殊,同样失去现实意义。

(4) 从计算范围看,几何平均法可用于时期数列和时点数列的计算;方程法只能是时期数列计算。如工农业生产净值、工资总额、人口增长着重考察最末一期所达到的水平,用几何平均法计算为佳;而固定资产投资额、学生毕业人数等着重考察全期计划完成情况,用方程法计算为宜。

方程法保证各期累计总量符合实际要求,而几何平均法保证末期发展水平符合实际情况,故实际中可按具体情况将两种方法结合起来应用。

(三) 计算和应用平均速度指标应注意的问题

如前所述,平均速度指标是各个环比速度的平均数。它概括地反映各期环比速度的数量差异。因此在计算和应用平均速度指标时要注意以下几点。

(1) 根据研究目的选择适当基期,注意所依据现象的指标在整个研究时期的同质性。

(2) 要联系研究时期的中间资料,注意中间各期发展水平波动过大或不同时期发展变化的方向,以避免影响平均发展速度指标的代表性。

(3) 当研究现象发展时期过长时,应计算分段平均发展速度,补充总平均发展速度,从而更全面、深入地了解现象的整个发展变化过程。

(4) 要结合现象发展水平与经济效益来研究发展速度,注意发展过程中可能出现的高速度低效益情况,以便揭示现象发展变化的规律性。

第四节 长期趋势的研究

一、测定长期趋势的意义

长期趋势是研究某些现象在一个相当长时间内持续上升或下降的发展变动趋势。

社会经济现象的发展变化是随着时间变化而发展变化。影响其变动的因素,大致可归纳为两类:一是对现象各期发展水平具有普遍性、长期性、决定性作用的基本因素;二是对现象的发展只起局部的、暂时的、非决定性作用的偶然因素。

诸因素对现象发展的影响大小各异,造成现象发展不平衡,有升有降,有快有慢,使现象发展趋势的规律往往不大明显,因此要对现象在一个相当长的时期内持续变动总方向趋势进行测定。必须对已掌握的较长时间内完整的数列资料变动情况、特点作理论分析,选择适当的统计方法,剔除一些非本质偶然性因素的影响,从而提高对现象在一定条件下数量变动规律性的认识,为编制长期计划,加强宏观经济管理,为指导工作提供依据。通过对分析研究现象发展长期趋势的探索,建立一个合适的数学模型,配合一条趋势线,为统计预测和决策提供依据。同时消除原有时间数列中非本质因素对长期趋势的影响,以利于研究季节变动因素对社会经济现象的影响。

二、长期趋势的测定方法

测定长期趋势的方法主要有时距扩大法、移动平均法、最小平方法三种。

(一) 时距扩大法

时距扩大法又称间隔扩大法,是将原来时距较小的时间数列加工整理归并,消除原数列中因季节变动和各种偶然因素影响引起的波动,显示现象发展总趋势。

举例说明如下。如表 4-17 所示为某地某农产品产量由于受各年气候、降雨量等季节变化及其他偶然因素影响,在相邻年份间有升有降,发展趋势并不大明显。

表 4-17 某地历年来某农产品产量资料　　　　　　　　　单位：万吨

年份	产量	年份	产量	年份	产量
1988	196.9	1998	235.5	2008	216.7
1989	170.9	1999	208.0	2009	220.7
1990	186.3	2000	227.7	2010	270.7
1991	180.0	2001	210.5	2011	296.8
1992	175.0	2002	195.8	2012	359.8
1993	180.0	2003	256.2	2013	463.7
1994	186.3	2004	246.1	2014	625.9
1995	209.8	2005	238.1	2015	415.0
1996	233.7	2006	205.6	2016	345.0
1997	235.4	2007	204.9	2017	419.0

现采用时距扩大法，将原时期数列中的时距由 1 年扩大为 5 年，将连续 5 年产量相加后其总和进行平均而形成序时平均数，编制成一个新的时间数列，如表 4-18 所示。通过扩大时距，将某地某农产品产量在不同年份受偶然因素影响的波动消除，明显地反映 30 年来这种农产品持续增长的趋势。

表 4-18 某地历年来某农产品产量资料　　　　　　　　　单位：万吨

年份	产量	平均年产量
1988—1992	909.10	181.82
1993—1997	1 045.20	209.04
1998—2002	1 077.50	215.50
2003—2007	1 150.90	230.18
2008—2012	1 364.70	272.94
2013—2017	2 267.60	453.54

时距扩大法简单易行，是测定长期趋势最简单的方法。在应用时要注意所扩大的各个时期时距必须相等，否则不具有可比性，不能反映其变化趋势。同时，扩大的时距不宜过大，不然将掩盖现象发展的具体变化。时距扩大法不能用来预测。

（二）移动平均法

移动平均法是将原来时间数列的时距扩大，采取逐项依次移动办法计算扩大时距后各个指标数值的序时平均数，形成一个派生时间数列。这样把原时间数列中由偶然因素引起的变动削弱或消除，从而反映现象明显的发展趋势，并基本保留与原时间数列相对应的项数，使之与实际水平更接近。

仍以表 4-17 某地历年某产品产量资料为例，编制表 4-19 加以研究。

表 4-19 我国历年某产品产量移动序时平均数   单位：万吨

年 份	产 量	5年移动平均	4 年 移 动	
			第一次移动	第二次移动
（甲）	（1）	（2）	（3）	（4）
1988	196.9			
1989	170.9			
1990	186.3	181.82	138.45	123.25
1991	180.0	178.44	108.05	101.69
1992	175.0	181.46	95.325	102.83
1993	180.0	186.16	110.325	126.55
1994	186.3	196.90	142.775	162.61
1995	209.8	208.98	182.45	196.88
1996	233.7	220.08	211.30	219.95
1997	235.4	224.48	228.60	228.38
1998	235.5	228.06	228.15	227.40
1999	208.0	223.42	226.65	223.54
2000	227.7	215.50	220.425	215.46
2001	210.5	219.64	210.50	216.53
2002	195.8	227.26	222.55	224.83
2003	256.2	229.34	227.15	230.60
2004	246.1	228.36	234.05	235.28
2005	238.1	230.18	236.50	230.09
2006	205.6	222.28	223.675	220.00
2007	204.9	217.20	216.325	214.15
2008	216.7	223.72	211.975	220.11
2009	220.7	241.96	228.25	239.74
2010	270.7	272.94	251.225	299.11
2011	296.8	322.34	287.00	317.38
2012	359.8	136.33	317.75	392.15
2013	463.7	432.24	436.55	451.33
2014	625.9	443.68	466.10	465.38
2015	415.0	455.52	464.65	459.06
2016	345.0		453.475	
2017	419.0			

表 4-19 第二栏是用 5 年为时距逐项移动平均形成的时间数列，第四栏是以 4 年为时距逐项移动 2 次平均形成的时间数列。这样形成的新时间数列基本上消除了偶然因素的影响，呈现某种农产品产量的发展趋势是向上增长的。

应用移动平均法测定现象的长期趋势要注意以下几点：

(1) 应用移动平均法对时间数列修匀，关键在于确定移动平均项数，即移动时间的长度，直接影响数列修匀程度，通常应根据研究对象的特点确定。当原数列中存在自然周期，以周期数作为移动平均项数。如是各年季度资料，用 4 项移动平均；若是月度资料，用 12 项移动平均。这样可以更有效地消除季节周期变动影响，较准确地揭示现象发展的长期趋势。

(2) 当原数列中无明显周期变动，用奇数项移动平均比较简便。每项移动平均值都可以对准各期的原值，只须移动一次就可得趋势值，如表 4-19 中第二栏是 5 年移动平均值，第一个移动平均值为 181.82 万吨，对准 1990 年，其他依次类推。若采用偶数项平均值，则对准两期的中间，即第一项移动平均值在第二期和第三期的中间，因此再要进行一次两项移动趋势值。如表 4-19 中第三栏是 4 年移动，第一次移动所得值为 183.52 万吨。置于 1989 年与 1990 年中间，然后再要作一次两项移动，即 $\frac{(183.52+178.05)}{2}=$ 180.79(万吨)，使之对准 1990 年，其余依次类推。

(3) 应用移动平均法所移动的项数越少，时距越小，越能更好地修匀时间数列，使趋势线更平滑；反之，移动项数越多，影响消除现象波动不利于分析长期趋势。

移动平均后的结果，使原数列缩短，如 2 项、3 项移动平均，使原数列两端各减少一项；4 项、5 项移动平均使数列两端各减少两项。设移动项数为 N，当 N 为偶数，则 $N/2$ 项数从数列两端失去；当 N 为奇数，则有 $(N-1)/2$ 项从数列两端失去。

(4) 应用移动平均法是用算术平均法，属等差平均，适用于现象发展趋势为直线型数列的修匀，不适用于曲线型发展趋势的数列。

(三) 最小平方法

最小平方法又称最小二乘法，是通过建立一定的数学模型，对原有的时间数列配合一条适当的趋势线进行修匀，来显示出现象发展的总趋势，预测未来。

最小平方法的基本要求是：

(1) 使趋势值 y_c 的总和与原数列实际值 y 的总和相等，即

$$\sum_{i=1}^{n} y_i = \sum_{i=1}^{n} y_c, \quad 则 \quad \sum_{i=1}^{n}(y_i - y_c) = 0$$

(2) 使实际值与趋势值离差平方之和为最小值，即

$$\sum_{i=1}^{n}(y_i - y_c)^2 = 最小值$$

这样可以建立一个直线或曲线数学模型。

1. 直线趋势的配合

当现象的发展表现为每期按大致相同的增减量增减变化，则其发展基本趋势属于直

线型,拟建立相应的直线趋势方程式来描述与该现象发展接近的一条直线,并可利用其预测现象未来的发展趋势。

直线趋势方程一般形式为

$$y_c = a + bt$$

式中:t 为各发展时期;y_c 为时期数列趋势值;a、b 为未知参数。

于是,就需要求得直线方程中的两个未知参数 a,b。

根据最小平方法的原理,$\sum_{i=1}^{n}(y_i - y_c)^2 =$ 最小值,用求偏导数的方法导出,求 a,b 两个待定参数的标准方程组

由于

$$\sum_{i=1}^{n}(y_i - y_c)^2 = 最小值$$

将 $y_c = a + bt$ 代入 $\sum_{i=1}^{n}(y_i - y_c)^2 = $ 最小值后,得

$$\sum_{i=1}^{n}[y_i - (a + bt)]^2 = 最小值$$

设

$$M = \sum_{i=1}^{n}(y_i - y_c)^2 = \sum_{i=1}^{n}[y_i - (a + bt)]^2$$

$$\frac{\partial M}{\partial a} = \sum_{i=1}^{n}2(y_i - a - bt)(-1) = 0(对 a 求偏导)$$

$$\frac{\partial M}{\partial b} = \sum_{i=1}^{n}2(y_i - a - bt)(-t) = 0(对 b 求偏导)$$

整理后得规范方程组

$$\begin{cases} \sum_{i=1}^{n} y_i = na + b\sum_{i=1}^{n} t_i \\ \sum_{i=1}^{n} t_i y_i = a\sum_{i=1}^{n} t_i + b\sum_{i=1}^{n} t_i^2 \end{cases}$$

再整理,即

$$\begin{cases} b = \dfrac{n\sum_{i=1}^{n} t_i y_i - \sum_{i=1}^{n} t_i \sum_{i=1}^{n} y_i}{n\sum_{i=1}^{n} t_i^2 - \left(\sum_{i=1}^{n} t_i\right)^2} \\ a = \dfrac{\sum_{i=1}^{n} y - b\sum_{i=1}^{n} t_i}{n} \end{cases}$$

式中：y 为时间数列中各期实际值；n 为时间数列的项数；t 为时间数列的时间。

用这种方法求解比较烦琐，为了简便起见，可用坐标移位方法，使 $\sum_{i=1}^{n} t_i = 0$。当时间数列项数 n 为奇数时，取 t 的间隔期为 1 年，将原点 $t=0$ 移位于中间一年，即中间一年为原点，以 0 表示，得 t 值依次分别为 $\cdots,-4,-3,-2,-1,0,1,2,3,4,\cdots$，从而 $\sum t_i = 0$。则原方程组简化为

$$\begin{cases} \sum_{i=1}^{n} y_i = na \\ \sum_{i=1}^{n} t_i y_i = b \sum_{i=1}^{n} t_i^2 \end{cases}$$

则

$$\begin{cases} a = \dfrac{\sum_{i=1}^{n} y_i}{n} \\ b = \dfrac{\sum_{i=1}^{n} t_i y_i}{\sum_{i=1}^{n} t_i^2} \end{cases}$$

以表 4-20 资料为例说明。

表 4-20　某地区 2011—2017 年某产品产量　　　　　　　　　　单位：万吨

年份	年次 t(年)	产量 y(万吨)	逐期增减量 Δy	以首项为原点计算 计算栏 ty	以首项为原点计算 计算栏 t^2	以首项为原点计算 趋势值 y_c	年次 t'(年)	产量 y'	以中间项为原点计算 计算栏 $t'y'$	以中间项为原点计算 计算栏 t'^2	以中间项为原点计算 趋势值 y_c'
(甲)	(1)	(2)	(3)	(4)	(5)	(6)	(7)	(8)	(9)	(10)	(11)
2011	0	250	—	0	0	250.75	−3	250	−750	9	250.75
2012	1	258	8	258	1	257.93	−2	258	−516	4	257.93
2013	2	266	8	532	4	265.11	−1	266	−266	1	265.11
2014	3	273	7	819	9	272.29	0	273	0	0	272.29
2015	4	279	6	1 116	16	279.47	1	279	279	1	279.47
2016	5	286	7	1 430	25	286.65	2	286	572	4	286.65
2017	6	294	8	1 764	36	293.83	3	294	882	9	293.83
合计	21	1 906	—	5 919	91	1 906.03	0	1 906	201	28	1 906.03

1) 当时间数列项数为奇数时的计算方法。

从表 4-20 中列示时间数列逐期增减量 Δy 可知其大体上相等，判断该现象发展趋势基本上属于直线型。以不同时间为原点，用最小平方方法配合直线趋势方程。

(1) 以首项为原点的计算方法。

$\sum_{i=1}^{n} t_i = 21, \sum_{i=1}^{n} y_i = 1\,906, \sum_{i=1}^{n} t_i y_i = 5\,919, \sum_{i=1}^{n} t_i^2 = 91$，代入方程组得

$$\begin{cases} b = \dfrac{n\sum\limits_{i=1}^{n} t_i y_i - \sum\limits_{i=1}^{n} t_i \sum\limits_{i=1}^{n} y_i}{n\sum\limits_{i=1}^{n} t_i^2 - \left(\sum\limits_{i=1}^{n} t_i\right)^2} = \dfrac{7 \times 5\,919 - 21 \times 1\,906}{7 \times 91 - 21^2} = 7.18 \\ a = \dfrac{\sum\limits_{i=1}^{n} y_i - b\sum\limits_{i=1}^{n} t_i}{n} = \dfrac{1\,906 - 7.18 \times 21}{7} = 250.75 \end{cases}$$

将 a,b 值代入直线趋势方程得

$$y_c = a + bt, \quad y_c = 250.75 + 7.18t$$

再将各 t 值代入直线趋势方程即可求得各期的趋势值 y_c（见表 4-20 中第 6 栏数值）。

利用这个方程可以进行预测。假设不考虑其他因素，预测 2027 年某地区该产品的产量为：

$$y_c = a + bt = 250.75 + 7.18 \times 16 = 365.63(万吨)$$

(2) 以中间项为原点的计算方法。

从表 4-20 右边资料可知时间数列项数：

$n = 7, \sum_{i=1}^{n} y'_i = 1\,906, \sum_{i=1}^{n} t'_i y'_i = 201, \sum_{i=1}^{n} t'^2_i = 28$，代入方程组得：

$$\begin{cases} b = \dfrac{\sum\limits_{i=1}^{n} t'_i y'_i}{\sum\limits_{i=1}^{n} t'^2_i} = \dfrac{201}{28} = 7.18 \\ a = \dfrac{\sum\limits_{i=1}^{n} y'_i}{n} = \dfrac{1\,906}{7} = 272.29 \end{cases}$$

将 a,b 值代入直线方程得：

$$y'_c = a + bt' = 272.29 + 7.18t$$

所得的结果与以首项为原点计算的方程的计算结果不一样（因小数取舍造成）。同样可以计算出各年（t'）的趋势值 y'_c，并预测所需要的年份的产量 y'_c。设预测 2027 年产量 $y'_c = a + bt' = 272.29 + 7.18 \times 13 = 365.63(万吨)$，且其预测结果与以首项为原点预测结果相等（见表 4-20 中第 11 栏数值）。

2) 当时间数列项数为偶数时的计算方法

(1) 以首项为原点的计算方法。

以表 4-21 资料为例说明。

表 4-21　某地区 2010—2017 年某产品产量　　　　　　　　　单位：万吨

年份	年次 t(年)	产量 y	以首项为原点计算			年次 t'(年)	产量 y'	以中间项为原点计算		
			计算栏		趋势值 y_c			计算栏		趋势值 y'_c
			ty	t^2				$t'y'$	t'^2	
(甲)	(1)	(2)	(4)	(5)	(6)	(7)	(8)	(9)	(10)	(11)
2010	0	243	0	0	243.32	−7	243	−1 701	49	243.36
2011	1	250	250	1	257.23	−5	250	−1 250	25	250.58
2012	2	258	216	4	257.78	−3	258	−774	9	257.80
2013	3	266	798	9	265.01	−1	266	−266	1	265.02
2014	4	273	1 092	16	272.24	1	273	273	1	272.24
2015	5	279	1 395	25	279.47	3	279	837	9	279.46
2016	6	286	1 716	36	286.70	5	286	1 430	25	286.68
2017	7	294	2 508	49	293.93	7	294	2 058	49	293.90
合计	28	2 149	7 825	140	2 149.00	0	2 149	607	168	2 149.04

从表 4-21 中左边资料可知，时间数列项数为 8，以首项 2010 年为原点，则时间间距 t 单位为 1 年。$n=8$，$\sum_{i=1}^{n} t_i = 28$，$\sum_{i=1}^{n} y_i = 2\,149$，$\sum_{i=1}^{n} t_i y_i = 7\,825$，$\sum_{i=1}^{n} t_i^2 = 140$，代入方程组：

$$\begin{cases} b = \dfrac{n\sum_{i=1}^{n} t_i y_i - \sum_{i=1}^{n} t_i \cdot \sum_{i=1}^{n} y_i}{n\sum_{i=1}^{n} t_i^2 - \left(\sum_{i=1}^{n} t_i\right)^2} = \dfrac{8 \times 7\,825 - 28 \times 2\,149}{8 \times 140 - 28^2} = \dfrac{62\,600 - 60\,172}{1\,120 - 784} \\ \quad = \dfrac{2\,428}{336} = 7.23 \\ a = \dfrac{\sum_{i=1}^{n} y_i - b\sum_{i=1}^{n} t_i}{n} = \dfrac{2\,149 - 7.23 \times 28}{8} = \dfrac{1\,964.56}{8} = 243.32 \end{cases}$$

将 a, b 值代入直线趋势方程得

$$y_c = a + bt, \quad y_c = 243.32 + 7.23t$$

将各年 t 值代入直线趋势方程，可计算出各年的趋势值 y_c（见表 4-21 中第 6 栏数值）。

如前所述，用这种方法求解比较烦琐，同样可以用坐标移位，使 $\sum t_i = 0$。因其时间数列为偶数项，移位后，原点与其前后各年之间的间距分别为…−2.5，−1.5，−0.5，0，+0.5，+1.5，+2.5…因为数列中有小数给计算带来不便。于是，可将各个间距都扩大 1 倍，使之分别为…−5，−3，−1，0，+1，+3，+5…。原方程组简化为

$$\begin{cases} \sum y'_i = na \\ \sum t'_i y'_i = b \sum_{i=1}^{n} t'^2_i \end{cases}$$

则

$$\begin{cases} a = \dfrac{\sum_{i=1}^{n} y'_i}{n} \\ b = \dfrac{\sum_{i=1}^{n} t'_i y'_i}{\sum_{i=1}^{n} t'^2_i} \end{cases}$$

(2) 以中间项为原点的计算方法。

从表 4-21 右边资料可知，原点在 2013—2014 年之间，则 $n = 8$，$\sum_{i=1}^{n} y'_i = 2\,149$，$\sum_{i=1}^{n} t'_i y'_i = 607$，$\sum t'^2_i = 168$，代入方程组得

$$\begin{cases} a = \dfrac{\sum_{i=1}^{n} y'_i}{n} = \dfrac{2\,149}{8} = 268.53 \\ b = \dfrac{\sum_{i=1}^{n} t'_i y'_i}{\sum_{i=1}^{n} t'^2_i} = \dfrac{607}{168} = 3.61 \end{cases}$$

将 a, b 值代入直线趋势方程得

$$y'_c = a + bt', \quad y_c = 268.63 + 3.61 t'$$

当 $t' = 0$ 时，$y'_c = 268.63$（万吨），即 $a = 268.63$ 万吨。

y'_c 值位于 2013—2014 年中间，即此两项的平均数 $\dfrac{265.02 + 272.24}{2} = 268.63$ 为每半年的增加值，$2b = 7.22$ 为每一年的增加值，其结果与以首项为原点计算的 b 值基本相同。同样也可以对现象进行预测。见表 4-21 第 11 栏。

2. 曲线趋势的配合

社会现象发展变化的趋势并不总是直线型的，有时呈不同形式的曲线变化，这就需要配合适当的曲线方程描述其长期趋势值，常用的曲线方程有抛物线曲线型和指数曲线型。

(1) 抛物线曲线型。若现象的发展各期增减量的增减量，即二级增减量大致相同，如

表 4-22 所示，这种现象发展的基本趋势是二次抛物线曲线型，可拟合为抛物线曲线方程：
$$y_c = a + bt + ct^2$$
式中：a,b,c 是 3 个待定参数。

根据最小平方法原理 $\sum_{i=1}^{n}(y_i - y_c)^2 = $ 最小值，将其代入曲线方程 $y_c = a + bt + ct^2$ 得
$$\sum_{i=1}^{n}[y_i - (a + bt + ct^2)]^2 = 最小值$$

表 4-22 为某企业某产品生产产量，其二级增减量大致相同，则发展趋势是抛物线曲线型。

表 4-22　某产品产量增减变化情况表　　　　　　　　　　　单位：万吨

年次 t（年）	产品产量 y	逐级（一级）增减量 Δy	二级增减量
1	2.0	—	—
2	3.2	1.2	—
3	4.8	1.6	0.4
4	6.8	2.0	0.4
5	9.2	2.4	0.4
6	12.0	2.8	0.4
⋮	⋮	⋮	⋮

通过对 $\sum_{i=1}^{n}[y_i - (a + bt_i + ct_i^2)]^2 = $ 最小值求偏导数得

$$\begin{cases} \dfrac{\partial M}{\partial a} = \sum_{i=1}^{n} 2(y_i - a - bt - ct^2)(-1) = 0 \\ \dfrac{\partial M}{\partial b} = \sum_{i=1}^{n} 2(y_i - a - bt - ct^2)(-t) = 0 \\ \dfrac{\partial M}{\partial c} = \sum_{i=1}^{n} 2(y_i - a - bt - ct^2)(-t^2) = 0 \end{cases}$$

整理后得：

$$\begin{cases} \sum_{i=1}^{n} y_i = na + b\sum_{i=1}^{n} t_i + c\sum_{i=1}^{n} t_i^2 \\ \sum_{i=1}^{n} ty_i = a\sum_{i=1}^{n} t_i + b\sum_{i=1}^{n} t_i^2 + c\sum_{i=1}^{n} t^3 \\ \sum_{i=1}^{n} t_i^2 y_i = a\sum_{i=1}^{n} t_i^2 + b\sum_{i=1}^{n} t_i^3 + c\sum_{i=1}^{n} t_i^4 \end{cases}$$

参照前面的方法以中间一年为原点,将方程加以简化,使 $\sum_{i=1}^{n} t_i = 0, \sum_{i=1}^{n} t_i^3 = 0$,得

$$\begin{cases} \sum_{i=1}^{n} y_i = na + c\sum_{i=1}^{n} t_i^2 \\ \sum_{i=1}^{n} t_i y_i = b\sum_{i=1}^{n} t_i^2 \\ \sum_{i=1}^{n} t_i^2 y_i = a\sum_{i=1}^{n} t_i^2 + c\sum_{i=1}^{n} t_i^4 \end{cases}$$

调整后,得方程组:

$$\begin{cases} b = \dfrac{\sum_{i=1}^{n} t_i y_i}{\sum_{i=1}^{n} t_i^2} \\ c = \dfrac{n\sum_{i=1}^{n} t_i^2 y_i - \sum_{i=1}^{n} t_i^2 \cdot \sum_{i=1}^{n} y_i}{n\sum_{i=1}^{n} t_i^4 - \left(\sum_{i=1}^{n} t_i^2\right)^2} \\ a = \dfrac{\sum_{i=1}^{n} y_i - c\sum_{i=1}^{n} t_i^2}{n} \end{cases}$$

以表 4-23 资料为例说明。

表 4-23 某工业产品历年生产产量资料表　　　　　　　　单位:万吨

年份	年次 t(年)	产量 y	逐期增减量	二级增减量	计算栏				趋势值 y_c
					ty	t^2	$t^2 y$	t^4	
(甲)	(1)	(2)	(3)	(4)	(5)	(6)	(7)	(8)	(9)
2011	−3	160.0	—	—	−480.0	9	1 440.0	81	159.91
2012	−2	176.2	16.2	—	−352.4	4	704.8	16	176.27
2013	−1	196.4	20.2	4.0	−196.4	1	196.4	1	196.53
2014	0	220.8	24.4	4.2	0	0	0	0	220.69
2015	1	248.8	28.0	3.6	248.8	1	248.8	1	248.75
2016	2	280.6	31.8	3.8	561.2	4	561.4	16	280.71
2017	3	316.6	36.0	4.2	949.8	9	2 849.4	81	316.57
合计	0	1 599.4	—	—	731.0	28	6 561.8	196	1 599.43

对此类现象先计算时间数列实际观察值的二级增长量,如前所述其数值大体相同(表 4-23 中第 4 栏数值),可以判断现象发展趋势为抛物线型。运用最小平方法配合抛物线方程。

从表 4-23 资料可知,以 2014 年为原点,t 值单位为 1 年,$n=7$,$\sum_{i=1}^{n} y_i = 1599.4$,$\sum_{i=1}^{n} t_i y_i = 731$,$\sum_{i=1}^{n} t_i^2 = 28$,$\sum_{i=1}^{n} t_i^2 y_i = 6561.8$,$\sum t_i^4 = 196$,将其代入方程组得

$$\begin{cases} b = \dfrac{\sum_{i=1}^{n} t_i y_i}{\sum_{i=1}^{n} t_i^2} = \dfrac{731}{28} = 26.11 \\[2ex] c = \dfrac{n\sum_{i=1}^{n} t_i^2 y_i - \sum_{i=1}^{n} t_i^2 \cdot \sum_{i=1}^{n} y_i}{n\sum_{i=1}^{n} t_i^4 - \left(\sum_{i=1}^{n} t_i^2\right)^2} = \dfrac{7 \times 6561.8 - 28 \times 1599.4}{7 \times 196 - 28^2} = \dfrac{1149.4}{588} = 1.95 \\[2ex] a = \dfrac{\sum_{i=1}^{n} y_i - c\sum_{i=1}^{n} t_i^2}{n} = \dfrac{1599.4 - 1.95 \times 28}{7} = 220.69 \end{cases}$$

将 a,b,c 值代入抛物线方程得

$$y_c = a + bt + ct^2, \quad y_c = 220.69 + 26.11t + 1.95t^2$$

将各 t 值代入抛物线方程,即可计算出各年的趋势值(如表 4-23 中第 9 栏数值)。若不考虑其他因素影响,利用此方程可进行预测。预测 2027 年该产品产量:

$$y_c = 220.69 + 26.11 \times 10 + 1.95 \times 10^2 = 676.79(万吨)$$

(2)指数曲线型。若现象的发展按每期大致相等的增减速度增减变化,即各期的环比增减速度大致相同,其发展趋势基本上是指数曲线型。可配合指数曲线方程:

$$y_c = ab^t$$

式中:a,b 是两个待定参数。

这个方程的实质是求平均发展速度的几何平均法公式,$\bar{x} = \sqrt[n]{\dfrac{a_n}{a_0}}$ 的变形为:$a_n = a_0 \bar{x}^n$。指数方程 $y_c = ab^t$,是定期储蓄的复利计算公式:$p = a(1+r)^t$。所以凡是现象按几何级数或等比递增的长期趋势发展,都可用指数曲线方程测定其长期趋值。

进行指数曲线配合,可将指数曲线化为直线形式。即先用对数方法将其化为直线方程,然后用最小平方法求直线方程中的待定参数 a,b。

将指数曲线方程 $y_c = ab^t$ 两边取对数:

$$\lg y_c = \lg a + t\lg b$$

设 $y'_c = \lg y_c, A = \lg a, B = \lg b$,则得直线方程

$$y'_c = A + Bt$$

用最小平方法建立标准方程组:

$$\begin{cases} \sum_{i=1}^{n} y'_i = nA + B\sum_{i=1}^{n} t_i \\ \sum_{i=1}^{n} t_i y'_i = A\sum_{i=1}^{n} t_i + B\sum_{i=1}^{n} t_i^2 \end{cases}$$

将原点移到中间项,使 $\sum_{i=1}^{n} t_i = 0$ 得

$$\begin{cases} \sum_{i=1}^{n} y'_i = nA \\ \sum_{i=1}^{n} t_i y'_i = B\sum_{i=1}^{n} t_i^2 \end{cases}$$

则

$$\begin{cases} A = \dfrac{\sum_{i=1}^{n} y'_i}{n} \\ B = \dfrac{\sum_{i=1}^{n} t_i y'_i}{\sum_{i=1}^{n} t_i^2} \end{cases}$$

即

$$\begin{cases} \lg a = A = \dfrac{\sum_{i=1}^{n} y'_i}{n} \\ \lg b = B = \dfrac{\sum_{i=1}^{n} t_i y'_i}{\sum_{i=1}^{n} t_i^2} \end{cases}$$

查反对数表求得 a,b 值。

以某地历年年末人口资料为例说明,如表 4-24 所示。

表 4-24 某地历年年末人口资料表

年份	年次 t(年)	人口数 y（千人）	环比增减速度（%）	计算栏 $y'=\log y$	ty'	t^2	趋势值 y_c（千人）
（甲）	(1)	(2)	(3)	(4)	(5)	(6)	(7)
2011	−3	1 162.84	—	3.065 5	−9.196 5	9	1 164.93
2012	−2	1 180.52	1.52	3.072 1	−6.144 2	4	1 179.23
2013	−1	1 194.07	1.15	3.077 0	−3.077 0	1	1 194.83
2014	0	1 210.79	1.40	3.083 0	0	0	1 210.60
2015	1	1 227.74	1.24	3.089 1	3.089 1	1	1 226.58
2016	2	1 242.96	1.28	3.094 5	6.189 0	4	1 242.77
2017	3	1 258.87	1.40	3.100 0	9.300 0	9	1 259.18
合计	0	8 477.79	—	21.581 2	0.160 4	28	

表 4-24 时间数列实际观察值的环比增长速度大致相同，可以判断某地人口发展趋势为指数曲线型，于是运用最小平方法配合指数方程，且以中间项 2014 年为原点，$n=7$，$\sum_{i=1}^{n} y'_i = 21.581\,2$，$\sum_{i=1}^{n} t_i y'_i = 0.160\,4$，$\sum_{i=1}^{n} t_i^2 = 28$，代入方程组得

$$\begin{cases} A = \dfrac{\sum_{i=1}^{n} y'_i}{n} = \dfrac{21.581\,2}{7} = 3.083\,0 \\ B = \dfrac{\sum_{i=1}^{n} t_i y'_i}{\sum_{i=1}^{n} t_i^2} = \dfrac{0.160\,4}{28} = 0.005\,7 \end{cases}$$

查 A、B 反对数表得 $\begin{cases} a = 1\,210.598 \\ b = 1.013\,2 \end{cases}$

将 a、b 代入指数方程得

$$y_c = 1\,210.598 + 1.013\,2^t$$

将各年 t 值代入 $y_c = ab^t$ 中，即可求得各年年末人口发展趋势值 y_c，如表 4-24 中第 7 栏数值所示。

将这条趋势线向外延伸，可预测某地未来任意一年年末人口数。预测 2027 年年末人口数为

$$y_c = ab^t = 1\,210.598 + (1.013\,2)^{10} = 1\,380.23（千人）$$

第五节 季节变动的测定

一、测定季节变动的意义

季节变动是指某些社会现象受生产条件或自然因素影响,在一年内或某个周期内随季节或时间变动而发生有规律地变化。

测定现象的季节变动,能使人们认识和掌握研究对象的变动周期和规律性,克服因季节变动引起的不良影响,有利于制订计划、安排生产、保证供给,提高人民生活水平促进经济可持续发展。

二、季节变动的测定方法

测定季节变动的方法很多,主要的方法有两种:一种是不考虑长期趋势影响,按月(季)平均法;另一种是考虑长期趋势影响,采用移动平均法,从而剔除长期趋势影响。

(一)按月(季)平均法

这种方法不考虑长期趋势影响,直接根据原始资料计算。其具体计算方法结合表 4-25 资料说明。

表 4-25　某市 2010—2012 年各月某商品销售量资料　　　　单位:千克

年份	月份												合计
	1	2	3	4	5	6	7	8	9	10	11	12	
2015	80	64	40	26	14	8	10	14	82	96	84	92	610
2016	82	68	40	28	12	6	10	16	90	120	132	120	724
2017	84	80	46	46	14	10	12	18	96	160	148	148	840
合计	246	212	126	100	40	24	32	48	268	376	364	338	2 174
月平均数	82	70.67	42	33.33	13.33	8	10.67	16	89.33	125.30	121.33	112.67	60.39
季节比率 未调整	135.78	117.02	69.55	55.19	22.07	13.25	17.67	26.49	147.92	207.53	200.91	186.57	1 199.95
季节比率 调整后	135.79	117.02	69.55	55.19	22.07	13.25	17.67	26.49	147.93	207.54	200.92	186.58	1 200.00

首先,将被研究对象若干年(一般 3 年以上)的月度资料编成平行的时间数列,如表 4-25 所示。然后,按下列步骤计算。

(1)计算现象在不同年度同一月份的合计数和平均数。如 3 年中各年的 1 月份合计数为:$80+82+84=246$(千克),月平均数为 $\frac{246}{3}=82$(千克)。

(2)计算现象 3 年内总的月平均数,即将 3 年中各月合计之和除以月份数(3×12)。

表 4-25 数据为 $\frac{2\,174}{36} = 60.39$(千克)。

(3) 将各月平均数与 3 年总的月平均数相除,求出各月的季节比率(季节指数)。如 1 月份的季节比率为 $\frac{82}{60.39} = 135.78\%$,月平均数与总的月平均差额愈小,则季节比率变动愈小,反之,则愈大。

(4) 计算各月季节比率合计数,它应等于 1 200%。若其总和不等于 1 200%,应予以调整,将各月季节比率乘以调整系数$\left(\text{调整系数} = \frac{1\,200\%}{\text{各月季节比率之和}}\right)$,求得调整后的季节比率,按表 4-25 资料计算$\left(\text{调整系数} = \frac{1\,200\%}{1\,199.95\%}\right.$

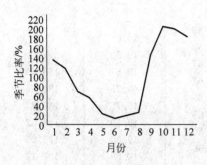

图 4-1 某商品销售量季节变动

$=1.000\,042\Big)$,则 1 月份调整后的季节比率为 135.78% $\times 1.000\,042 = 135.79\%$。

根据求得的季节比率资料绘制季节变动曲线图,如图 4-1 所示。

从表 4-25 和图 4-1 中可以看出,某商品的销售量冬季最大,春、秋季次之,夏季最小。

利用季节变动资料可以进行预测,假定 2017 年 1、2 月两个月该商品的销售量分别为 90 万千克、83 万千克,则可预测这一年 3、4 两个月销售量:

$$3\text{月份销售量} = \frac{90+83}{135.79\% + 117.02\%} \times 69.55\% = 47.59(\text{千克})$$

$$4\text{月份销售量} = \frac{90+83}{135.79\% + 117.02\%} \times 55.19\% = 37.77(\text{千克})$$

这种预测方法计算简便,容易理解。但它不考虑时间数列中长期趋势的影响,从而使计算的季节比率不够准确。

(二)移动平均趋势剔除法

利用移动平均法剔除长期趋势影响,再测定季节变动。以表 4-26 资料说明,其计算步骤如下。

(1) 根据表 4-26 各年月资料(y),计算以 12 个月移动平均。如第一个移动平均数根据表 4-26 第 2 栏 2017 年数据计算:

$$\text{第一个移动平均数} = \frac{80+64+40+26+14+8+10+14+82+96+84+92}{12}$$

$$= \frac{610}{12} = 50.83$$

表 4-26　某市 2010—2012 年某商品销售量资料　　　　　单位：万件

年份	月份	销售量 $y=T\cdot S\cdot I$	12个月移动总数	12个月移动平均数	趋势值 T	季节比率(%) $\dfrac{y}{T}=S\cdot I$
(甲)	(1)	(2)	(3)	(4)	(5)	(6)=(2)/(5)
2015	1	80	—	—	—	—
	2	64	—	—	—	—
	3	40	—	—	—	—
	4	26	—	—	—	—
	5	14	—	—	—	—
	6	8	610	—	—	—
	7	10	592	50.83	50.08	19.97
	8	14	596	49.53	49.50	28.28
	9	82	596	49.67	49.67	165.09
	10	96	598	49.67	49.75	192.96
	11	84	596	49.83	49.75	168.84
	12	92	594	49.67	49.59	185.52
2016	1	62	594	49.50	49.50	125.25
	2	68	596	49.50	49.59	137.12
	3	40	604	49.67	50.00	80.00
	4	28	628	50.33	51.33	54.55
	5	12	576	52.33	54.33	22.09
	6	6	704	56.33	57.50	10.43
	7	10	726	58.67	59.59	16.78
	8	16	738	60.50	61.00	26.23
	9	90	744	61.50	61.75	145.75
	10	120	762	62.00	62.75	191.24
	11	132	764	63.50	63.59	207.58
	12	120	768	63.67	63.84	187.97
2017	1	84	790	64.00	64.92	129.39
	2	80	792	65.83	65.92	121.36
	3	46	798	66.00	66.25	69.43
	4	46	838	66.50	68.17	67.48
	5	14	854	69.83	70.50	19.86
	6	10	860	71.17	71.42	14.00
	7	32	—	71.67	—	—
	8	18	—	—	—	—
	9	96	—	—	—	—
	10	160	—	—	—	—
	11	148	—	—	—	—
	12	126	—	—	—	—

见表 4-26 第 4 栏。以后以此类推。

(2) 再作第二次移动平均,移正趋势值(T):

$$如\ 2015\ 年\ 7\ 月的趋势值\ T = \frac{50.83 + 49.33}{2} = 50.08$$

见表 4-26 第 5 栏。

(3) 将各月的实际值 y_i 除以相应的各月趋势值 T,计算各月的季节比率($S·I$)。即

$$S·I = \frac{y_i}{T} = \frac{T·S·I}{T}$$

式中:y 为各月实际值;T 为各月趋势值;S 为季节变动;I 为不规则变动。

根据表 4-26 数据计算:

$$2015\ 年\ 7\ 月份的季节比率 = \frac{10}{50.08} = 19.97\%$$

见表 4-26 中第 6 栏。

(4) 将求得的季节比率($S·I$)重新按月编排,再按月求月平均的季节比率,即计算各年同月的季节比率的简单算术平均数(S),从而得到消除了不规则变动因素的季节比率,由表 4-27 资料计算:

$$如\ 1\ 月份的平均季节比率(\%) = \frac{125.25 + 129.39}{2} = 127.32\%$$

(5) 若各月季节比率的合计数不等于 1 200%,应采用与前面相同的方法,计算调整系数予以调整。表 4-27 调整系数为

$$\frac{1\ 200\%}{1\ 193.62\%} = 1.005\ 345\ 08$$

则 1 月份的调整季节比率为

$$127.32\% \times 1.005\ 345\ 08 = 128(\%)(见表\ 4-27)$$

表 4-27 季节比率计算表   单位:万件

年份	月 份												合计
	1	2	3	4	5	6	7	8	9	10	11	12	
2015	—	—	—	—	—	—	19.97	28.28	165.09	192.96	168.84	185.52	760.66
2016	125.25	137.12	80.00	54.55	22.09	10.43	16.78	26.23	145.75	191.24	207.58	187.97	1 204.99
2017	129.39	121.36	69.43	67.48	19.86	14.00	—	—	—	—	—	—	421.12
合计	254.64	258.48	149.43	122.03	41.95	24.43	36.75	54.51	310.84	384.20	376.42	373.49	2 386.77
月平均	127.32	129.24	74.72	61.02	20.98	12.22	18.38	27.26	192.10	192.10	188.21	186.75	99.45
季节比率(%)	128.00	129.53	75.12	61.35	21.09	12.29	18.48	27.41	193.13	193.13	189.22	187.75	1 200.00

实训练习题

一、填空题

1. 时间数列由_____和_____两个要素组成。
2. 时间数列按统计指标的性质不同,可以分为_____、_____、_____三种形式。
3. 某商场历年年末商品库存总量形成的数列属于_____数列,历年商品销售额形成的数列属于_____数列。
4. 测定长期趋势的方法主要有_____、_____、_____三种。

二、判断题

1. 各种形式时间数列的指标数值大小都受指标所属时间长短的影响。( )
2. 由间断时点数列计算序时平均数,假定现象的动态变化过程为均匀变动。( )
3. 平均增长速度是各期环比增长速度乘积的 n 次方根。( )
4. 按月平均法是一种不考虑长期趋势影响的测定现象季节变动的方法。( )

三、单项选择题

1. 时间数列中,每个指标数值可以相加的是( )。
   A. 时期数列
   B. 时点数列
   C. 相对数时间数列
   D. 平均数时间数列

2. 年距增减速度的计算公式是( )。
   A. $\dfrac{逐期增减量}{前一期水平}$
   B. $\dfrac{年距增减量}{去年同期水平}$
   C. $\dfrac{逐期增减量}{最初水平}$
   D. $\dfrac{年距增减量}{最初水平}$

3. 用几何平均法计算平均发展速度,是( )连乘积开 n 次方根。
   A. 环比增减速度
   B. 环比发展速度
   C. 逐期增减量
   D. 累计增减量

4. 当时间数列中各期环比增减速度大体相同时,应拟合( )。
   A. 直线
   B. 二次曲线
   C. 三次曲线
   D. 指数曲线

四、思考题

1. 时期数列和时点数列有何区别?
2. 计算平均发展速度的水平法和累计法各有什么特点?
3. 什么是长期趋势?测定长期趋势有哪几种方法,各有什么特点?
4. 什么是季节变动?测定季节变动的方法有哪两种?

五、应用能力训练题

1. 已知某企业201×年职工人数资料如下表所示。

日 期	1月1日	5月31日	9月1日	12月31日
人数(人)	1 200	1 340	1 450	1 560

要求:计算201×年该企业职工平均人数。

2. 某工业企业201×年职工人数和净产值资料如下表所示。

项 目	1月	2月	3月	4月
月初职工人数(人)	2 000	2 200	2 000	2 100
净产值(亿元)	2 200	2 520	2 940	3 260

要求:(1)计算201×年第一季度各月每位职工平均净产值;
(2)计算201×年第一季度每位职工平均净产值。

3. 某商业企业201×年各季商品销售额资料如下表所示。

项目 季度	商品销售额 (万元)	增长量(万元)		发展速度(%)		增长速度(%)		增长1%绝对值(万元)
		逐期	累积	环比	定基	环比	定基	
第一	100							
第二	120							
第三	216							
第四	312							

要求:(1)计算空格中的指标;
(2)计算该企业全年各季的平均发展速度和平均增长速度。

4. 某企业 2011—2017 年税后利润额如下表所示。

项目 \ 年份	2011	2012	2013	2014	2015	2016	2017
税后利润(万元)	800	880	960	1 043	1 120	1 200	1 285

要求：试分析某市某企业税后利润额的发展变化类型，并配合相应的趋势线预测 2020 年和 2021 年的某企业税后利润额。

5. 某市 2015—2017 年甲商品销售量如下表所示。

2015—2017 年甲商品各月销售量　　　　　　　单位：万千克

月份 \ 年份	1	2	3	4	5	6	7	8	9	10	11	12
2015	40	35	30	26	27	32	55	72	77	68	42	38
2016	55	40	36	31	35	40	63	80	85	74	50	46
2017	62	48	42	40	44	48	72	88	94	86	62	58

要求：(1) 用按月平均法计算季节比率；

(2) 已知 2017 年 8 月、9 月甲商品销售额分别为 85 万千克、70 万千克，预测该年 10 月、11 月甲商品销售量。

第五章 统计指数

内容提要

统计指数是一种反映社会现象变动的相对数,其应用相当广泛,涵盖工农业生产、经济贸易交通运输、人们生活、股票证券等各个领域。统计指数作为分析和预测客观社会经济现象发展变化的工具,可综合评价社会经济效益、人民生活质量和国情国力的发展情况。

本章主要介绍统计指数的概念和作用,统计指数的分类、编制和计算方法,指数的因素分析,简述指数在社会经济研究中的应用。

第一节 统计指数的概念和种类

一、指数的概念和作用

统计指数法是一种常用的统计分析方法,用来分析研究社会现象数量和数量关系。

(一)指数的概念

指数的含义有广义和狭义之分。广义指数泛指所有反映社会现象变动程度的相对数,用来反映客观现象在不同空间、不同时间上的变动程度。如第三章所讲的动态相对数、计划完成相对数、比较相对数等都属于指数。狭义指数是指用来综合反映那些不能直接相加的复杂社会经济现象总体变动的相对数,这是一种特殊的相对数。如零售物价指数,是反映所有零售商品价格总变动的相对数;工业产品产量指数,是表明在某一范围内全部工业产品实物量总变动的相对数,等等。本章重点研究狭义指数。

(二)指数的作用

1. 反映复杂社会现象总体的综合变动程度

统计研究社会现象总体变动时,除了说明个别现象,如个别产品产量、个别产品成本、个别商品价格的变动情况外,还要综合研究多种产品产量,多种商品价格总的变动情况。因为个别的不同商品或产品的单价、单位成本,虽然都是用货币表示,但它们的使用价值不同,生产单位产品所需要的物力、劳力不一样,同样不能简单加总综合对比。因此,就要利用指数,将这些不能直接相加、对比的现象,过渡到能够相加并综合对比,以反映其总的变动情况。

2. 分析和测定复杂社会经济现象总变动中各个因素的变动对其影响程度和差异

复杂社会经济现象的总体是由多个因素构成的,其变动是由构成的诸多因素变动综合影响的结果。如商品销售额是由商品销售量和销售价格两个因素构成,即

$$商品销售额 = 商品销售量 \times 商品销售价格$$

商品销售额的多少,取决于商品销售量的多少和商品销售价格的高低。诸如此类现象,就要编制指数来分析和测定社会经济现象总体中各个构成因素对其总变动的影响程度。

3. 测定平均水平对比分析中各组平均水平与总体结构变动对其的影响程度

在对现象总体进行分组的条件下,平均水平数值大小既受现象水平高低的影响,又受现象总体内部结构不同的影响。如职工平均工资的变化,既受各组平均工资水平高低的影响,又受各组工人人数在全体职工中所占比重大小的影响,要分析平均水平中两个因素的变动情况和影响程度,可以通过编制平均指标指数来研究。

4. 反映计划综合执行情况

在检查计划完成情况时,经常要涉及不能直接相加的复杂社会经济现象。有时,还要将它们在不同地区间、不同国家进行对比分析,这时就需要运用统计指数。

二、统计指数的分类

统计指数是分析社会经济现象变动的相对数,可以从不同角度进行分类。

(一)按指数所反映的对象范围大小不同可分为个体指数和总指数

1. 个体指数

个体指数是说明单个现象变动的相对数。如某产品产量指数、某商品的价格指数等。其计算方法比较简单:

$$个体产品产量指数\ K_Q = \frac{Q_1}{Q_0} \times 100\%$$

$$个体物价指数\ K_P = \frac{P_1}{P_0} \times 100\%$$

$$个体成本指数\ K_Z = \frac{Z_1}{Z_0} \times 100\%$$

式中：K_Q、K_P、K_Z 分别为产量、物价、成本个数指数；Q_1、Q_0 分别为报告期和基期商品销售量或产品实物产量；P_1、P_0 分别为报告期和基期商品或产品的单价；Z_1、Z_0 分别为报告期和基期商品或产品单位成本。

2．总指数

总指数是指说明多种事物综合变动的相对数，如反映多种产品产量综合变动的物量总指数，说明多种产品价格综合变动的价格总指数等。它们的编制和计算方法比较复杂，将在后面专门研究。

此外，还有一种介于个体指数与总指数之间的类指数，它反映总体中某一组或某一类现象变动的相对数。其编制和计算方法与总指数相似。

（二）按指数研究对象的性质不同可分为数量指标指数和质量指标指数

1．**数量指标指数**（简称数量指数）

它是反映现象数量指标变动程度的相对数，说明总体的规模、水平变动情况。如产品产量总指数、商品销售量总指数等。

2．**质量指标指数**（简称质量指数）

它是反映现象质量指标变动程度的相对数，说明总体内在质量变动情况，表明工作质量好坏，管理水平高低。如价格总指数、平均工资总指数、劳动生产率指数。

在统计指数的编制和应用中，必须十分注意数量指数和质量指数的区分，它们各自采用不同的编制方法。

（三）按所采用的基期不同可分为定基指数和环比指数

定基指数是指以某一固定时期作为对比基期的指数。环比指数是指各个指数都以前一期为对比基期的指数。

（四）按指数所对比内容的时间不同可分为动态指数和静态指数

动态指数是由两个不同时期的变量值对比形成的相对数，说明现象在不同时间上的变化情况。

静态指数是指在同一时间条件下，不同空间上的同一现象不同数值对比的相对数。

（五）按指数编制方法不同可分为综合指数和平均指标指数

有关这方面的内容，后面将作专门介绍。

第二节 总指数的编制和计算

总指数分为综合指数和平均数指数两种。综合指数是将不能直接相加的各种社会经济变量通过乘以另一个与此有关的同度量因素而转换成可以相加的总量指标，然后进行对比，得到的相对数来说明复杂现象的综合变动情况。它是总指数的基本形式。如前所述，按其研究对象的性质不同，可分为数量指数和质量指数两种。

平均数指数是以被研究现象总体中的各个个体指数为基础，对其进行加权平均编制的总指数。它是综合指数的变形。

一、编制总指数的一般方法

在编制总指数时，先要理解以下三个问题。

（一）运用两分法将复杂社会经济现象进行分解

由于构成现象的各种因素之间存在着相互联系，因此，要对现象总体进行分解，判别它们是数量因素还是质量因素，并确定所要编制的指数是数量指数还是质量指数，以及确定同度量因素的选择和所属时期。如表 5-1 所示，构成甲、乙、丙三种商品销售额中，销售量是数量因素，而销售价格是质量因素。

表 5-1 某商店销售甲、乙、丙三种不同商品的有关资料

商品名称	计量单位	基 期			报 告 期			假定销售额（万元）	
		销售量	单价(元)	销售额（万元）	销售量	单价(元)	销售额（万元）		
（甲）	（乙）	Q_0	P_0	$Q_0 P_0$	Q_1	P_1	$Q_1 P_1$	$Q_1 P_0$	$Q_0 P_1$
甲	m	40 000	24	96	60 000	22	132	144	88.0
乙	kg	50 000	12	60	56 000	10	56	67.2	50.0
丙	件	10 000	60	60	8 000	55	44	48.0	55.0
合计	—	—	—	216	—	—	232	259.2	193.0

（二）选择适当的同度量因素，使原来不能直接相加的现象过渡到可以直接相加

从表 5-1 中可以看出，甲、乙、丙三种不同商品，它们的使用价值和计量单位不同，不能直接相加，因而也不能直接进行对比以反映其总变动。为此需要找到一个同度量因素

以此作为媒介。借助于三种商品各自的销售价格,把不同商品的销售量乘以相应的销售价格后过渡到商品销售额价值量就可以相加并进行对比,计算商品销售量总指数。同样,三种商品的销售价格也不能简单相加,要通过销售量对其同度量化后才能相加对比,以计算价格总指数。统计中,通过乘上一个因素,把原来不能直接相加的现象过渡到可以相加,这个作为媒介的因素,叫作同度量因素。它在指数计算中具有权衡轻重的作用,所以又称它为权数。

(三) 确定同度量因素的所属时期

在编制总指数时,为了分析一个因素的变动情况,必须使另一个因素固定不变,以排除它对总指数的影响。即要把所对比的分子和分母所乘上的那个同度量因素固定在某一时期不变。在复杂现象总体中,各个不同时期的同度量因素不同、数值不同:有基期的,也有报告期的;有实际的,也有计划的。那么,到底同度量因素应选择在哪个时期呢? 这是统计学中的一个重要的理论问题,同行中有不同的观点。根据实践应用情况,确定统计指数同度量因素所属时期一般是:编制数量总指数时,以基期的质量因素作为同度量因素;编制质量总指数时,以报告期的数量因素作为同度量因素为宜。

二、数量总指数的编制和计算方法

数量总指数是反映数量因素综合变动的情况。仍以表 5-1 资料为例,说明其编制和计算方法。

从表 5-1 的资料可以看出:甲、乙、二种商品的销售量报告期比基期有所增加,而丙商品却减少了。它们各自的变动情况,可用计算个体销售量指数表示:

甲商品销售量指数 $K_Q = \dfrac{Q_1}{Q_0} \times 100\% = \dfrac{60\ 000}{40\ 000} \times 100\% = 150\%$

乙商品销售量指数 $K_Q = \dfrac{Q_1}{Q_0} \times 100\% = \dfrac{56\ 000}{50\ 000} \times 100\% = 112\%$

丙商品销售量指数 $K_Q = \dfrac{Q_1}{Q_0} \times 100\% = \dfrac{8\ 000}{10\ 000} \times 100\% = 80\%$

式中: K_Q 为个体数量指数; Q_1、Q_0 为分别为报告期和基期的商品销售量。

为了反映三种商品销售量总变动情况,需要编制销售量综合指数。如前所述,不能将它们直接相加取得两个时期的销售量总指标,但是,可以借助它们各自的价格作为同度量因素,而价格是反映三种商品质量好坏的质量因素。这样,把同度量因素——价格固定在基期,排除了价格对销售量总指数的影响,然后去乘以各自的销售量得到销售额,将它们过渡到价值量形态,使三种商品由不同的使用价值形态转化为同质异量的价值总量,就能得到三种商品基期销售额的总量和按基期价格与报告期销售量计算所得的假定销售

额总量,然后将这两个总量指标对比,得到三种商品销售量总指数。其一般的计算公式如下:

$$\overline{K}_Q = \frac{\sum Q_1 P_0}{\sum Q_0 P_0} \times 100\% = \frac{259.2}{216.0} \times 100\% = 120\%$$

式中:$\overline{K}_Q$ 为销售量综合指数;Q_1、Q_0 分别为报告期销售量与基期销售量;P_1、P_0 分别为报告期价格与基期销售价格。

计算结果表明,三种商品销售量报告期比基期总的平均增长了 20%。

公式中的分子和分母之差为

$$\sum Q_1 P_0 - \sum Q_0 P_0 = 259.20 - 216.0 = 43.2(万元)$$

计算结果表明,由于三种商品销售量平均增长 20%,使销售额增加了 43.2 万元。这是在假定价格不变的情况下,由于销售量报告期比基期增加而增加的销售额,其经济意义很明确。

上面的计算公式最早是由德国经济学家拉斯贝尔提出,所以又称为拉斯贝尔数量指数公式,简称拉氏公式。如产量指数、职工人数指数、商品销售量指数等数量指数,一般都用这个公式编制和计算,并将作为同度量因素的质量因素固定在基期。

关于数量总指数的编制与计算,统计学界有不同的观点。有的学者主张将同度量因素销售价格固定在报告期,其公式为

$$\overline{K}_Q = \frac{\sum Q_1 P_1}{\sum Q_0 P_1} \times 100\% = \frac{232.0}{193.0} \times 100\% = 120.21\%$$

计算结果表明,三种商品的销售量平均增长 20.21%。其分子、分母之差为:

$$\sum Q_1 P_1 - \sum Q_0 P_1 = 232.0 - 193.0 = 39(万元)$$

上述结果表明,由于三种商品销售量平均增长了 20.21%,使销售额增加了 39 万元。这是在三种商品销售价格也发生变化的情况下,销售量变动使销售额增加。它不仅是销售量变动的结果,还包括受销售价格变动因素的影响。而且,这个结果是表明报告期的销售量与基期的销售量按报告期的价格计算所得的销售额之间变动的程度和差额,其经济意义与现实意义都很缺乏。同时,与编制数量综合指数纯粹是为了反映销售量变动的初衷相违背。因此,在实际工作中,大多不采用这个公式来测定数量因素的综合变动。

三、质量总指数的编制和计算方法

质量总指数反映现象质量因素总的变动情况。仍以表 5-1 的资料为例说明其编制和计算方法。

从表 5-1 中的资料中可以看出,甲、乙、丙三种商品销售价格报告期比基期都有所下

降，根据它们各自变动情况可以编制个体价格指数：

甲商品的个体价格指数 $K_P = \dfrac{P_1}{P_0} \times 100\% = \dfrac{22}{24} \times 100\% = 91.67\%$

乙商品的个体价格指数 $K_P = \dfrac{P_1}{P_0} \times 100\% = \dfrac{10}{12} \times 100\% = 83.33\%$

丙商品的个体价格指数 $K_P = \dfrac{P_1}{P_0} \times 100\% = \dfrac{55}{60} \times 100\% = 91.67\%$

式中：K_P 为个体价格指数；P_1、P_0 分别为报告期和基期的商品销售价格。

为了反映三种商品销售价格总变动情况，需要编制价格综合指数。前面已经讲到，三种商品的销售价格虽然都是以货币为计量单位，但也不能简单相加，它们也具有不同的度量。甲商品是每米的价格，乙商品是每千克的价格，丙商品是每件的价格，将它们相加是没有意义的。因此也要通过同度量因素使之转化为可以相加的价值量指标。这里，可以借助于它们各自的销售量作为同度量因素，而销售量是反映三种商品销售数量多少的数量因素。按照编制综合指数的一般方法，把同度量因素——销售量固定在报告期，然后乘以各自的价格，使它们过渡到价值量形态，这样就能得到三种商品报告期的销售额总量和按基期的价格与报告期销售量计算所得的假定销售额总量，再将这两个总量指标对比，得到三种商品的价格综合指数。其一般的公式为

$$\overline{K}_P = \dfrac{\sum Q_1 P_1}{\sum Q_1 P_0} \times 100\% = \dfrac{232.0}{259.2} \times 100\% = 89.51\%$$

式中：$\overline{K}_P$ 为价格综合指数。其他符号同前。

计算结果表明三种商品的价格报告期比基期平均下降了 10.49%。

公式中的分子与分母之差为

$$\sum Q_1 P_1 - \sum Q_1 P_0 = 232.0 - 259.2 = -27.2 (万元)$$

其结果表明，由于三种商品的价格平均下降了 10.49%，使销售额减少了 27.2 万元。这是在假定同度量因素——销售量不变，并将其固定在报告期的情况下，由于销售价格报告期比基期下降而减少了销售额，其计算结果具有现实的经济意义。但同时也包含了销售量变化因素在内。

上面这个公式由德国经济学家哈曼·派许最早提出，故又称为派许质量指数公式，简称派氏公式。如物价总指数、单位成本总指数等，一般都用这个公式编制和计算。

关于质量总指数的编制，在统计学界同样有不同的观点。有人提出将同度量因素——数量因素固定在基期，其公式为

$$\overline{K}_P = \dfrac{\sum Q_0 P_1}{\sum Q_0 P_0} \times 100\% = \dfrac{193}{216} \times 100\% = 89.35\%$$

计算结果表明,三种商品的销售价格平均下降了 10.65%。

其分子、分母之差为

$$\sum Q_0 P_1 - \sum Q_0 P_0 = 193 - 216 = -23(万元)$$

计算结果表明,由于三种商品销售价格平均下降了 10.65%,使销售额减少了 23 万元。这是在假定销售量没有变动的情况下,纯粹由于价格变动而产生的结果。这个价格综合指数反映了价格变动的程度和差额,其经济意义也是很明确的。

将这两个质量综合指数计算公式进行比较:前面的公式是以报告期的销售量为同度量因素计算的价格综合指数,其结果受价格与销售量变动的双重影响,即这种价格综合指数不仅反映了价格的变动,同时还包含了销售量变化的影响。然而,它却具有非常现实的经济意义,因为这个公式的计算结果,表明由于价格变化,报告期实际销售的商品量,使商店减少销售额 27.2 万元。而对消费者来说,报告期购买这类商品由于价格下降而少支出 27.2 万元。而按后面的以基期销售量为同度量因素公式计算,表明由于价格变化,商店在基期销售的商品量,再按报告期价格计算,减少销售额 23 万元。对消费者来说,基期购买的商品如果等到报告期再购买,可少支出 23 万元,因为商品早已在基期购买了,到报告期再来讨论少付多少钱,显然这是缺乏现实经济意义的。另外,现实生活中表明,价格的变化会引起生产或销售商品的结构变化,也会推动居民消费结构变化。所以,我们在编制价格总指数反映价格变化对生产和销售以及对消费者的影响时,应从现实出发,一般选择以报告期的销售量作为同度量因素为宜。但是,这也不是绝对的,有时当基期销售量资料比较容易取得,而报告期销售量资料不易取得或尚不具备时,也可以用基期销售量作为同度量因素来编制价格指数。

第三节 平均数指数和平均指标指数的因素分析

一、平均数指数

在实际工作中,用前面讨论的综合指数研究社会经济现象变动情况,往往会因为掌握资料的限制而遇到困难。因此通过以个体指数为基础,采用加权平均形式编制总指数,在统计中称为平均数指数。它与综合指数相比,只是由于掌握资料不同,所采用的计算方法不同而已,其计算结果与经济意义是一样的。平均数指数实质上是综合指数的变形。按其指数化因素的性质和平均方法不同,可以分为加权算术平均数指数和加权调和平均数指数两种。

(一)加权算术平均数指数

加权算术平均数指数是通过个体数量指数采用加权算术平均方法计算的总指数。一一般情况下,在编制数量总指数时,当掌握的资料是个体数量指数和基期的总量指标时,可以采用这种形式来编制数量总指数。其计算公式为

$$\because K_Q = \frac{Q_1}{Q_0}, \therefore Q_1 = K_Q Q_0, \quad \overline{K}_Q = \frac{\sum K_Q \cdot P_0 Q_0}{\sum P_0 Q_0} \times 100\% = \sum K_Q \cdot \frac{P_0 Q_0}{\sum P_0 Q_0} \times 100\%$$

式中:$\overline{K}_Q$ 为数量加权算术平均指数;K_Q 为个体数量指数 $\frac{Q_1}{Q_0}$。其他符号同前。

仍以表 5-1 所示资料为例编制表 5-2。

表 5-2 某商店三种商品销售量和销售额资料

商品名称	计量单位	销售量		基期销售额(万元)	销售量个体指数	假定销售额(万元)
		基期 Q_0	报告期 Q_1	$Q_0 P_0$	$K_Q = \frac{Q_1}{Q_0}(\%)$	$K_Q \cdot Q_0 P_0 = Q_1 P_0$
甲	m	40 000	60 000	96	150	144.0
乙	kg	50 000	56 000	60	112	67.2
丙	件	10 000	8 000	60	80	48.0
合计	—	—	—	216	—	259.2

从表 5-2 中,已知三种商品的个体销售量指数 K_Q,即

$$\overline{K}_Q = \frac{\sum Q_1 P_0}{\sum Q_0 P_0} = \frac{\sum K_Q Q_0 P_0}{\sum Q_0 P_0} = \frac{259.2}{216.0} = 120\%$$

其分子、分母之差为

$$\sum K_Q Q_0 P_0 - \sum Q_0 P_0 = 259.2 - 216.0 = 43.2(万元)$$

计算结果表明,三种商品的销售量报告期比基期平均增长了 20.0%。由于销售量增长而增加的销售额为 43.2 万元。

上式中,个体销售量指数 K_Q 是变量,以基期商品销售额 $Q_0 P_0$ 为权数,将销售量综合指数变形即为加权算术平均数指数。即

$$\frac{\sum Q_1 P_0}{\sum Q_0 P_0} = \frac{\sum K_Q Q_0 P_0}{\sum Q_0 P_0}$$

从式中可以看出,在资料完全相同的情况下,以基期价值总量指标为权数的加权算术平均指数与前面所述编制的数量综合指数的经济意义是一致的,而且计算结果相等。

(二)加权调和平均数指数

加权调和平均数指数是对个体质量指数用加权调和平均方法计算的总指数。当编制

质量总指数时,只掌握报告期的总量指标和个体质量指数时,可用这种方法编制质量总指数。

$$\because K_P = \frac{P_1}{P_0}, \quad \therefore P_0 = \frac{P_1}{K_P}, \quad \overline{K}_P = \frac{\sum Q_1 P_1}{\sum Q_1 P_0} = \frac{\sum Q_1 P_1}{\sum \frac{1}{K_P} Q_1 P_1}$$

式中：$\overline{K}_P$ 为质量加权调和平均数指数；K_P 为个体质量指数 $\frac{P_1}{P_0}$；其他符号同前。

仍以表 5-1 资料为例,编制表 5-3。

表 5-3 某商店三种商品销售量和销售额资料

商品名称	计量单位	价格(元)		报告期销售额(万元)	价格个体指数(％)	假定销售额(万元)
		基期 P_0	报告期 P_1	$Q_1 P_1$	$K_P = \frac{P_1}{P_0}$	$Q_1 P_1 / K_P$
甲	m	24	22	132	91.67	144.0
乙	kg	12	10	56	83.33	67.2
丙	件	60	55	44	91.67	48.0
合计	—	—	—	232		259.2

所以

$$\overline{K}_P = \frac{\sum Q_1 P_1}{\sum Q_1 P_0} = \frac{\sum Q_1 P_1}{\sum \frac{1}{K_P} Q_1 P_1} = \frac{232}{259.2} = 89.51\%$$

$$\sum Q_1 P_1 - \sum \frac{1}{K_P} Q_1 P_1 = 232 - 259.2 = -27.2(万元)$$

计算结果表明,三种商品的销售价格报告期比基期平均下降 10.49％,由于销售价格下降而减少商品销售额 27.2 万元。其计算结果的经济意义与前所述的质量综合指数计算结果完全相同。

上式中,个体价格指数 K_P 是变量,以报告期商品销售额 $Q_1 P_1$ 为权数,将商品销售价格总指数公式变形即为加权调和平均数指数公式,即

$$\frac{\sum Q_1 P_1}{\sum Q_1 P_0} = \frac{\sum Q_1 P_1}{\sum \frac{1}{K_P} Q_1 P_1}$$

由此可见,在资料相同的情况下,以报告期价值总量指标为权数计算的加权调和平均数指数与前面所讨论的质量综合指数经济意义是一致的,且结果相等。

(三) 固定权数加权平均数指数

编制加权平均数指数时,其权数有变动权数和固定权数两种。权数随报告期而经常变动的称**变动权数**,权数确定后在较长时间内不变的叫**固定权数**。

在统计工作中,有时由于报告期权数的资料不易取得,往往选择经济发展比较稳定的某一时期的价值总量结构作为固定权数 W 来计算平均数指数。这种固定权数使总指数计算比较简便、迅速,有较大的灵活性。如我国的零售物价指数就是采用固定权数计算的平均数指数。

固定权数为结构相对数形式,即 $\dfrac{QP}{\sum QP}$,以 W 表示 QP,则加权算术平均数指数和调和平均数指数公式分别为

$$\overline{K}_Q = \frac{\sum K_Q W_0}{\sum W_0}, \quad \overline{K}_P = \frac{\sum W_1}{\sum \dfrac{1}{K_P} W_1}$$

在后面讨论零售物价指数编制时,还将对此详细介绍。

二、平均指标指数及其因素分析

平均指标指数也称总平均指数。它是对总体平均指标变动程度的测定,如劳动生产率指数、平均工资指数、平均成本指数等。以表5-4所示资料为例,说明平均指标指数的编制及其应用。同时,根据这个指数之间的内在联系,分析平均指标总变动中,各组的平均水平及其结构变动对它的影响程度。

表5-4 某铁矿集团公司采矿量和工人数资料   单位:千吨

矿区名称	工人人数(人)与结构(%)				劳动生产率		总产量			劳动生产率指数
	基期		报告期		基期	报告期	基期	报告期		
	f_0	$\dfrac{f_0}{\sum f_0}$(%)	f_1	$\dfrac{f_1}{\sum f_1}$(%)	q_0	q_1	$q_0 f_0$	$q_1 f_1$	$q_0 f_1$	$\dfrac{q_1}{q_0}$(%)
甲矿	30 000	60	20 000	38.46	0.20	0.25	6 000	5 000	4 000	125.00
乙矿	20 000	40	32 000	61.54	0.40	0.75	8 000	24 000	12 800	187.50
合计	50 000	100	52 000	100	0.28	0.557 7	14 000	29 000	16 800	199.18

(一) 劳动生产率可变构成指数

在进行平均指标指数因素分析时,要与统计分组结合起来分析。从表5-4资料中可知,某铁矿集团甲、乙两个铁矿,工人人数、铁矿产量、劳动生产率各不相同。基期乙矿职工人数比甲矿少,而劳动生产率却比甲矿高出一倍。为了提高全公司的劳动生产率,除了

采取各种科学管理技术措施以外，调整两个矿的工人人数，改变集团公司工人人数的结构，也是重要的措施之一。从上述资料中可见，公司劳动生产率报告期比基期提高受两个因素共同影响：一是各铁矿劳动生产率都有所提高；二是两个铁矿工人人数在全公司所占比重发生了变化。表明集团公司劳动生产率发生变动，由各矿劳动生产率高低和工人人数总体中结构变动两个因素共同作用结果的指数称为可变构成指数。

根据表 5-4 中的资料，计算该集团公司劳动生产率可变构成指数：

$$\frac{\bar{q}_1}{\bar{q}_0} = \frac{\frac{\sum q_1 f_1}{\sum f_1}}{\frac{\sum q_0 f_0}{\sum f_0}} = \frac{\frac{29\,000}{52\,000}}{\frac{14\,000}{50\,000}} = \frac{0.557\,7}{0.28} = 199.18\%$$

其分子、分母之差为

$$\frac{\sum q_1 f_1}{\sum f_1} - \frac{\sum q_0 f_0}{\sum f_0} = 0.557\,7 - 0.28 = 0.277\,7（千吨）$$

计算结果表明，该公司劳动生产率报告期比基期上升了 99.18%，平均每个工人多生产了 277.7 吨铁矿石。这是受各矿劳动生产率变动和劳动生产率水平不同的两矿工人人数结构变动的共同影响所致。下面就来分析这两个因素对全公司劳动生产率的影响程度。

（二）劳动生产率固定结构指数

先来分析甲、乙两矿劳动生产率变动对集团公司总劳动生产率变动的影响。按指数编制的一般方法，将各矿工人人数的比重固定在报告期，单纯分析甲、乙两矿劳动生产率变动对集团公司总劳动生产率变动的影响，即用报告期工人人数结构作权数，计算劳动生产率固定结构指数。

$$\frac{\frac{\sum q_1 f_1}{\sum f_1}}{\frac{\sum q_0 f_1}{\sum f_1}} = \frac{\frac{29\,000}{52\,000}}{\frac{16\,800}{52\,000}} = \frac{0.557\,7}{0.323\,1} = 172.61\%$$

$$\frac{\sum q_1 f_1}{\sum f_1} - \frac{\sum q_0 f_1}{\sum f_1} = 0.557\,7 - 0.323\,1 = 0.234\,6（千吨）$$

计算结果表明，假定甲、乙两铁矿劳动力在全公司的人数构成报告期与基期的情况相同，由于各矿劳动生产率的提高使全公司的劳动生产率提高了 72.61%，从而使公司人均产量增加了 234.6 吨铁矿石。

（三）劳动生产率结构影响指数

下面再来分析甲、乙两矿工人人数在集团公司工人人数中比重变动对公司劳动生产率的影响。同样，根据编制指数的一般方法，把各矿的劳动生产率固定在基期，以此作为权数，计算劳动生产率结构影响指数：

$$\frac{\frac{\sum q_0 f_1}{\sum f_1}}{\frac{\sum q_0 f_0}{\sum f_0}} = \frac{\frac{16\,800}{52\,000}}{\frac{14\,000}{50\,000}} = \frac{0.323\,1}{0.28} = 115.39\%$$

$$\frac{\sum q_0 f_1}{\sum f_1} - \frac{\sum q_0 f_0}{\sum f_0} = 0.323\,1 - 0.28 = 0.043\,1（千吨）$$

其结果表明，假定甲、乙两矿劳动生产率报告期保持和基期相同，由于劳动生产率水平较低的甲矿工人人数在全公司工人人数的比重由基期的60%下降到报告期的38.46%，而劳动生产率水平比较高的乙矿工人人数在全公司工人人数的比重则由基期的40%上升到报告期的61.54%，从而使全公司劳动生产率提高了15.39%，每个工人平均增加产量43.1吨铁矿石。

从上面的分析中可以进一步了解到：可变构成指数、固定结构指数和结构影响指数都是总指数。它们具有独立的经济意义，并且它们之间有着内在的联系。

在相对数上：

可变构成指数 = 固定结构指数 × 结构影响指数

$$\frac{\frac{\sum q_1 f_1}{\sum f_1}}{\frac{\sum q_0 f_0}{\sum f_0}} = \frac{\frac{\sum q_1 f_1}{\sum f_1}}{\frac{\sum q_0 f_1}{\sum f_1}} \times \frac{\frac{\sum q_0 f_1}{\sum f_1}}{\frac{\sum q_0 f_0}{\sum f_0}}$$

$$199.18\% = 172.61\% \times 115.39\%$$

在绝对数上：

各因素分子和分母之差的代数和表示总劳动生产率水平的差额，且存在着这样的联系：劳动生产率可变构成指数分子、分母之差等于劳动生产率固定结构指数分子、分母之差与劳动生产率结构影响指数分子、分母之差的代数和。

即：
$$\frac{\sum q_1 f_1}{\sum f_1} - \frac{\sum q_0 f_0}{\sum f_0} = \left(\frac{\sum q_1 f_1}{\sum f_1} - \frac{\sum q_0 f_1}{\sum f_1}\right) + \left(\frac{\sum q_0 f_1}{\sum f_1} - \frac{\sum q_0 f_0}{\sum f_0}\right)$$

$$0.557\,7 - 0.28 = (0.557\,7 - 0.323\,1) + (0.323\,1 - 0.28)$$

$$0.2777(千吨) = 0.2346(千吨) + 0.0431(千吨)$$

(四)平均指标指数的特点

从上面对平均指标指数的讨论中可以看出其具有如下两个特点。

(1)平均指标指数是利用分组资料计算的指数,它所测定的总体平均指标指数是对组平均数的加权平均,其权数是各组单位数占总体单位总数的比重。它所综合的不是不可同度量的变量,而是不同地区、不同单位的同类指标。

(2)平均指标指数除了测定总体平均指标变动程度以外,还可测定总体内部各组水平的平均变动和总体结构变动对总平均指标变动的影响,能适应统计研究的不同要求,计算三种不同形式的总平均指标指数,即上面所论述过的可变构成指数、固定结构指数和结构影响指数。

第四节 指数体系和因素分析

一、指数体系的概念和作用

客观现象是错综复杂的,各种因素对它的影响不是孤立的,而是相互联系、相互制约和相互影响的。统计中,除了依据现象内在因素联系编制综合指数外,同时还要应用指数体系来分析现象中各个因素的影响程度,这就需要建立指数体系。

所谓指数体系,是指若干有联系的指数在数量上、逻辑上形成的一个整体,反映客观事物本身的内在联系所构成的整体。

利用指数体系,可以从相对数和绝对数两个方面分析在受多种因素影响的复杂总体中,各个因素的影响程度分析、变动方向及其绝对数量。利用指数体系,可以进行指数之间的相互推算预测,若已知指数体系中的三个数中的任意两个指数,就可以推算第三个指数。通过指数体系可以对社会经济现象进行预测。

二、两因素分析

复杂的社会经济现象是由两个或两个以上的因素构成,各因素之间的客观联系是建立统计指数体系的依据。这种关系,在相对数上表现为乘积关系,在绝对数上表现为相加的关系。如表5-1中某商店销售甲、乙、丙三种不同商品,按照前面已经计算出来的结果,则可以得到

(1)其相对数上关系为

商品销售额总指数 = 商品销售量总指数 × 商品销售价格总指数

$$\frac{\sum q_1 P_1}{\sum q_0 P_0} = \frac{\sum q_1 P_0}{\sum q_0 P_0} \cdot \frac{\sum q_1 P_1}{\sum q_1 P_0}$$

$$\frac{232}{216} = \frac{259.2}{216} \times \frac{232}{259.2}$$

$$107.41\% = 120\% \times 89.51\%$$

(2) 绝对数上关系为

$$\frac{\text{商品销售额}}{\text{增减总额}} = \frac{\text{因销售量变动影响}}{\text{而增减变动销售总额}} + \frac{\text{因销售价格变动影响}}{\text{而增减的销售总额}}$$

即

$$\sum q_1 P_1 - \sum q_0 P_0 = \left(\sum q_1 P_0 - \sum q_0 P_0\right) + \left(\sum q_1 P_1 - \sum q_1 P_0\right)$$

$$232 - 216 = (259.2 - 216) + (232 - 259.2)$$

$$16(万元) = 43.2(万元) + (-27.2)(万元)$$

以上的计算表明,某商店销售甲、乙、丙三种商品的销售额,报告期比基期上升了7.41%,由此导致增加销售金额为16万元。销售额变动是受以下两个因素共同影响的结果:一是由于三种商品的销售量报告期比基期平均上升了20%,使销售额增加了43.2万元;二是由于三种商品的销售价格报告期比基期平均下降了10.49%,使销售额减少27.2万元。

通过指数体系,对影响商品销售额的两个因素——销售量和销售价格从相对数和绝对数两个方面进行分析,并测定了它们的影响程度和变动的绝对数额。同样,可以对产品产值与产品产量、出厂价格之间,生产总成本与产品产量、单位成本之间等社会经济现象从相对数和绝对数进行两因素分析。

三、总指数多因素分析

复杂社会现象变动有时受三个或三个以上的因素变动的影响,对此,可以利用指数体系,进行多因素分析,以测定多个因素变动对现象总体变动的影响程度。这种分析,从理论上讲可以推广到四个、五个甚至更多的因素分析。但统计研究中应分清主次,抓住主要矛盾,以便采取措施。因此,一般以三四个因素的分析可以满足要求了。

多因素分析的基本方法与两因素分析相似。在进行总指数多因素现象分析时,需要注意以下两点。

(一) 同度量因素固定时期的选择

为了反映一个因素变动,必须假定其他因素固定不变,这也有一个选择同度量因素固定的时期问题,即同度量因素固定时期的选择。一般来说,测定数量因素变动时,将质量因素固定在基期;在测定质量因素变动时,将数量因素固定在报告期,与前面讲的综合指数编制方法相似。其目的是要使各个因素指数的连乘积等于总指数,各个因素指数变动而影响的差额之和要等于总指数实际发生的差额,保持指数体系的完整性、计算结果有现实意义。

(二)各个因素的排列顺序

在多因素分析中,对各个因素的排列顺序,要根据现象各因素间的内在联系加以确定,应使相邻两个因素的乘积具有独立经济意义。如表 5-5 所示某企业原材料消耗总额＝产品产量×产品原材料单耗×原材料单价。多因素分析中排序也是如此,从数量因素逐步过渡到质量因素;或者倒过来,即为原材料消耗总额＝原材料单价×产品单耗×产品产量,从质量因素过渡到数量因素。上述两种排序,无论哪种方式,其相邻两个因素的乘积都有独立的经济意义,即原材料单价×产品单耗＝单位产品原材料消耗额。而原材料单耗×产品产量＝全部产品原材料消耗总量。这样排序,是将三个因素归并为两个因素,即三个因素分析是两个因素分析的拓展。如果按照产品的原材料单耗×原材料单价×产品产量,就不符合指数分解逻辑,而原材料单价×产品产量,则缺乏现实经济意义。一般在多因素分析中,各因素的排序是从数量因素逐步过渡到质量因素。即数量因素在最前,而质量因素在最后,或者,从质量因素逐步过渡到数量因素排列。下面以表 5-5 所示为例说明多因素的分析方法。

表 5-5　某厂生产甲、乙两种产品原材料消耗情况

产品名称	原材料名称	产量		原材料单耗		原材料单价(元)		原材料支出总额(万元)			
		基期	报告期	基期	报告期	基期	报告期	基期	报告期	假	定
		Q_0	Q_1	M_0	M_1	P_0	P_1	$Q_0 M_0 P_0$	$Q_1 M_1 P_1$	$Q_1 M_0 P_0$	$Q_1 M_1 P_0$
甲(万件)	A(公斤)	10	12	10	9	4	15	1 400	1 620	1 680	1 512
乙(万袋)	B(米)	8	7	3.2	3.3	0	21	512	485.1	448	462
合计	—	—	—	—	—	—	—	1 912	2 105.1	2 128	1 974

根据表 5-5 所示的资料对原材料支出总额进行多因素分析。

相对数上:原材料支出总额指数＝产量总指数×产品的原材料单耗总指数×原材料单价总指数,即

$$\frac{\sum Q_1 M_1 P_1}{\sum Q_0 M_0 P_0} = \frac{\sum Q_1 M_0 P_0}{\sum Q_0 M_0 P_0} \cdot \frac{\sum Q_1 M_1 P_0}{\sum Q_1 M_0 P_0} \cdot \frac{\sum Q_1 M_1 P_1}{\sum Q_1 M_1 P_0}$$

$$\frac{2\ 105.1}{1\ 912.0} = \frac{2\ 128.0}{1\ 912.0} \times \frac{1\ 974.0}{2\ 128.0} \times \frac{2\ 105.1}{1\ 974.0}$$

$$110.10\% = 111.30\% \times 92.76\% \times 106.64\%$$

绝对数上为:

$$\begin{aligned}\text{原材料支出额} \\ \text{增减变动总额}\end{aligned} = \begin{aligned}\text{因产量变动而增减} \\ \text{的原材料支出总额}\end{aligned} + \begin{aligned}\text{因产品单耗变动而} \\ \text{增减原材料支出总额}\end{aligned}$$

$$+ \begin{aligned}\text{因原材料单价变动而增} \\ \text{减的原材料支出总额}\end{aligned}$$

$$\sum Q_1 M_1 P_1 - \sum Q_0 M_0 P_0 = (\sum Q_1 M_0 P_0 - \sum Q_0 M_0 P_0) +$$
$$(\sum Q_1 M_1 P_0 - \sum Q_1 M_0 P_0) +$$
$$(\sum Q_1 M_1 P_1 - \sum Q_1 M_1 P_0)$$

$$2\,105.1 - 1\,912.0 = (2\,128.0 - 1\,912.0) + (1\,974.0 - 2\,128.0) +$$
$$(2\,105.1 - 1\,974.0)$$

$$193.1(万元) = 216(万元) + (-154)(万元) + 131.1(万元)$$

据此,可以计算以下几个指数,对各因素进行分析。

1. 原材料支出总额指数

$$\overline{K}_{QMP} = \frac{\sum Q_1 M_1 P_1}{\sum Q_0 M_0 P_0} \times 100\% = \frac{2\,105.1}{1\,912.0} \times 100\% = 110.10\%$$

$$\sum Q_1 M_1 P_1 - \sum Q_0 M_0 P_0 = 2\,105.1 - 1\,912.0 = 193.1(万元)$$

从上面的计算可知,原材料支出总额报告期比基期上升了 10.10%,从而原材料支出额增加了 193.1 万元。

2. 原材料支出总额因素分析

(1) 产品产量总指数。分析产量因素变动对原材料支出总额变动的影响时,将作为同度量因素的两个质量因素——原材料单耗和原材料单价应固定在基期,则

$$\overline{K}_Q = \frac{\sum Q_1 M_0 P_0}{\sum Q_0 M_0 P_0} \times 100\% = \frac{2\,128.0}{1\,912.0} \times 100\% = 111.30\%$$

计算结果表明,由于报告期的产量比基期增加,使原材料支出额上升 11.30%,增加支出额为

$$\sum Q_1 M_0 P_0 - \sum Q_0 M_0 P_0 = 2\,128.0 - 1\,912.0 = 216(万元)$$

(2) 原材料单耗总指数。这里分析原材料单耗变动对原材料支出总额变动的影响时,对它来说,应将产量因素(数量因素)固定在报告期不变,而将原材料单价因素(质量因素)固定在基期:

$$\overline{K}_M = \frac{\sum Q_1 M_1 P_0}{\sum Q_1 M_0 P_0} \times 100\% = \frac{1\,974.0}{2\,128.0} \times 100\% = 92.76\%$$

$$\sum Q_1 M_1 P_0 - \sum Q_1 M_0 P_0 = 1\,974.0 - 2\,128.0 = -154(万元)$$

其结果表明,由于单位产品原材料消耗量下降,使原材料费用支出额下降了 7.24%,节约原材料费用支出额 154 万元。

(3) 原材料单价总指数。此处分析原材料单价变动对原材料支出总额变动的影响时,应将产品产量与产品原材料单耗的乘积——原材料消耗总量作为数量因素,固定在报告期:

$$\bar{K}_P = \frac{\sum Q_1 M_1 P_1}{\sum Q_1 M_1 P_0} \times 100\% = \frac{2\,105.1}{1\,974.0} \times 100\% = 106.64\%$$

$$\sum Q_1 M_1 P_1 - \sum Q_1 M_1 P_0 = 2\,105.1 - 1\,974.0 = 131.1(万元)$$

上述结果说明,由于原材料单价报告期比基期上涨,使原材料费用支出总额上升了 6.64%,增加支出费用 131.1 万元。

至此,将原材料费用支出总额变动的情况及其影响的因素从相对和绝对上逐个作了分析和测算,得出如下结论。

某厂生产甲、乙两种产品,消耗 A、B 两种原材料的支出总额,报告期比基期上升 10.10%,增加支出费用 193.1 万元。这是由于以下三个因素共同影响的结果。

(1) 由于产品产量增加,使原材料费用支出上升 11.30%,增加原材料费用支出 216 万元。

(2) 由于产品单耗下降,使原材料支出下降 7.24%,节约原材料费用支出 154 万元。

(3) 因为原材料价格上涨,导致原材料费用支出上升 6.64%,使原材料费用支出增加 131.1 万元。说明该厂经营管理情况良好,贯彻了增产节约的方针,取得了可喜的成绩。

综上所述分析结果如表 5-6 所示。

表 5-6 某厂原材料费用支出因素分析表

项 目	费用支出额(万元)		指数(%)	报告期比基期增减额(万元)
	基期	报告期		
原材料费用支出总额	1 912.0	2 105.1	110.1	193.1
其中,1. 产量影响	1 912.0	2 128.0	111.3	216.0
2. 原材料单耗影响	2 128.0	1 974.0	92.76	−154.0
3. 原材料单价影响	1 974.0	2 105.1	106.64	131.1

四、总指数与平均指标指数相结合的因素分析

平均指标指数与总指数之间的关系,如同平均指标与总量指标之间的关系一样,存在着一定的经济联系,同样可以进行两个因素分析和多个因素分析。仍以表 5-4 所示资料为例,整理后得表 5-7 所示。

表 5-7　某铁矿集团公司产量因素分析

项 目	基 期	报 告 期
铁矿石产量(千吨)	14 000	29 000
工人人数(人)	50 000	52 000
工人劳动生产率(千吨/人)	0.28	0.557 7

相对数上：产品产量总指数＝工人人数指数×工人劳动生产率指数

$$\frac{\sum Q_1}{\sum Q_0} = \frac{\sum f_1}{\sum f_0} \cdot \frac{\bar{q}_1}{\bar{q}_0}$$

$$\frac{29\,000}{14\,000} = \frac{52\,000}{50\,000} \times \frac{0.557\,7}{0.28}$$

$$207.14\% = 104\% \times 199.18\%$$

绝对数上：

$$\sum Q_1 - \sum Q_0 = 29\,000 - 14\,000 = 15\,000(千吨)$$

计算结果表明，该公司报告期产量比基期产量上升 107.14%，增加铁矿石 15 000 千吨，这是由于公司工人人数增加与工人劳动生产率提高两个因素共同影响的结果。

(1) 由于工人人数报告期比基期上升 4%，增加人数 2 000 人，使集团公司铁矿石产量增加为

$$\left(\sum f_1 - \sum f_0\right) \cdot \bar{q}_0 = (52\,000 - 50\,000) \times 0.28 = 560(千吨)$$

(2) 因为工人劳动生产率报告期比基期上升 99.18%，使公司增加铁矿石产量为

$$(\bar{q}_1 - \bar{q}_0) \cdot \sum f_1 = (0.557\,7 - 0.28) \times 52\,000 = 14\,440(千吨)$$

又因为工人劳动生产率指数是可变构成指数，其影响包含了工人劳动生产率固定结构指数和工人劳动生产率结构影响指数，可以进一步分析如下。

在相对数上：

工人劳动生产率可变构成指数 ＝工人劳动生产率固定结构指数×
工人劳动生产率结构影响指数

即

$$\frac{\dfrac{\sum q_1 f_1}{\sum f_1}}{\dfrac{\sum q_0 f_0}{\sum f_0}} = \left(\frac{\dfrac{\sum q_1 f_1}{\sum f_1}}{\dfrac{\sum q_0 f_1}{\sum f_1}}\right) \cdot \left(\frac{\dfrac{\sum q_0 f_1}{\sum f_1}}{\dfrac{\sum q_0 f_0}{\sum f_0}}\right)$$

亦即

$$\frac{\bar{q}_1}{\bar{q}_0} = \left[\frac{\dfrac{\sum q_1 f_1}{\sum f_1}}{\dfrac{\sum q_0 f_1}{\sum f_1}}\right] \cdot \left[\frac{\dfrac{\sum q_0 f_1}{\sum f_1}}{\dfrac{\sum q_0 f_0}{\sum f_0}}\right]$$

$$199.18\% = 172.61\% \times 115.39\%$$

在绝对数上：

$$\bar{q}_1 - \bar{q}_0 = \left[\frac{\sum q_1 f_1}{\sum f_1} - \frac{\sum q_0 f_1}{\sum f_1}\right] + \left[\frac{\sum q_0 f_1}{\sum f_1} - \frac{\sum q_0 f_0}{\sum f_0}\right]$$

即

$$0.2777(千吨/人) = 0.2346(千吨/人) + 0.043(千吨/人)$$

所以，全公司工人劳动生产率上升 99.18%，增加产量 14 440 千吨的原因是：

(1) 由于甲、乙两矿工人劳动生产率提高，使集团公司工人劳动生产率报告期比基期提高 72.61%，从而使公司增加产量为

$$\left[\frac{\sum q_1 f_1}{\sum f_1} - \frac{\sum q_0 f_1}{\sum f_1}\right] \cdot \sum f_1 = (0.5577 - 0.3231) \times 52\,000 = 12\,199.2(千吨)$$

(2) 由于甲、乙两矿工人人数在全集团公司工人人数比重的变动，即工人劳动生产率较低的甲矿在全公司人数中的比重从基期的 60% 下降到报告期的 38.46%，而劳动生产率较高的乙矿由基期的 40% 上升到报告期的 61.54%，使公司工人劳动生产率上升 15.39%，从而增加产量为

$$\left[\frac{\sum q_0 f_1}{\sum f_1} - \frac{\sum q_0 f_0}{\sum f_0}\right] \times \sum f_1 = (0.3231 - 0.28) \times 52\,000 = 2\,241.2(千吨)$$

所以上述四个指数存在着如前所述的关系。

在相对数上：

产品产量总指数 = 工人人数总指数 × 工人劳动生产率固定结构指数 × 工人劳动生产率结构影响指数

$$\frac{\sum Q_1}{\sum Q_0} = \frac{\sum f_1}{\sum f_0} \cdot \left[\frac{\dfrac{\sum q_1 f_1}{\sum f_1}}{\dfrac{\sum q_0 f_1}{\sum f_1}}\right] \cdot \left[\frac{\dfrac{\sum q_0 f_1}{\sum f_1}}{\dfrac{\sum q_0 f_0}{\sum f_0}}\right]$$

$$\frac{29\,000}{14\,000} = \frac{52\,000}{50\,000} \times \left[\frac{\dfrac{29\,000}{52\,000}}{\dfrac{16\,800}{52\,000}}\right] \times \left[\frac{\dfrac{16\,800}{52\,000}}{\dfrac{14\,000}{50\,000}}\right]$$

$$207.14\% = 104\% \times 172.61\% \times 115.39\%$$

在绝对数上:

$$\sum Q_1 - \sum Q_0 = \left(\sum f_1 - \sum f_0\right) \cdot \bar{q}_0 + \left[\frac{\sum q_1 f_1}{\sum f_1} - \frac{\sum q_0 f_1}{\sum f_1}\right] \cdot \sum f_1 +$$

$$\left[\frac{\sum q_0 f_1}{\sum f_1} - \frac{\sum q_0 f_0}{\sum f_0}\right] \cdot \sum f_1$$

$$29\,000 - 14\,000 \approx (52\,000 - 50\,000) \times 0.28 + (0.557\,7 - 0.323\,1) \times 52\,000 +$$
$$(0.323\,1 - 0.28) \times 52\,000$$

$$15\,000(千吨) \approx 560(千吨) + 12\,199.2(千吨) + 2\,241.2(千吨)$$

由于小数取位时四舍五入,产生 0.4kt 误差可作出适当调整。

通过上面的一系列计算与分析,可以作出以下综合分析。

某集团公司报告期铁矿石产量比基期上升 107.14%,增加铁矿石产量 15 000 千吨。其原因是:①由于全公司工人人数报告期比基期上升 4%,增加 2 000 人,使公司增加产量 560 千吨;②由于全公司工人劳动生产率提高 99.18%,从而增加产量 14 440 千吨。其中又因为:由于甲、乙两矿工人劳动生产率的提高使全公司工人劳动生产率提高 72.61%,使公司增加产量 12 199.2 千吨;由于甲、乙两矿工人人数在全公司工人人数比重中的变动,使公司工人劳动生产率提高 15.39%,使公司增加产量 2 241.2 千吨。表明该公司劳动管理工作成效显著。

第五节 指数在社会经济统计中的应用

统计指数在社会经济生活中应用非常广泛,国家统计局和地方统计局每年都要定期和不定期公布某些统计指数来说明经济运行情况,并用来预测经济走势。如定期公布的零售物价指数、居民消费价格指数和股票价格指数等,及其他与居民的生活和工作息息相关的某些统计指数。

一、零售物价指数

零售物价指数是测定市场零售商品价格变动程度和趋势的一种相对数。它是党和政府加强宏观调控和市场监管、制定物价和财富分配政策、研究和分析市场商品供需情况和国民经济运行的重要依据之一。

为了反映不同地区和全国的物价情况,按其研究范围不同,可分为省(直辖市、自治区)、地区零售物价指数和全国零售物价指数;为了反映各地和全国城乡物价状况,又分别按农村和城市编制农村零售物价指数和城市零售物价指数。

零售物价指数的编制比较复杂,因为社会上零售商品品种繁多,价格变动频繁,很难获取全面资料满足综合指数公式的计算。实际中,通常采用抽样的方法,选择有代表性的商品,将它们的个体价格指数加权平均,并计算各类商品零售物价指数和全部商品的零售物价指数。具体方法如下。

(一) 对商品分类和选择代表商品

我国的零售物价指数包括各种经济类型的工业、商业、服务业和其他行业的零售商品及农民对非农业居民出售农产品的价格指数。按国家统计局规定,全部商品分为食品、饮料类、服装鞋帽、纺织品、中西药品、化妆品、书报杂志、文化用品、日用品、家用电器、首饰、燃料、建筑装潢材料、机电产品等十四大类,每一大类又分若干中类,中类内再分小类,每个小类又包括若干商品集团。例如食品这一大类,可分为粮食、油脂、肉禽蛋、水产品、鲜菜、干菜、鲜果、干果、饮食品和其他食品等十大中类;在粮食这一中类中又分为细粮和粗粮两个小类;而细粮这个小类中包括籼米、粳米等商品集团。然后,再从各个商品集团中抽选代表商品,计算零售物价指数。

代表商品是各地根据统计部门规定要调查的商品目录和地区的实际情况进行选择。一般选择质量中等,在本地销售量大,生产和销售前景看好,价格变动趋势有一定代表性的商品。而代表商品也并非一直不变,因为生产不断发展,人民的生活需求不断变化,商品的品种规格也会随之变化,所以代表商品也应经常审查并进行调整。

(二) 代表商品价格的调查和计算

代表商品选定后,要对其价格进行调查和计算。这是由各地根据商品销售额的比重和农贸市场商品成交额的多少,选择经营品种比较齐全、成交量大的中心市场作为调查点,派员定点定时进行调查登记。对同种商品的零售价格,每个大中城市确定3~5个不等的调查点,小城市和县城确定1~2个调查点。对一般性商品,每月调查2~3次,与人们生活密切相关、价格变动比较频繁的商品,调查次数要多一些,一般每5天调查一次;对国家监控定价的一些主要商品价格或价格变动相对稳定的商品,通常按月或按季度调查一次。

根据调查所取得的资料按月、季和年度计算平均价格,即对各个调查点的同一时间、同一商品的价格用简单算术平均方法求得各种商品同一时间的平均价格,作为计算价格指数的商品价格;将同一种商品一个月内不同时间的平均价格加以平均,计算出各种商品月平均价格;再对12个月的月平均价格加以平均,即得到各种商品的平均价格。

（三）零售物价指数的计算公式和权数

零售物价类指数和总指数的加权算术平均数公式为

$$\overline{K}_P = \frac{\sum K_P W}{\sum W}$$

式中：$\overline{K}_P$ 为零售物价类指数或总指数；$K_P = \frac{P_1}{P_0}$ 为商品的个体价格指数；$W = Q_0 P_0$ 为各代表商品所代表商品集团的零售额；$\sum W$ 为各类商品零售总额。

计算加权算术平均数，其权数采用固定权数，一般代表商品的权数每年计算一次，或间隔再长一点计算一次；季节性强的鲜菜、鲜果每月计算一次。

零售物价指数计算顺序是先小类，再中类、大类，最后将各大类商品零售物价指数加权平均计算出城市（农村）全国的零售物价总指数。每一类的权数是同一类中各类商品零售额所占比重，用百分数表示，其和为100％。各省（直辖市、自治区）包括城市和农村的综合零售物价总指数的计算顺序是，在城市和农村单项代表商品零售物价指数的基础上，再根据城乡商品零售额资料，确定每一种商品城乡间的比重，进行加权，计算出各省、市、自治区单项商品零售价格指数，然后再用加权算术平均数公式分类汇总计算出小类、中类、大类直至全部商品零售物价总指数。下面以某地某年零售商品物价指数为例，说明其编制的步骤和计算方法（如表5-8和表5-9所示）。

表5-8 某地零售商品价格食品大类指数计算表

类别及品名	规格等级牌号	计量单位	平均价格（元）		权数 $\frac{W}{\sum W}$（％）	以基数为100	
			基期（P_0）	本期（P_1）		指数 $K_P = \frac{P_1}{P_0}$	指数×权数 $\sum K_P \cdot \frac{W}{\sum W}$
甲	乙	丙	(1)	(2)	(3)	(4)=(2)/(1)	(5)=(4)×(3)
食品大类指数 其中：					100		129.16
1. 粮食品中类					14	151.58	21.22
（1）细粮小类					96	151.70	145.63
	二等籼米	公斤	1.81	2.80	80	154.50	123.60
	籼米	公斤	1.56	2.20	20	140.50	28.10
（2）粗粮小类					4	148.96	5.95
	赤豆	公斤	3.23	5.00	60	155.00	93.00
	绿豆	公斤	4.36	6.10	40	139.90	55.96

续表

类别及品名	规格等级牌号	计量单位	平均价格(元) 基期(P_0)	平均价格(元) 本期(P_1)	权数 $\dfrac{W}{\sum W}$(%)	以基数为100 指数 $K_P=\dfrac{P_1}{P_0}$	以基数为100 指数×权数 $\sum K_P \cdot \dfrac{W}{\sum W}$
甲	乙	丙	(1)	(2)	(3)	(4)=(2)/(1)	(5)=(4)×(3)
2. 油脂种类					4	175.90	7.03
3. 肉禽蛋种类					25	146.90	36.72
4. 水产品种类					15	118.32	17.74
5. 鲜菜种类					10	62.75	6.23
6. 干菜种类					1	120.83	1.21
7. 鲜果种类					5	119.22	5.96
8. 干果种类					1	144.82	1.45
9. 其他食品类					6	139.21	8.35
10. 饮食业种类					19	122.40	23.25

表 5-9 某地零售商品价格总指数计算表

类别及品名	规格等级牌号	计量单位	平均价格(元) 基期	平均价格(元) 本期	权数(%)	以基数为100 指数	以基数为100 指数×权数
甲	乙	丙	(1)	(2)	(3)	(4)	(5)=(4)×(3)
总指数					100		123.30
1. 食品类					25	129.16	32.29
2. 饮料、烟酒类					15	106.53	15.95
3. 服装、鞋帽类					10	118.41	11.84
4. 纺织品类					3	120.70	3.62
5. 中西药品类					5	117.22	5.86
6. 化妆品类					5	108.24	5.41
7. 书报杂志类					1	107.40	1.07
8. 文化体育用品类					3	106.21	3.18
9. 日用品类					20	118.00	23.60
10. 家用电器类					10	94.55	9.45
11. 首饰类					2	102.90	2.06
12. 燃料类					1	131.50	1.31
13. 建筑材料类					3	94.27	2.83
14. 机电产品类					5	96.58	4.83

按前所述,其计算步骤如下。

(1) 计算各代表商品的个体零售价格指数。如表 5-8 所示中二等籼米的个体零售价格指数为

$$K_P = \frac{P_1}{P_2} = \frac{2.8}{1.81} = 154.50\%$$

(2) 各代表商品个体零售物价指数乘以权数,加总后计算出各小类商品零售物价指数。如表 5-8 所示细粮小类的零售物价指数为

$$\overline{K}_P = \frac{\sum K_P P_0 Q_0}{\sum P_0 Q_0} = \sum K_P \cdot \frac{W}{\sum W}$$

$$= 154.5\% \times 0.8 + 140.5\% \times 0.20 = 151.70\%$$

(3) 各小类零售物价指数乘以其相应的权数,加总后计算出各中类零售物价指数。如表 5-8 所示粮食中类的零售物价指数为

$$\overline{K}_P = \sum K_P \cdot \frac{W}{\sum W} = 151.70\% \times 0.96 + 148.96\% \times 0.04 = 151.58\%$$

(4) 各中类零售物价指数乘以其相应的权数,加总后得各大类的零售物价指数,如表 5-8 所示食品大类的零售物价指数为

$$\overline{K}_P = \sum K_P \cdot \frac{W}{\sum W}$$

$$= 151.58\% \times 0.14 + 175.90\% \times 0.04 + 146.90\% \times 0.25 +$$
$$118.32\% \times 0.15 + 62.75\% \times 0.10 + 120.83\% \times 0.01 + 119.22\% \times$$
$$0.05 + 144.82\% \times 0.01 + 139.21\% \times 0.06 + 122.40\% \times 0.19$$

$$= 129.16\%$$

(5) 各大类商品零售物价指数乘以其相应的权数,加总后得到某市某年零售商品物价总指数 123.30%(如表 5-9 所示)。其计算方法与第(4)步计算各中类零售商品物价指数完全相似,只要将如表 5-9 所示十四大类商品零售物价指数分别乘以相应的权数加总后即可。

二、居民消费价格指数

居民消费价格是指居民支付所购买消费品和获得服务项目的价格。它与人民生活密切相关,在国民经济价格体系中占有重要的地位。居民消费价格指数是反映上述这些消费品和服务项目价格变动趋势和程度的相对数。如 2017 年我国居民消费价格同比上涨 1.6%,其中食品类下降 0.1%。它是用来反映和分析居民实际收入与生活水平变化情况,是党和政府研究和制定价格决策、分配政策的重要依据,是国民经济核算和宏观经济分析与决策的重要指标。

居民消费价格指数包括居民日常所需的全部商品和服务项目。国家统计局规定的

"商品目录"一共分为八大类,即食品、衣着、家庭设备及用品、医疗保健、交通和通信、娱乐教育和文化用品、居住、服务项目等。每一大类内又分若干中类,中类内再分若干小类(商品集团)。我国统计调查的消费品和服务项目共有351种。

居民消费价格指数的编制同商品零售物价指数一样,也是采用抽样方法、定人、定点、定时,派员调查登记代表商品和服务项目的价格。在计算平均价格和个体价格指数的基础上,按加权算术平均数指数公式,从小类、中类到大类加权计算出它们的居民消费价格指数,最后将各大类居民消费价格指数再加权平均,计算出城乡居民消费价格总指数。它包括的范围、调查方法、计算公式都与商品零售物价指数相似。某地 1987—2017 年居民消费价格指数如表 5-10 所示。

表 5-10　某地 1987—2017 年居民消费价格指数

年份	居民消费价格指数(%)	年份	居民消费价格指数(%)
1987	101.9	2003	99.2
1988	101.5	2004	98.6
1989	102.8	2005	100.4
1990	109.3	2006	100.7
1991	106.5	2007	99.2
1992	107.3	2008	101.2
1993	118.8	2009	103.9
1994	118.0	2010	111.8
1995	103.1	2011	101.5
1996	103.4	2012	104.8
1997	105.2	2013	106.0
1998	114.7	2014	104.3
1999	124.1	2015	105.0
2000	117.1	2016	105.4
2001	108.3	2017	102.6
2002	102.8		

而零售物价指数和居民消费价格指数二者也有不同之处,主要区别如下。

(一)观察的角度不同

零售物价指数是从商品出售者的角度来观察物价水平的变动及其对社会经济的影响;而居民消费价格指数是从商品消费者的角度着眼于人民生活来观察物价水平与服务项目价格变动对居民实际收入和生活水平的影响。

（二）包括的范围不同

这主要表现在三个方面：①购买力地区范围不同。商品零售物价指数包括外地购买力在本地购买的商品，但不包括本地购买力在外地购买的商品；而居民消费价格指数则相反，它包括本地购买力在外地购买的商品，而不包括外地购买力在本地购买的商品。②购买力范围不同。商品零售物价指数分为 14 大类，包括居民购买力，也包括企事业和机关团体等社会集团购买力。而居民消费价格指数只包括居民购买部分，不包括社会集团购买部分。③具体商品和项目不同，零售物价指数分为 14 大类，是反映零售商品价格的变动，这些商品既有生活消费品，又有企事业和机关团体的办公用品和机电产品，如货车、面包车和大客车，但不包括服务项目；而居民消费价格指数分为 8 大类，既包括消费品，又包括服务项目，如理发、洗澡、医疗手术、家电维修等。

（三）选择的权数不同

商品零售物价指数是用商业部门的商品零售额比重为权数；而居民消费价格指数是用居民家庭的实际支出为权数。前者资料来源于商业报表或典型调查，后者资料来源于城乡居民住户的抽样调查。

三、零售物价指数和居民消费价格指数的应用

零售物价指数和居民消费价格指数包含着丰富的社会经济内容，由此可派生某些指数，用来研究社会经济问题，为国家制定有关政策提供依据。

（一）测定通货膨胀

所谓通货膨胀，是在商品流通领域中的货币数量，超过商品流通正常需要，从而引起物价上涨、货币贬值的一种经济现象。它干扰正常的经济秩序，加剧经济周期波动，增加财政赤字，加重人们生活负担，尤其是对低收入群体生活影响更大，给一个国家的政治、社会带来了不安定因素。通货膨胀率是表明通货膨胀严重程度的指标，反映一定时期内商品价格水平持续上升的幅度。为此，各国政府都把抑制通货膨胀作为制定政策的重要依据之一。

通货膨胀率的计算公式：

$$通货膨胀率 = \left(\frac{报告期居民消费价格指数 - 基期居民消费价格指数}{基期居民消费价格指数}\right) \times 100\%$$

当计算结果大于 0，则表明存在通货膨胀；如果结果小于 0，则说明出现通货紧缩现象，即物价下跌，币值升高。

通货膨胀率的计算方法也可以用零售物价指数计算，其计算公式与上式相似。

按照通货膨胀的速度（增长率）和严重程度划分为四类：

第一类,温和的通货膨胀,也叫爬行通货膨胀。其特征是增长率低,速度慢,危害较轻,是四类通货膨胀中最稳定的类型。

第二类,加速的通货膨胀,也叫奔驰通货膨胀。其特征是增长率高,一般都在两位数以上,对经济影响明显。

第三类,超速通货膨胀,也叫恶性通货膨胀。其特征是增长率特别高,一般会达到三位数,而且严重失控。它会引起金融体系完全崩溃,从而导致经济崩溃。

第四类,受抑制的通货膨胀,又叫隐蔽通货膨胀。从表面上看,它并没发生。这是由于政府严格价格管制和配给形成的,实际上经济中的通货膨胀压力是存在的。一旦解除价格管制,就会发生严重的通货膨胀。

例如,某地 1992—2017 年通货膨胀程度如表 5-11 所示。

表 5-11 某地 1992—2017 年通货膨胀率   单位:%

年 份	通货膨胀率	年 份	通货膨胀率
1992	6.4	2005	−4.5
1993	−2.6	2006	−0.6
1994	0.7	2007	1.8
1995	10.7	2008	0.3
1996	0.7	2009	−1.5
1997	−12.6	2010	2.0
1998	0.3	2011	2.7
1999	2.9	2012	7.6
2000	7.8	2013	−9.2
2001	8.2	2014	3.3
2002	−6.6	2015	1.2
2003	−7.5	2016	−1.9
2004	−6.1	2017	1.0

(二)测定货币购买力和职工实际工资

1. 货币购买力指数

货币购买力指数是指单位货币所能购买到的消费品和服务数量。其变动直接由消费品和服务价格的变动所决定,而且与其变动呈相反方向。当价格上涨时,货币购买力下降;而价格下降时,货币购买力上升。所以货币购买力指数与居民消费价格指数呈倒数关系。其计算公式为

$$货币购买力指数 = \frac{1}{居民消费价格指数} \times 100\%$$

如某地区201×年居民消费价格指数为123.90%，则同期货币购买力指数为：

$$\frac{1}{\frac{123.9}{100}} \times 100\% = \frac{100}{123.9} \times 100\% = 80.71\%$$

计算结果表明，该地区201×年货币的币值只相当于该年上一年的80.71%。

2. 职工实际工资指数

货币工资是职工劳动报酬的名义工资收入。用职工货币工资除以居民消费价格指数，才是职工按基期价格计算的实际工资收入。因此，消费品和服务项目的价格变动对职工的实际工资发生直接影响。在一定的货币工资条件下，价格越低，所能购买到的消费品和服务项目的数量越多，反之则越少，所以实际工资的多少与居民消费价格指数呈相反方向变动。即：

$$职工实际工资指数 = \frac{职工平均工资指数}{居民消费价格指数} \times 100\%$$

$$= 职工平均工资指数 \times 货币购买力指数$$

如某地区201×年职工人均工资为47 309元，比上年增长29.4%；同期居民消费价格指数为123.9%，货币购买力指数80.71%，则职工的实际工资指数为

$$\frac{129.4\%}{123.9\%} \times 100\% = 104.44\%$$

或　　　职工实际工资指数＝居民消费价格指数×同期货币购买力指数

$$129.4\% \times 80.71\% = 104.44\%$$

同样，还可以计算：

$$城市居民实际收入指数 = \frac{城市人均收入}{城市居民消费价格指数} \times 100\%$$

$$农民实际纯收入指数 = \frac{农村人均纯收入}{农村居民消费价格指数} \times 100\%$$

实际工资指数是两个不同时期实际工资的对比，反映职工在不同时期得到的货币工资额实际能购买到的消费品和服务项目在数量上的增减变化。

（三）计算商品需求的价格弹性系数

商品的价格变动，必然会引起商品需求量相应变动。当某商品价格上涨时，市场的需求量一般会减少，若其价格下降时，市场的需求量一般会增加。在经济学中，这种现象一般用需求价格弹性来衡量需求数量随商品价格变动而变动的情况。

测定商品需求的价格弹性指标是价格弹性系数。它反映价格变化后，需求量相应变动的程度，对价格决策起着重要的作用。其计算公式为

$$价格弹性系数 = \frac{商品需求量变动率}{价格变动率}$$

用符号表示：

$$|E|_P = \left| \frac{\frac{\Delta_Q}{Q}}{\frac{\Delta_P}{P}} \right|$$

式中：$|E_P|$ 为价格弹性系数绝对值；Q 为商品原需求量；P 为商品价格；Δ 为增量。

计算结果通常有三种情况：

（1）当商品价格变化与商品需求量变化方向相反，则商品价格上涨，需求量减少；当价格下降，需求量增加，表明需求有弹性。

（2）当商品价格变化与商品需求量变化方向一致，则表明需求弹性不足。

（3）当商品价格变化，而商品需求量没有变化，则表明不存在需求弹性。

【例 5-1】 某商品每件价格由 8 元降为 7.60 元，销售量由 1 540 件增加到 2 000 件。则价格弹性系数

$$E_P = \left| \frac{\frac{\Delta_Q}{Q}}{\frac{\Delta_P}{P}} \right| = \frac{\frac{2\,000 - 1\,540}{1\,540}}{\frac{8 - 7.60}{8}} = \frac{\frac{460}{1\,540}}{\frac{0.4}{8}} = \frac{0.299}{0.05} = 5.984$$

计算结果表明，商品价格降低 5%，商品需求量增长 29.9%，需求弹性系数为 5.984，说明需求富有弹性。

此外，由于商品之间存在效用替代性，一种商品的价格变动，除了引起自身需求量的变动外，还会引起相关商品或替代商品需求量的变动。这种现象称为需求交叉弹性，可计算交叉弹性系数。其公式为

$$交叉弹性系数 = \frac{甲商品需求量变动率}{乙商品价格变动率}$$

用符号表示为

$$e_{ij} = \frac{\frac{\Delta_{Q_i}}{Q_i}}{\frac{\Delta_{P_j}}{P_j}}$$

式中：e_{ij} 为商品 j 的需求对商品 i 价格的弹性系数；其他符号与价格弹性系数公式中相同。计算结果可以是正值，也可以是负值。其结果表明乙商品价格变动 1%，引起甲商品需求量增加的百分比。当 $e_{ij} > 0$，为需求增加；当 $e_{ij} < 0$，为需求减少。

需求的价格弹性系数常用于商品定价决策、商品需求量的预测和消费结构变动分析等。

四、股票价格指数

股票是一种特殊的金融商品,其价格有广义和狭义之分。广义的股票价格包括票面价格、发行价格、账面价格、清算价格、内在价格、市场价格等。狭义的股票价格是市场价格,即股票发行市价,它随股市供求行情变化而涨跌。

股票指数是经过精心选择的具有代表性和敏感性的样本股票在某一时点上平均市场价格计算的动态相对数,用来反映某一股市股票价格总变动趋势。习惯上用"点"表示。即以基期为100(或1 000),每上升或下降1个单位称为1点。股票指数计算方法很多。一般以发行量为权数进行加权综合。

股票指数是反映证券市场行情变化的重要指标,是广大证券投资者投资决策分析的重要依据,也是反映一个国家或地区宏观经济态势的"晴雨表"。世界各地的股票市场都有自己的股票价格指数。如美国的道琼斯股价平均数,道-琼斯工业股价平均数、标准普尔股价指数、中国香港恒生指数等,它们各自有其计算方法。

我国内地有上海证券交易所股价指数和深圳证券交易所股价指数。上海证券交易所股价指数是以1990年12月19日为基日(即上证所正式营业日)定为100,以所有上海证券交易所上市的股票为编制范围,以股票发行量为权数的综合股价指数,其计算公式为

$$上证综合指数 = \frac{报告期市价总值}{基日市价总值} \times 100\%$$

式中:分子报告期市价总值等于股票市价乘以发行股数。当报告期市价总值出现非交易因素变动时,如增股、配股、汇率变动时,分母基日市价总值须修正。

深圳证券交易所股价指数有综合股价指数和深圳成分股指数。深圳综合股价指数是以在深圳证券交易所上市的所有股票为对象编制的指数。1991年4月3日为指数基日。1991年4月4日公布,以发行量为权数,纳入指数计算范围的股票称指数股。其计算公式为

$$深圳综合股价指数 = \frac{现时指数股总市值}{基日指数股总市值} \times 100\%$$

深圳成分股指数是以1994年7月20日为基日。基日指数为1 000,于1995年1月23日开始发布。它是采用流通量为权数,是从上市公司中挑选出有一定上市交易日期和上市规模、交易规模、交易活跃的40家具有代表性的成分股计算。计算公式同深圳综合指数。当遇股市结构有所变动,要进行修正。

实训练习题

一、填空题

1. 若不考虑其他影响因素,在编制综合指数时,一般方法是:在编制数量指数时,应将同度量因素固定在_____;编制质量指数时,应将同度量因素固定在_____。

2. 平均数指数的主要形式为_____和_____,若不考虑其他影响因素,则计算公式分别为_____和_____。

3. 统计中,在经济上有联系、在数量上保持一定对等关系的三个或三个以上的指数称为_____。

4. 指数体系中,总量指数等于各因素指数的_____。总量指数发生的绝对增加量等于相应各因素影响的增减量的_____。

5. 某厂201×年产量比前一年增长了13.6%,生产费用增长了12.9%,则该厂201×年单位成本降低了_____。

二、判断题

1. 在实际应用中,计算价格综合指数时,一般采用基期的数量指标为同度量因素。 (　　)

2. 总指数有个体指数和综合指数两种计算形式。 (　　)

3. 可变构成指数＝结构影响指数×固定构成指数。 (　　)

4. 复杂社会现象由两个因素构成,分析各个因素对总体的影响,称为多因素分析。 (　　)

5. 价格指数是数量指标指数。 (　　)

三、单项选择题

1. 狭义指数的含义是(　　)。
   　A. 个体动态指数　　B. 个体定基指数　　C. 综合总指数　　D. 个体指数

2. 同度量因素在计算综合指数中(　　)。
   　A. 只起同度量作用　　　　　　　B. 只起权数作用
   　C. 起权数和同度量作用　　　　　D. 既不起同度量作用,又不起权数作用

3. 按照个体价格指数和报告期销售额计算的价格指数是(　　)。
   　A. 综合指数　　　　　　　　　　B. 平均指标指数
   　C. 加权算术平均数指数　　　　　D. 加权调和平均指数

4. 零售价格上升2%,销售量增加5%,则零售额增长( )。

　　A. 7%　　　　　B. 7.1%　　　　　C. 10%　　　　　D. 107.1%

四、思考题

1. 什么是指数?在经济统计中,它有哪些作用?
2. 什么是数量指标指数和质量指标指数?
3. 综合指数有哪些变形?为什么要变形?
4. 什么是指数体系?怎样利用指数体系进行两因素和多因素分析?
5. 什么是总平均指数?它有哪几种形式?它们之间有何关系?

五、应用能力训练题

1. 已知三种产品的成本和产量资料如下表所示。

产品名称	计量单位	单位成本(元)		产 量	
		基期(Z_0)	报告期(Z_1)	基期(Q_0)	报告期(Q_1)
甲	件	10	8	3 000	5 000
乙	kg	8	6	4 500	7 000
丙	m	6	5.4	10 000	20 000
合计	—	—	—		

要求:

(1) 计算每种产品的个体成本指数、个体产量指数;

(2) 计算三种产品的单位成本总指数;

(3) 计算由于三种产品单位成本报告期比基期降低所节约的生产费用支出总额;

(4) 假定三种产品某时期的不变价格分别为:甲产品15元,乙产品10元,丙产品8.5元。试计算三种产品的总产量指数和由于三种产品产量报告期比基期增加而增加的总产值。

2. 设某农产品收购站基期、报告期的统计资料如下表所示。

农产品等级	收购量(t)		收购价格(元/t)	
	基期(Q_0)	报告期(Q_1)	基期(P_0)	报告期(P_1)
一	24.0	45.0	350	360
二	60.0	90.0	320	328
三	136.0	120.0	300	306
四	82.5	72.6	270	277
合计				

要求：

(1) 分析该站报告期收购某农产品等级构成变动对平均收购价格变动的影响情况，应计算什么统计指数？

(2) 列出计算公式并计算出结果然后进行分析。

3. 某企业报告期四种产品的产量、单位成本、个体成本指数资料如下表所示。

产品名称	产量（件）	单位成本（元/件）	个体成本指数（%）
甲	250	40	80
乙	600	20	90
丙	150	100	85
丁	500	80	75
合计	—	—	

要求：

(1) 计算 4 种产品单位成本总指数；

(2) 计算由于 4 种产品单位成本降低所节约的生产费用支出总额。

4. 某商业企业的统计资料如下表所示。

商品名称	计量单位	商品销售额（万元）		报告期价格比基期降低（%）
		基期（$Q_0 P_0$）	报告期（$Q_1 P_1$）	
甲	件	400	450	10
乙	台	1 400	1 440	4
丙	公斤	225	392	2
丁	盒	100	98	2
合计				

要求：

(1) 用调和平均指数法计算物价总指数；

(2) 计算商品销售量总指数；

(3) 计算由于物价降低居民减少支出的金额；

(4) 分析由于销售量变动对销售额绝对数的影响。

5. 设某市居民以相同的金额，在报告期购买的副食品数量比基期购买同样副食品的数量少 8.5%。要求：计算、分析副食品价格的变动情况。

6. 某集市的商品价格报告期比基期总的下降了 2.5%，商品成交额增长了 7%。要求：计算商品成交量的增长情况。

7. 某公司所属两个工厂的有关资料如下表所示。

工厂名称	基 期		报 告 期	
	平均工人数（人）	总产值（万元）	平均工人数（人）	总产值（万元）
甲厂	200	300 000	360	540 000
乙厂	300	600 000	340	480 000
合计	500	900 000	700	1 020 000

要求：

(1) 计算劳动生产率可变构成指数；
(2) 计算劳动生产率固定结构指数；
(3) 计算劳动生产率结构影响指数；
(4) 建立指数体系，从相对数和绝对数上进行分析。

8. 某工厂两种产品产量和原材料消耗的有关资料如下表所示。

产品名称	产量（万吨）		原材料名称	每吨产品原材料消耗量（t）		每吨原材料价格（元/t）	
	基期 Q_0	报告期 Q_1		基期 Z_0	报告期 Z_1	基期 P_0	报告期 P_1
电石	10	11	石灰石	0.85	0.85	25.0	25.0
			焦炭	0.55	0.55	90.0	86.0
石灰	9	10	石灰石	2.00	2.00	7.0	6.8
			焦炭	0.14	0.15	90.0	86.0

要求：

(1) 分析原材料费用总额变动受各因素变动的影响程度和影响绝对值。
(2) 建立指数体系，作文字分析。

第六章 抽样推断

内容提要

本章阐述了抽样推断的意义、理论依据及不同的抽样调查方案设计,介绍了如何科学、合理地用样本统计指标推断总体指标。通过对样本单位数的计算,帮助读者掌握抽样推断的特征,获得那些未知而必须掌握的又不可能或没必要通过全面调查获得的统计资料。

第一节 抽样调查的意义及其理论依据

一、抽样调查的意义

抽样调查是按照随机原则从总体中抽取一部分单位组成样本,对其进行调查,根据样本指标推断总体指标的一种非全面调查方法。它在现代统计中应用相当广泛。其特点如下。

(一)按随机原则从总体中抽取样本单位

进行抽样调查,从总体中抽取样本时,应排除人们的主观意愿遵守随机原则,使研究现象总体中的每一个单位抽中与否机会均等,这样能使被抽中的单位在总体中具有充分的代表性。这是抽样调查区别于其他调查方法的一个重要特点。

(二)以样本的指标推断全及总体指标

抽样调查是从总体中抽取一部分单位组成样本进行调查研究,根据调查结果以样本指标数据推断与之相应的总体指标数值,从而认识事物的特征,同时又能节省人力、物力和财力,并且能在较短的时间内取得较为可靠的资料,提高功效。

(三)抽样推断的抽样误差可以计算和控制

抽样推断是用样本指标推断总体指标,且其可靠性能得到保证。利用概率论和数理统计的知识,在一定概率条件下可以保证推断总体指标的可靠性,并能在一定误差范围内表明总体指标的准确性,还能通过测定抽样平均误差,事先对抽样误差的大小进行控制,为抽样推断的应用开拓了广阔的领域。

二、抽样推断的作用

由于抽样调查具有上述特点,故广泛应用于天文、地理、医疗、经济等自然科学和社会科学领域的研究中,发挥着重要作用。

(1) 抽样推断可以对某些必须了解其全部情况,但实际又不可能或没必要进行全面调查的现象作研究。如工业产品质量检验中某些属于破坏性的实验,像电灯泡、显像管、手机、轮胎的使用寿命、炮弹的射程和杀伤力及某地大气污染程度等,只能用抽样推断的方法进行检验;有些现象从理论上说,虽然可以用全面调查的方法,但由于总体单位很多或总体单位分散,若进行全面调查工作量太大,实际上也没有必要。如对我国在校学生进行视力检查,若采用全面调查,工作量之大可想而知,实际中可以运用抽样调查来取得资料。

(2) 运用抽样调查方法,可以节省人力、物力和财力,提高时效,降低统计成本。取得事半功倍的效果。某些社会现象总体范围大、单位多,进行全面调查需要花费大量的人力、物力、财力和时间,而采用抽样调查,可以取得事半功倍的良好效果。若采用全面调查方法,对我国四亿多户城乡居民家庭进行家计调查,涉及范围之广、工作量之大、所需的经费之多是可想而知的。而采用抽样调查的方法,既能节约大量人力、物力和财力,又提高了资料的时效性。

(3) 应用抽样调查与全面调查相结合的方法,可以对全面调查的数字资料进行质量检验和修正。如人口普查、经济普查,由于总体范围大而复杂,容易产生误差,利用抽样调查进行评估与修正,可使其更接近实际。我国2000年和2010年进行的第五次、第六次人口普查,通过抽样检验,得出漏登率分别为1.8‰和0.12‰。国际上对人口普查漏报率的共识是,当漏报率在2%以下,便认为是成功的普查,漏报率在2%~4%是可以接受;如果漏报率超过5%,则要对普查资料的使用大打折扣可信度差。中国作为一个拥有近14亿人口的发展中国家,取得这样的结果是令人满意的。又如国务院对我国2008年12月31日进行的第二次全国经济普查采取分层随机等距整群抽样方法,对全国30个省市的数据质量进行了检查,共抽查186个普查地区的21 843个法人单位和产业活动单位(抽样比例为2.46‰),个体经营户24 263个(抽样比例为0.48‰),抽样汇总结果,数据填报综合差错率为4.9‰,数据质量达到预期目标。2016年12月31日上海市进行第三次农业普查,对数据质量抽查结果显示,登记户数漏报率为零,普查指标数据差异率为0.37%,达到设计标准。

(4) 抽样推断可以用于对工业生产中成批生产或大量连续生产产品的工艺过程进行严格的质量控制,检查生产过程是否处于正常状态;还可利用抽样推断对总体进行假设检验,判断真伪,决定取舍。

三、抽样推断中常用的一些基本概念

（一）全及总体和抽样总体

1. 全及总体

全及总体也称母体，是指研究对象的全部单位组成的整体，即具有同一性质的许多单位的集合体，简称总体，在抽样调查中称全及总体。

总体可分为包含的单位数是无限的或相对无限的无限总体和包含的单位数是有限的有限总体。

2. 抽样总体

抽样总体也叫子样，简称样本，这是从全及总体中按照随机原则抽取一部分单位所组成的整体。抽样总体的单位数与全及总体的单位数相比，抽样单位数是很少的。一般来说，当样本单位数 $n>30$ 时的样本称为大样本，当 $n<30$ 时的样本称为小样本。

（二）全及指标和抽样指标

1. 全及指标

根据全及总体各个单位的标志值计算的反映总体某种特征的综合指标，称为全及指标。其指标值是唯一确定的，它是反映总体的某种属性或特征，一般用大写英文字母表示。常用的全及指标有总体平均数、成数、标准差、方差。

（1）全及平均数（总体平均数）（$\bar{X}$）是全及总体单位某一变量值的算术平均数。代表总体单位中某一标志值的一般水平。

（2）全及成数（总体成数）（P）是指全及总体中具有某种标志的单位数在总体中所占的比重。若全及总体中的单位数为 N，全及总体中具有某种标志的单位数为 N_1，则 $P = \dfrac{N_1}{N}$，而不具有这种标志值的单位数为 $1 - P = \dfrac{N - N_1}{N}$。

（3）总体方差（σ^2）和总体标准差（σ），它们是测定全及总体标志变异程度的指标。

2. 抽样指标（样本指标）

抽样指标是根据抽样总体各个单位标志值计算的综合指标，它是随机变量。与全及指标是相对应的，通常用小写英文字母表示。常用的抽样指标有：

（1）抽样平均数（$\bar{x}$）是抽样总体中某一变量值（观察值）的算术平均数。

（2）抽样成数（p）是具有某种标志的单位数在抽样总体中所占的比重。若样本容量

为 n，样本中具有某种标志的单位数为 n_1，则 $p=\dfrac{n_1}{n}$，而不具有这种标志值的单位数为 $1-p=\dfrac{n-n_1}{n}$。

（3）样本方差（S^2）和样本标准差（S）是说明抽样总体标志差异程度的指标。

（三）重复抽样和不重复抽样

1. 重复抽样

重复抽样是从全及总体 N 个单位中随机抽取 n 个样本单位，每次从总体中随机抽出一个样本单位登记后，再放回全及总体中重新参加以后的各次抽取。这种有放回抽样构成的样本是由 n 次独立试验所组成的样本。在抽样过程中，总体的结构不变，总体单位数保持不变，而总体各单位被抽中与否的机会均等。

2. 不重复抽样

不重复抽样是从全及总体 N 个单位中随机抽取 n 个样本单位，当某一单位被随机抽出登记后，不再放回全及总体，即不参加以后的抽取。这样连续进行 n 次抽取，抽出的 n 个样品构成抽样总体。而全及总体中每抽一次就减少一个单位，抽 n 次就减少 n 个单位，抽样完毕时，全及总体中还剩下 $N-n$ 个单位。全及总体中的每一个单位被抽中与否的机会都在变动，n 次抽取也不是互相独立的。

四、抽样调查的理论依据

抽样调查的理论依据是概率论中的大数定律和中心极限定理。

（一）大数定律

大数定律又称大数法则，是随机变量出现的基本规律。其大致内容是，在对某一现象观察过程中由大量相互独立的随机变量构成的总体，受偶然因素的影响，每次所得的结果不同，但经过大量观察并加以综合平均后，消除了偶然因素引起的差异，而接近于总体的平均值，使现象总体某一标志的规律基本共同特征在数量上、质量上显示出来。因此，大数定律为统计学研究现象的数量方面和数量关系提供了数学依据。

（二）中心极限定理

中心极限定理是研究在怎样的条件下，大量随机变量分布之和的极限分布接近于正态分布。在抽样调查中，样本平均数是一种随机变量之和的分布。根据中心极限定理，只要样本容量 n 在充分大的条件下（一般要求 $n>30$），不论全及总体的变量分布是否服从于正态分布,其抽样平均数总是趋近于正态分布的。这为抽样推断提供了极为重要的数学依据和有效方法。利用这种关系,我们只要能够从样本总体中计算出算术平均数和标准差,就可以推断估算出全及总体的相应指标。

第二节 抽样误差的研究

一、抽样误差的概念

(一)抽样误差

在统计调查时,调查取得的资料与实际情况的差异称为统计误差。

统计误差有两种。一是在统计调查和统计资料整理过程中由于登记错误和计算不准而产生的误差。这种登记性误差在全面调查和非全面调查中都有可能发生,或者在抽样调查中主观上违反随机原则,有意识地抽取具有偏大或偏小的某种标志值单位作为样本所产生的误差。这两种误差是可以避免的,我们在研究抽样误差的理论中并不考虑这种误差。二是在抽样调查中,按随机原则抽取样本时,由于样本内部构成与总体内部构成不可能完全一致,肯定存在差异。所以抽样误差就是指样本指标数值与全及总体指标数值之间存在数量上的差别。抽样误差是由用样本指标推断全及总体指标而产生的,亦称代表性误差。因此抽样误差是进行抽样调查所固有的,也是允许存在的、反映抽样总体指标与全及总体指标数值之间的误差。在抽样推断中,我们就是研究并计算这种误差。

不难理解,抽样误差越小,样本指标对全及指标的代表性就越大;反之,抽样误差越大,则样本指标对全及指标的代表性就越小。在抽样调查中,认识抽样误差的性质及其影响因素,乃是抽样推断的中心问题,从而科学地估计和推断全及总体指标。

(二)影响抽样误差的因素

为了计算和控制抽样误差,我们要对影响抽样误差大小的因素进行讨论。

(1)抽样误差的大小与全及总体标志变动程度大小成正比关系变化。当全及总体标志变动程度越大,抽样误差也越大,样本代表性就越小;反之,全及总体标志变动程度越小,抽样误差也小,样本代表性就越大;当全及总体单位的标志值都相等时,则误差为零,抽样指标等于全及指标,抽样误差也就不存在了,每一个总体单位指标都可以代表全及总体指标,也无须抽样调查。

(2)抽样误差的大小与样本单位数的平方根成反比关系变化。在其他条件不变的情况下,当抽样单位数越少,抽样误差就越大,反之,抽样单位数越多,抽样误差就越小,因为抽样单位数越多,样本单位数在全及总体单位中所占比重越大,抽样总体特征就越接近全及总体的基本特征,总体特征越能在样本总体中得到充分反映;当抽样单位数扩大到等于全及总体单位数时,抽样调查就成了全面调查,样本指标就等于全及指标,抽样误差也就不存在了。

(3)抽样误差的大小与不同的抽样方法和抽样组织形式有关。在纯随机抽样条件下,若重复抽样与不重复抽样的样本容量相同,重复抽样误差大于不重复抽样误差。不同的抽样组织方法,其抽样误差也不同,对此我们将在本章第四节详细研究。

二、抽样平均误差的计算

(一)抽样平均误差的意义

抽样平均误差是所有样本平均数(或成数)的标准差,通常用希腊字母 μ 来表示,为便于区别,用 $\mu_{\bar{x}}$ 表示抽样平均数的抽样平均误差,μ_p 表示抽样成数的抽样平均误差。它反映抽样平均数(或抽样成数)与总体平均数(或成数)的平均误差程度。因为抽样总体是从全及总体中随机抽取一部分单位组成的整体,按照排列组合方法,一个全及总体可以组成许多 $\left[C_N^n = \dfrac{N(N-1)(N-2)\cdots(N-n+1)}{n!} \right]$ 个抽样总体,而样本总体的结构不可能与全及总体的结构完全一样,随机抽到各个不同样本单位数组成的样本可以有许多种,它们各有自己的抽样平均数或抽样成数,而且与总体指标又各有不同的抽样误差,我们不可能用某一个样本指标或各个不同的抽样指标来推断总体指标,而是把全部可能出现的一系列抽样指标(抽样平均数与成数)作为随机变量,求出这个随机变量的标准差。在抽样推断中,以此来衡量样本指标对全及指标代表性大小和误差的可能范围,这个随机变量的标准差就是抽样平均误差。从总体中不论抽取由哪些总体单位组成的样本,平均来说会有这么大的误差,抽样误差就是指的抽样平均误差。

抽样平均误差概括地反映整个抽样过程中样本平均数(或成数)与全及总体平均数(或成数)可能出现的误差,表明抽样平均数(或成数)与总体平均数(或成数)的平均误差的程度,所以它可以作为衡量抽样指标对全及指标代表性大小的一种尺度,又是计算抽样指标与全及指标之间变异范围的主要依据,在抽样推断(或估计)中具有极其重要的意义。

(二)抽样平均误差的计算方法

样本指标主要有抽样平均数和抽样成数两种。相应地测定样本指标与总体的平均误差也有两种。下面就纯随机抽样方式分别对其进行研究。

1. 重复抽样情况下抽样平均数的平均误差和抽样成数的抽样平均误差的计算

1) 重复抽样情况下抽样平均数的平均误差的计算

抽样平均数的平均误差,就是抽样平均数的标准差。它反映抽样平均数所有可能值对全及平均数的平均离散程度,即反映抽样误差平均值的大小。其计算公式为

$$\mu_{\bar{x}} = \sqrt{\frac{\sum_{i=1}^{n}(\bar{x}_i - \overline{X})^2}{K}}$$

式中:$\mu_{\bar{x}}$ 为抽样平均数的平均误差;$\bar{x}$ 为抽样总体平均数;$\overline{X}$ 为全及总体平均数;K 为样本平均指标或抽样成数的个数。

上面这个计算公式只是说明抽样平均误差的实质是理论上的计算公式,实际上是不可能直接采用这个公式来计算的。因为实际工作中往往不知道全及总体的平均数($\overline{X}$),而且也不可能去抽取所有可能的样本总体,并计算它们的抽样平均数($\bar{x}$),一般只抽取一个样本总体。数理统计已经证明:在重复纯随机抽样条件下,抽样平均误差与全及总体的标准差成正比,与抽样总体单位数的平方根成反比。利用这种关系,就可以根据一个抽样总体的资料计算抽样平均误差,即

$$\mu_{\bar{x}} = \frac{\sigma}{\sqrt{n}}$$

式中:$\mu_{\bar{x}}$ 为抽样平均数的平均误差;σ 为全及总体标准差;n 为样本总体单位数。

在没有全及总体标准差(σ)资料时,可用抽样总体标准差(S)代替,即

$$\mu_{\bar{x}} = \sqrt{\frac{S^2}{n}} = \frac{S}{\sqrt{n}}$$

2) 重复抽样情况下成数抽样平均误差的计算

成数的抽样平均误差与平均数抽样平均误差计算方法相似。成数是在总体中具有所要研究标志值的单位数所占比重,以 $P = \frac{N_1}{N}$ 表示,另一部分单位不具有这个标志的比重,以 $1-P$ 表示。如在全部工业产品中,一部分是合格品,比重为 P,另一部分是不合格品,比重为 $1-P$。这样的标志称为交替标志。全及总体中具有某一标志的单位数为 N_1,不具有这一标志的单位数为 N_2,全及总体单位总数 $N = N_1 + N_2$。则全及总体中具有所研究标志的单位数的比重(成数)为 $P = \frac{N_1}{N}$,不具有所研究标志的单位数在总体中所占的比重为 $\frac{N - N_1}{N} = \frac{N}{N} - \frac{N_1}{N} = 1 - P$。

成数的标准差为 $\sigma_p = \sqrt{p(1-p)}$,根据前面所述抽样平均误差与样本标准差之间的

关系,则抽样成数的平均误差计算公式为

$$\mu_p = \sqrt{\frac{p(1-p)}{n}}$$

2. 不重复抽样情况下抽样平均数的平均误差和抽样成数平均误差的计算

在纯随机不重复抽样的情况下,只要将重复抽样的公式加以修正即可得到抽样平均误差的计算公式。设 N 表示全及总体单位数,n 表示抽样总体单位数,则 $\frac{n}{N}$ 表示抽中的总体单位数占全及总体单位数中的比重,$\left(1-\frac{n}{N}\right)$ 表示未抽中单位数占全及总体单位数中的比重。因此用 $\left(1-\frac{n}{N}\right)$ 为系数乘以重复抽样平均误差的平方,然后再开平方,得到的平方根,即为不重复抽样条件下平均数的平均抽样误差计算公式:

$$\mu_{\bar{x}} = \sqrt{\frac{\sigma^2}{n}\left(1-\frac{n}{N}\right)}$$

同样,可得不重复抽样条件下抽样成数的平均抽样误差计算公式:

$$\mu_p = \sqrt{\frac{p(1-p)}{n}\left(1-\frac{n}{N}\right)}$$

上面的修正系数 $\left(1-\frac{n}{N}\right)$ 是未抽中部分总体单位数占全及总体单位数的比重,这只有在不重复抽样情况下才会发生,说明不重复抽样的误差小于重复抽样的误差。因为在重复抽样时,把已抽中的单位仍放回到全及总体中去重复参加以后的抽取,全及总体单位数始终不变,全及总体中所有单位抽中与否机会均等;而在不重复抽样时,已抽中的单位不再放回到全及总体中去参加以后的抽取,致使抽样时越往后全及总体单位数越少,每个总体单位抽中的机会越多,因而抽样误差较小。所以用系数 $\left(1-\frac{n}{N}\right)$ 修正原式。

如果当全及总体单位数很大,而样本总体单位数很小时,则 $\frac{n}{N}$ 趋向于零,$\left(1-\frac{n}{N}\right)$ 接近于1,则修正系数作用不大,修正与否对抽样平均误差影响很小。实际中一般按重复抽样公式计算抽样平均误差。

【例 6-1】 某地对 2 800 户农户进行年纯收入调查,抽取 5% 农户作样本,调查结果:201×年每人年平均纯收入为 59 650 元,其年纯收入的均方差为 104.80 元,试计算重复抽样和不重复抽样平均数的抽样平均误差。

已知:$N=2\ 800$(户),$n=2\ 800\times 5\%=140$(户),$\sigma=104.8$(元)。

重复抽样下抽样平均数的抽样平均误差为

$$\mu_{\bar{x}} = \frac{\sigma}{\sqrt{n}} = \frac{104.8}{\sqrt{140}} = 8.86(元)$$

不重复抽样平均数的抽样平均误差为

$$\mu_p = \sqrt{\frac{\sigma^2}{n}\left(1-\frac{n}{N}\right)} = \sqrt{\frac{104.8^2}{140}\left(1-\frac{140}{2\,800}\right)} = 8.63(元)$$

【例 6-2】 某厂生产某产品,按正常生产检验产品中一级品率占 60%。现从 10 000 件产品中抽取 100 件产品进行检验,试按重复和不重复抽样计算一级品率的抽样成数的抽样平均误差。

已知:$p=0.6, 1-p=0.40, N=10\,000$ 件,$n=100$ 件。

重复抽样下抽样成数的抽样平均误差:

$$\mu_p = \sqrt{\frac{p(1-p)}{n}} = \sqrt{\frac{0.6 \times 0.4}{100}} = 4.9\%$$

不重复抽样下抽样成数的抽样平均误差:

$$\mu_p = \sqrt{\frac{p(1-p)}{n}\left(1-\frac{n}{N}\right)} = \sqrt{\frac{0.6 \times 0.4}{100}\left(1-\frac{100}{10\,000}\right)} = 4.88\%$$

由此可见,重复抽样的抽样平均误差大于不重复抽样的抽样平均误差。一般,当抽样单位占全及总体单位的比重 $\frac{n}{N}<5\%$ 情况下,采用重复抽样公式计算抽样平均误差;当抽样单位占全及总体单位的比重 $\frac{n}{N}>5\%$ 情况下,采用不重复抽样公式计算抽样平均误差比较适宜。

值得注意的是,在实际工作中,上述计算公式中的有些资料事先没有掌握。通常用以下方法解决。

① 用历史资料代替,如用以往进行过同类型的全面调查或抽样调查所取得的总体标准差或样本标本差代替。若有多个不同的历史数据,要选择其中最大的。

② 用样本方差(或标准差)代替总体方差或标准差。

③ 用小样本试验去取得。

第三节 全及指标的推断

抽样调查的重要任务之一是用样本指标来推断全及总体指标,如根据样本平均数或成数来推断或估计全及总体平均数或成数。因为这样推断的全及总体指标总是存在一定的误差,所以抽样推断也称抽样估计。按调查目的要求不同,其推断方法也不同。

抽样推断的结果是否优良有三个标准:

(1) 无偏性。当样本指标的数学期望值等于估计值或推断值的总体指标,则这个估计的总体指标称为无偏估计量,当然这并不意味着每一次估计没有随机性误差,而是指每次估计中没有系统性偏差。

(2) 一致性。它是指随着样本容量增大时,估计的总体指标越来越接近总体指标的实际值。

(3) 有效性。它是指无偏性估计的总体指标中方差较小的估计量,即希望那个估计量的离差尽可能小。

一、直接推断法

(一) 点估计

点估计是以样本指标直接估计总体指标的值,不考虑误差及可靠程度,对总体指标准确性要求也不高。这种估计方法简单,只要样本指标对总体指标代表性大,则点估计的准确性也较高。如某地秋收前夕,对水稻亩产进行抽样试割,以样本平均亩产量直接代替该地全部水稻平均亩产,以此估计该地水稻的总产量。

(二) 区间估计

1. 区间估计的意义

区间估计是指根据样本指标和抽样平均误差去推断总体指标的可能范围,并说明估计总体指标的准确程度和可靠性。这种估计方法在统计中被广泛应用。

2. 抽样极限误差($\Delta_{\bar{x}}$, Δ_p)

前面所讲的抽样平均误差是衡量抽样误差的一种尺度,并不是抽样指标数值与全及指标数值之间的实际绝对误差,因为这种实际绝对误差是无法求得的,只能将其控制在一定的可能范围内,这样用抽样指标所推断的全及指标的误差不会超出某一给定的抽样误差范围。因全及总体指标是一个确定值,而样本指标是一个随机变量。它们之间可能产生正离差或负离差,而这个离差无法求出,就用抽样平均误差来计算抽样指标与全及指标离差的可能范围,并用一定的概率控制其不超过某一给定的可能范围。抽样指标与全及指标之间抽样误差的可能范围叫作抽样极限误差,又称允许误差。

抽样极限误差($\Delta_{\bar{x}}$, Δ_p)与全及指标、抽样指标之间有如下关系式:

$$\Delta_{\bar{x}} = |\bar{x} - \bar{X}|, \quad \bar{X} - \Delta_{\bar{x}} \leqslant \bar{x} \leqslant \bar{X} + \Delta_{\bar{x}}$$

$$\Delta_p = |p - P|, \quad P - \Delta_p \leqslant p \leqslant P + \Delta_p$$

上式说明,样本指标$\bar{x}$(或p)在$\bar{X} \pm \Delta_{\bar{x}}$(或$P \pm \Delta_p$)之间变动,变动的范围就是总体指标的估计区间。但是全及指标在推断之前是未知的,于是将上面的不等式变形为实际推断公式：

$$\bar{x} - \Delta_{\bar{x}} \leqslant \bar{X} \leqslant \bar{x} + \Delta_{\bar{x}}, \quad \bar{X} = \bar{x} \pm \Delta_{\bar{x}}$$

$$p - \Delta_p \leqslant P \leqslant p + \Delta_p, \quad P = p \pm \Delta_p$$

上面的抽样极限误差是以抽样平均误差 $\mu_{\bar{x}}$ 或 μ_p 作为衡量标准，把极限误差除以抽样平均误差，表示极限误差为平均误差的若干倍，这个倍数称为概率度（t）。

对于抽样平均数，概率度定义为

$$t = \frac{\Delta_{\bar{x}}}{\mu_{\bar{x}}}$$

则 $\Delta_{\bar{x}} = t \cdot \mu_{\bar{x}}$；$\mu_{\bar{x}} = \dfrac{\Delta_{\bar{x}}}{t}$

同样，对于抽样成数，概率度定义为

$$t = \frac{\Delta_p}{\mu_p}$$

则

$$\Delta_p = t \cdot \mu_p; \quad \mu_p = \frac{\Delta_p}{t}$$

式中：t 为概率度；$\Delta_{\bar{x}}(\Delta_p)$ 为抽样平均数（成数）的极限抽样误差；$\mu_{\bar{x}}(\mu_p)$ 为抽样平均数（成数）的抽样平均误差。

（三）区间推断的可靠程度

数理统计中中心极限定理证明，不管总体是什么分布，只要样本来自同一总体，当样本单位数 $n > 30$ 时，样本平均数近似于服从正态分布，于是就可用正态分布曲线所围成的面积大小来表示，总体指标所包括的范围（$\bar{x} - t \cdot \mu_{\bar{x}} \leqslant \bar{X} \leqslant \bar{x} + t \cdot \mu_{\bar{x}}$），如图 6-1 所示。

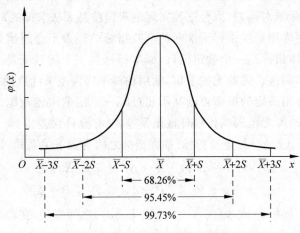

图 6-1　正态分布概率密度曲线

对于一定概率度 t 就有对应的概率 $F(t)$，可从正态分布概率表中查得（见本书末附表 A3），其中，统计中常用的 t 与 $F(t)$ 摘录如表 6-1 所示。

表 6-1　概率度(t)与概率 $F(t)$ 的对应关系表

概率度 t	概率 $F(t)$	概率度 t	概率 $F(t)$
0.67	0.500 0	2.5	0.987 60
1.00	0.682 7	3.0	0.997 30
1.50	0.866 4	4.0	0.999 40
1.96	0.950 0	4.5	0.999 93
2.00	0.954 5	5.0	0.999 99

从表 6-1 中可以看出 t 越大，$F(t)$ 也大，由一个样本组成的区间去衡量总体指标的把握程度也越大；若取 $t=3$，则 $F(t)=0.9973$，即可靠程度有 99.73%，判断错误的概率仅 3‰ 不到。从表 6-1 中还可以看出，对某一具体抽样调查来讲，抽样误差范围越大，推断的可靠程度也越高，但准确程度降低了；反之，要提高推断的准确程度，必须缩小误差范围，而降低了可靠程度。若要求既要达到一定的准确程度，又要有一定的可靠性，则必须控制抽样误差范围。

【例 6-3】　某大学有 500 人参加某课程统考，随机抽查 20% 的学生，所得有关数据如表 6-2 所示。试以 95.45% 的概率保证：

（1）估计全部学生的成绩。

（2）确定成绩在 80 分以上学生所占的比重并估计人数。

表 6-2　某大学某课程统考成绩抽查资料表

按考试成绩分组（分）	组中值 x	各组人数 f(人)	$\dfrac{f_i}{\sum_{i=1}^{n} f_i}$(%)	$x_i \cdot \dfrac{f_i}{\sum_{i=1}^{n} f_i}$	$\dfrac{(x_i-\bar{x})^2 \cdot f_i}{\sum_{i=1}^{n} f_i}$
60 分以下	55	8	0.08	4.40	31.047 2
60~70	65	22	0.22	14.30	20.700 0
70~80	75	40	0.40	30.00	0.066 0
80~90	85	25	0.25	21.25	20.522 5
90~100	95	5	0.05	4.75	20.604 5
合计	—	100	1.00	74.70	98.910 2

解　（1）由于 $\dfrac{n}{N}=20\% > 5\%$，应采用不重复抽样公式计算平均抽样误差：

$$n = 500 \times 20\% = 100(人)，\quad \bar{x} = \sum_{i=1}^{n} x_i \cdot \dfrac{f_i}{\sum f_i} = 74.7(分)$$

$$\sigma = \sqrt{\frac{\sum_{i=1}^{n}(x_i - \bar{x})^2 f_i}{\sum_{i=1}^{n} f_i}} = \sqrt{98.9102} = 9.945(\text{分})$$

因为 $F(t) = 95.45\%$,可查得:$t = 2$,所以

$$\Delta_{\bar{x}} = t \cdot \mu_{\bar{x}} = t \cdot \sqrt{\frac{\sigma^2}{n}\left(1 - \frac{n}{N}\right)} = 2 \times \sqrt{\frac{9.945^2}{100}(1 - 20\%)}$$

$$= 2 \times \sqrt{\frac{98.910}{100}(1 - 20\%)} = 2 \times 0.8895 \approx 1.78(\text{分})$$

$$\bar{X} = \bar{x} \pm \Delta_{\bar{x}} = 74.7 \pm 1.78 = 72.92 \sim 76.48(\text{分})$$

计算结果表明以 95.45% 的概率估计全校学生参加某课程统考成绩平均在 72.92~76.48 分之间。

(2) 设 80 分以上成绩的样本成数 $p = 0.3, 1 - p = 0.7, t = 2$,

$$\mu_p = \sqrt{\frac{p(1-p)}{n}\left(1 - \frac{n}{N}\right)} = \sqrt{\frac{0.3 \times 0.7}{100}(1 - 20\%)} = 4.10\%$$

$$\Delta_p = t \cdot \mu_p = 2 \times 4.10\% = 8.20\%$$

$$P = p \pm \Delta_p = 30\% \pm 8.20\% = 21.80\% \sim 38.20\%$$

估计 80 分以上人数为 $N \cdot P = 500 \times 21.80\% = 109(\text{人}), 500 \times 38.20\% = 191(\text{人})$。计算结果说明,有 95.45% 的可靠性,全校学生参加某课程统考成绩在 80 分以上的人数占全校参加考试学生 500 人的 21.80%~38.20% 之间,估计 80 分以上的人数在 109~191 人之间。

【例 6-4】 某灯泡厂从一批灯泡中随机抽取 100 只进行使用寿命检查,测得其平均使用寿命为 1 250h,标准差为 240h。若推断这批灯泡的使用寿命在 1 178 ~1 322h 之间,其可靠程度有多大?

解

$$\mu_{\bar{x}} = \frac{\sigma}{\sqrt{n}} = \frac{240}{\sqrt{100}} = 24(\text{h})$$

$$\Delta_{\bar{x}} = t \cdot \mu_{\bar{x}} = |\bar{x} - \bar{X}| = |1\,250 - 1\,322| = 72(\text{h})$$

$$t = \frac{\Delta_{\bar{x}}}{\mu_{\bar{x}}} = \frac{72}{24} = 3, \quad F(t) = 99.73\%$$

通过上述计算可知,抽样推断这些灯泡的平均使用寿命在 1 178~1 322h 之间的可靠程度为 99.73%。

【例 6-5】 某机械厂日产某种零件 8 000 只,现用纯随机不重复抽样方式,从中抽取 400 只进行质量检验,其中有 20 只不合格。如果要求推断全部零件的合格率在 92.88%~97.12%之间,问其可靠程度有多大?

解 抽样不合格率为 $1-p=\dfrac{20}{400}=5\%$,合格率为 $p=1-5\%=95\%$,

$$\mu_p=\sqrt{\dfrac{p(1-p)}{n}\left(1-\dfrac{n}{N}\right)}=\sqrt{\dfrac{0.95\times 0.05}{400}\left(1-\dfrac{400}{8\,000}\right)}=1.06\%$$

$$\Delta_p=t\cdot\mu_p=|p-P|=|0.95-0.971\,2|=2.12\%$$

$$t=\dfrac{\Delta_p}{\mu_p}=\dfrac{2.12\%}{1.06\%}=2,\quad F(t)=95.45\%$$

根据上面计算结果可知其可靠程度为 95.45%。

二、修正系数法

修正系数法是将抽样调查资料与全面调查资料作对比,计算差错系数,用来修正全面调查资料的方法,这是抽样调查与全面调查相结合的应用。

【例 6-6】 某地 201×年人口调查资料如表 6-3 所示。

表 6-3 某地 201×年人口调查资料

调查项目	普查时某地区全部人口登记数(人)	抽样复查		差错人口数(人)	差错系数	修正后该地区人口数(人)
		样本全面调查登记人口数(人)	抽样结果(人)			
			遗漏人数	重复人数			
甲	(1)	(2)	(3)	(4)	(5)=(3)-(4)	(6)=(5)/(2)	(7)=(1)×[1+(6)]
总人口数	1 357 550	62 255	1 528	944	584	0.009 38	1 370 284
性别构成							
男	692 352	31 750	795	503	292	0.009 20	698 722
女	665 198	30 505	733	441	292	0.009 57	671 564
年龄构成							
5 岁以下	203 630	11 270	266	148	118	0.010 50	205 768
5~10 岁	149 330	6 858	163	94	69	0.010 10	150 838
⋮	⋮	⋮	⋮	⋮	⋮	⋮	⋮

$$差错系数 = \dfrac{抽样总体复查时登记数 - 抽样总体全面调查时登记数}{全面调查时登记数}$$

$$= \dfrac{抽样总体遗漏登记数 - 抽样总体重复登记数}{全面调查时登记数}$$

$$= 遗漏比率 - 重复比率 = \frac{1\,528 - 944}{62\,255} = 0.009\,38$$

修正后某地全面调查人数 = 全面调查时登记数 × (1 + 差错系数)
$$= 1\,357\,550 \times (1 + 0.009\,38) = 1\,370\,284(人)$$

第四节　抽样方案的设计

在进行抽样调查前,要设计一个科学可行的调查方案组织调查,以取得各项有效的数据。使抽取出来的样本对全及总体具有足够的代表性,同时要考虑在一定抽样调查范围内,抽取足够的样本单位数,以保证用样本指标推断总体指标的准确性和可靠性,还要研究采用什么抽样组织方式、方法,才能使抽样误差最小,费用最省、效率最高。

一、抽样方案设计的基本原则

(一) 保证样本在全及总体中的代表性

组织抽样调查抽取样本时要严格遵守随机原则,完全排除个人的主观臆断,保证总体中每一个单位抽中与否机会均等,充分体现样本对总体有足够代表性。

(二) 节约经费

抽样调查是以样本指标特征推断总体指标特征,用概率来保证推断结果的可靠性。保证在抽样调查取得良好效果的前提下,使抽样调查达到节省人力、物力和时间的目的。

二、样本单位数的确定

因为抽样调查的基本原则是按照随机原则抽取样本,这里主要是研究纯随机抽样必要抽样单位数的确定。

根据数理统计中大数定律,抽样单位数越多,样本指标越接近全及总体指标,抽样误差越小,样本对全及总体的代表性越大,说明抽样推断的准确性越高。但抽样单位数过多,在人力、物力和时间上造成浪费;反过来,如果抽样单位数太少,则抽样误差太大,样本对全及总体的代表性就小,推断结果不准确,失去了抽样调查的意义。所以,抽取样本时,要在允许的抽样误差范围内确定抽取必要的样本单位数,保证抽样调查取得预期的效果。

从前面所叙述的有关抽样调查的理论和抽样极限误差的两个公式,即

$$\Delta_{\bar{x}} = t \cdot \mu_{\bar{x}} = t \cdot \frac{\sigma}{\sqrt{n}} \quad 和 \quad \Delta_p = t \cdot \mu_p = t \cdot \sqrt{\frac{p(1-p)}{n}}$$

我们可以得到影响抽样单位数 n 的主要因素有 3 个。

（1）抽样单位数与被研究总体的标志变动程度有关。当总体标志变动度大时,抽取样本单位就要多些；反之,当总体标志变动度小时,则抽样单位数可以减少些。

（2）抽样单位数与样本对全及总体指标推断结果的精确度高低有关。如果推断的精确度要求高,允许抽样误差应缩小,则抽取样本单位数要增加；反之,推断结果精确度要求低,则抽样单位数可以减少些。

（3）抽样单位数与抽样推断估计的可靠性大小有关。在其他条件不变的情况下,抽样推断的可信度与概率有关,要求推断的可靠性程度越大, t 值也大,则抽样单位数就要增多；反之,抽样单位数就可减少。

根据上述三个因素和抽样极限误差的计算公式,按重复抽样与不重复抽样两种形式推导出必要抽样单位数的计算公式。

（一）在重复随机抽样条件下,必要抽样单位数的确定

用计算抽样平均数的极限抽样误差公式推导必要单位数：由于 $\Delta_{\bar{x}} = t \cdot \dfrac{\sigma}{\sqrt{n}}$,两边平方后得到

$$\Delta_{\bar{x}}^2 = t^2 \cdot \frac{\sigma^2}{n}$$

整理后,则抽样单位数

$$n = \frac{t^2 \sigma^2}{\Delta_{\bar{x}}^2}$$

同理,用计算抽样成数的极限抽样误差的公式,可以推导出抽样单位数：

$$n = \frac{t^2 p(1-p)}{\Delta_p^2}$$

【例 6-7】 对某县农户进行经济收入调查,设已知农户平均年收入的标准差 σ 为 30 元,要求可靠程度为 95%,允许抽样误差为 5 元,问至少要抽多少农户进行调查？

解 已知 $\sigma = 30$ 元, $\Delta_{\bar{x}} = 5$ 元, $F(t) = 95\%$,查表 6-1,得 $t = 1.96$

$$n = \frac{t^2 \sigma^2}{\Delta_{\bar{x}}^2} = \frac{1.96^2 \times 30^2}{5^2} = 138.3 \approx 139 (户)$$

根据计算至少要抽 139 户进行调查。

【例 6-8】 抽查一批某产品的合格率,设过去抽查的合格率为 95%,现要求允许误差不超过 1.5%,可靠程度为 95.45%,问至少要抽查多少个产品？

$$n = \frac{t^2 p(1-p)}{\Delta_p^2} = \frac{2^2 \times 0.95 \times 0.05}{0.015^2} = 844.4 \approx 845 (只)$$

计算结果,至少要抽查 845 个产品。

注意,如果计算结果为小数,则应进为整数,以保证抽样推断的正确性。

从 $n = \dfrac{t^2 \sigma^2}{\Delta_{\bar{x}}^2}$ 可以看出,在重复抽样条件下,抽样单位数多少取决于:

① 与概率度 t 的平方成正比;

② 与标志变动方差 σ^2 成正比;

③ 与极限抽样误差平方成反比,如要求抽样极限误差缩小 1/2,抽样单位数要扩大 4 倍。

(二)在不重复抽样条件下,必要抽样单位数的确定

同样可以根据两个计算抽样极限误差的公式:

$$\Delta_{\bar{x}} = t \cdot \mu_{\bar{x}} = t \cdot \sqrt{\dfrac{\sigma^2}{n}\left(1 - \dfrac{n}{N}\right)}, \quad \Delta_p = t \cdot \mu_p = t \cdot \sqrt{\dfrac{p(1-p)}{n}\left(1 - \dfrac{n}{N}\right)}$$

推导出两个相应的计算抽样单位数的公式:

$$n = \dfrac{Nt^2 \sigma^2}{\Delta_{\bar{x}}^2 N + t^2 \sigma^2}, \quad n = \dfrac{Nt^2 + p(1-p)}{\Delta_p^2 N + t^2 p(1-p)}$$

【例 6-9】 今对 4 000 件出口产品进行质量抽样检验,按不重复随机抽样 1/16 的产品进行检查,发现有 10 件是废品,要求以 95% 概率保证,推断出这批产品的废品率是否会超过 5%?如果要求抽样误差缩小到原来的 1/2,概率不变,则应抽查多少件产品?

解 (1) $N = 4\,000$ 件,$n = \dfrac{4\,000}{16} = 250$(件)

样本废品率 $p = \dfrac{10}{250} = 4\%$,则 $1 - p = 96\%$,$F(t) = 95\%$,$t = 1.96$

$$\mu_p = \sqrt{\dfrac{p(1-p)}{n}\left(1 - \dfrac{n}{N}\right)} = \sqrt{\dfrac{0.04 \times 0.96}{250}\left(1 - \dfrac{250}{4\,000}\right)} = 1.2\%$$

$P = p \pm \Delta_p = P \pm t\mu_p = 4\% \pm 1.96 \times 1.2\% = 4\% \pm 2.35\% = 1.65\% \sim 6.35\%$

根据计算结果,这批产品的废品率会超过 5%。

(2) 已知 $\Delta_p = t \cdot \mu_p = 1.96 \times 1.2\% = 2.35\%$,若将 Δ_p 缩小到原来的 1/2,则

$$\Delta_p' = \dfrac{\Delta_p}{2} = \dfrac{2.35\%}{2} = 1.18\%$$

$$n = \dfrac{Nt^2 p(1-p)}{\Delta_p'^2 N + t^2 p(1-p)} = \dfrac{4\,000 \times 1.96^2 \times 0.04 \times 0.96}{(0.011\,8)^2 \times 4\,000 + 1.96^2 \times 0.04 \times 0.96}$$

$$= \dfrac{590.07}{0.56 + 0.15} = \dfrac{590.07}{0.71} = 831.08 = 832(件)$$

根据计算结果,应抽查 832 件产品。

【例 6-10】 对一批灯泡进行耐用时间检验,过去测定的标准差 40h,合格率为 95%,现要求使用寿命的允许误差不超过 4h,合格率误差范围不超过 2%,并以 95.45% 的概率保证其可靠性,问用两种方法(平均数、成数)计算至少各应抽取几只灯泡?

解 已知 $\sigma=40\text{h}, \Delta_{\bar{x}}=4\text{h}, p=95\%$，则

$$1-p=5\%, \quad \Delta_p=2\%, \quad F(t)=95.45\%, \quad t=2$$

(1)

$$n=\frac{t^2\sigma^2}{\Delta_{\bar{x}}^2}=\frac{2^2\times 40^2}{4^2}=400（只）$$

(2)

$$n=\frac{t^2 p(1-p)}{\Delta_p^2}=\frac{2^2\times 0.95\times 0.05}{0.02^2}=\frac{0.19}{0.000\,4}=475（只）$$

根据计算，两种方法分别应抽取 400 只和 475 只灯泡。

三、抽样调查的组织形式及其抽样误差的计算

按照随机原则从被研究对象总体中抽取一部分单位作为样本进行观察，必须根据调查目的和具体条件，选择不同的抽样组织形式，使抽取的样本充分地代表全及总体。

在统计工作中抽样调查的组织形式主要有纯随机抽样、类型抽样（机械抽样）、等距抽样（分层抽样）和整群抽样 4 种。不同的抽样组织形式，其样本对总体的代表性不同，抽样误差也不相同。

（一）纯随机抽样

纯随机抽样（简单随机抽样）就是从不加任何分类、排队的全及总体中，完全排除人们的主观意愿，从总体中随机抽取样本的方法。具体抽取样本方法视不同情况有三种。

(1) 当全及总体单位数不多时，先将总体单位编号，采用重复或不重复抽样方法，从全及总体单位中随机抽取事先确定样本单位数。

(2) 当全及总体单位数不是很多时，也可将全及总体单位编号，做成卡片按事先确定抽取的样本单位数从卡片中随机抽取。或用摇号机摇出全及总体中任意一个号码。

(3) 当全及总体单位数很多，达到成千上万时，可用随机数字表（见书末附表 A2）抽样，或机器摇号。从随机数字表中任意一行、任意一列开始，在全及总体单位数目以内抽取，超过全及总体单位数字或重复者放弃。

【例 6-11】 从一个有 1 250 户居民区中抽取 35 户进行家计调查，先把全及总体单位 1 250 户都编上号，因为 1 250 是四位数，利用随机数字表（见本书附录表 A2）前四列数字，抽取应调查单位的号码，第一个数字是 1 254，第二个数字是 5 443，因它们都超出全及总体单位 1 250 个数目，故放弃不取；顺次往下到第八个数字为 126，第十个数字为 357，均在全及总体单位数目之内，都抽出来作为样本单位。这样直到抽足 35 户组成抽样总体为止，若前四列数字用完了，可接着用 5、6、7、8 列或 2、3、4、5 列数字继续抽取。前面介绍的第一种、第二种抽取样本方法，也可以用随机数字表抽取。

从理论上说，纯随机抽样最符合抽样调查的随机原则，但在实际应用上存在一定的局限性。如当全及总体单位数 N 很大时，事先要对每个总体单位一一编号，面广量大，有时甚至是不可能的，某些现象事先并不知道全及总体 N 的数目，无法编号，应用纯随机抽样存在一定的难度。如今，对全及总体单位编号通过电脑，则用摇号机摇号。

有关纯随机抽样的理论、方法，我们在前面已作了详细的叙述，其抽样平均误差、极限抽样误差、必要抽样单位数计算公式归纳如表 6-4 所示。

表 6-4 随机抽样有关数据计算公式表

项目	重复抽样		不重复抽样	
	平均数	成数	平均数	成数
抽样平均误差	$\mu_{\bar{x}} = \dfrac{\sigma}{\sqrt{n}}$	$\mu_p = \sqrt{\dfrac{p(1-p)}{n}}$	$\mu_{\bar{x}} = \sqrt{\dfrac{\sigma^2}{n}\left(1-\dfrac{n}{N}\right)}$	$\mu_p = \sqrt{\dfrac{p(1-p)}{n}\left(1-\dfrac{n}{N}\right)}$
抽样极限误差	$\Delta_{\bar{x}} = t \cdot \mu_{\bar{x}}$ $= t \cdot \dfrac{\sigma}{\sqrt{n}}$	$\Delta_p = t \cdot \mu_p$ $= t \cdot \sqrt{\dfrac{p(1-p)}{n}}$	$\Delta_{\bar{x}} = t \cdot \mu_{\bar{x}}$ $= t \cdot \sqrt{\dfrac{\sigma^2}{n}\left(1-\dfrac{n}{N}\right)}$	$\Delta_p = t \cdot \mu_p$ $= t \cdot \sqrt{\dfrac{p(1-p)}{n}\left(1-\dfrac{n}{N}\right)}$
必要抽样单位数	$n = \dfrac{t^2 \sigma^2}{\Delta_{\bar{x}}^2}$	$n = \dfrac{t^2 p(1-p)}{\Delta_p^2}$	$n = \dfrac{N t^2 \sigma^2}{\Delta_{\bar{x}}^2 N + t^2 \sigma^2}$	$n = \dfrac{N t^2 p(1-p)}{\Delta_p^2 + t^2 p(1-p)}$

（二）类型抽样

类型抽样，也称分层抽样，它是统计分组与抽样调查原理的结合运用，即把总体各单位按某一主要标志进行分组（类），然后从各组中随机抽样或等距抽样。这种方法，因为事先进行分组，使组内标志值之间的差异缩小，组内方差也缩小。这样从各组内随机抽取的样本单位分布更接近于全及总体单位分布，提高了样本对总体的代表性，缩小了抽样误差。这种方法适用于全及总体单位数较多、内部结构较复杂，且各单位标志值差异较大的情况，运用此法能取得较满意的效果，因而在实际工作中得到广泛应用。

类型抽样中样本单位的分配方法有两种。一种是按各类单位数占全及总体单位数比例大小来确定应抽的样本单位数，不考虑各类型组的标志变异程度，这种方法叫**类型比例抽样**，在实际中，大多采用这种方法。另一种是按各类型组标志变异程度来确定应抽取的样本单位数，凡标志变异程度大的组多抽一些，反之少抽一些，各组抽样比例不等，这种方法称为**类型适宜抽样**。

1. 类型比例抽样有关指标的计算方法

类型比例抽样是按各类型组的单位数占全及总体单位数的比重，从各类中确定抽取样本单位数。设将全及总体单位数 N 分成 k 个类型组,即各类的单位数为 $N_1, N_2, N_3, \cdots, N_k$,然后从每类中按比例随机抽取的样本单位数,分别为 $n_1, n_2, \cdots, n_k$,且各组的样本单位数 n_i 与全及总体单位中各类数 N_i 的比例 $\dfrac{n_i}{N_i}(i=1,2,\cdots,k)$ 是相等的,得到 $\dfrac{n_1}{N_1} = \dfrac{n_2}{N_2} = \cdots = \dfrac{n_k}{N_k} = \dfrac{n}{N}$,则各类型组应抽取的样本单位数 $n_i = \dfrac{N_i}{N} \cdot n$,各组样本单位之和 $\sum\limits_{i=1}^{k} n_i = n$ 构成抽样总体的容量。

据此,分别求出每一组的抽样平均数($\bar{x}_i$)和抽样成数平均数($\bar{p}_i$),然后再以各组的总体单位数(N_i)或各组样本单位数(n_i)为权数,计算出抽样总体的抽样平均数($\bar{x}$)和抽样成数平均数($\bar{p}$)。

$$\bar{x} = \dfrac{\sum\limits_{i=1}^{k} \bar{x}_i N_i}{N} \quad \text{或} \quad \bar{x} = \dfrac{\sum\limits_{i=1}^{k} \bar{x}_i n_i}{n}$$

$$\bar{p} = \dfrac{\sum\limits_{i=1}^{k} p_i N_i}{N} \quad \text{或} \quad \bar{p} = \dfrac{\sum\limits_{i=1}^{k} p_i n_i}{n}$$

因为类型比例抽样的平均误差不仅与样本容量(n)有关,而且与类型组组内方差(σ_i^2)的平均数($\bar{\sigma}^2$)也有关,所以若是重复抽样,抽样平均误差公式为

$$\mu_{\bar{x}} = \sqrt{\dfrac{\bar{\sigma}^2}{n}}, \quad \Delta_{\bar{x}} = t \cdot \mu_{\bar{x}} = t \cdot \sqrt{\dfrac{\bar{\sigma}^2}{n}}$$

式中:

$$\bar{\sigma}^2 = \dfrac{\sum\limits_{i=1}^{k} \sigma_i^2 N_i}{N} \quad \text{或} \quad \bar{\sigma}^2 = \dfrac{\sum\limits_{i=1}^{k} \sigma_i^2 n_i}{n}$$

成数的抽样平均误差公式为

$$\mu_p = \sqrt{\dfrac{\overline{p(1-p)}}{n}}, \quad \Delta_p = t \cdot \mu_p = t \cdot \sqrt{\dfrac{\overline{p(1-p)}}{n}}$$

式中:

$$\overline{p(1-p)} = \dfrac{\sum p_i(1-p_i) N_i}{N} \quad \text{或} \quad \overline{p(1-p)} = \dfrac{\sum p_i(1-p_i) n_i}{n}$$

不重复抽样时其相应公式为

$$\mu_{\bar{x}} = \sqrt{\dfrac{\bar{\sigma}^2}{n}\left(1-\dfrac{n}{N}\right)}, \quad \Delta_{\bar{x}} = t \cdot \mu_{\bar{x}} = t \cdot \sqrt{\dfrac{\bar{\sigma}^2}{n}\left(1-\dfrac{n}{N}\right)}$$

$$\mu_p = \sqrt{\dfrac{\overline{p(1-p)}}{n}\left(1-\dfrac{n}{N}\right)}, \quad \Delta_p = t \cdot \mu_p = t \cdot \sqrt{\dfrac{\overline{p(1-p)}}{n}\left(1-\dfrac{n}{N}\right)}$$

【例 6-12】 某农场种植某种农作物 1 200 亩地,按其土地肥沃情况分为甲、乙、丙三类,按 5% 比例抽取 60 亩作样本,进行抽样调查,计算其有关数据如表 6-5 所示,并以 95.45% 的可靠性推断农作物亩产可能范围。

表 6-5 某农产品抽样调查指标计算表

土地肥沃类别	全部面积(亩) N_i	抽查面积(亩) n_i	抽样平均亩产 (公斤/亩) $\bar{x}_i$	亩产标准差 (公斤/亩) σ_i
甲	600	30	600	20
乙	360	18	460	35
丙	240	12	400	36
合计	1 200	60	518	25.4

因为抽样单位数为 5%,可用重复抽样公式计算。

类型比例抽样平均数的平均误差及其有关指标的计算如下:

$$\bar{x} = \frac{\sum n_i \bar{x}_i}{\sum n_i} = \frac{30 \times 600 + 18 \times 460 + 12 \times 400}{30 + 18 + 12} = \frac{31\,080}{60} = 518 (公斤)$$

$$\bar{\sigma}^2 = \frac{\sum n_i \sigma_i^2}{\sum n_i} = \frac{30 \times 20^2 + 18 \times 35^2 + 12 \times 36^2}{30 + 18 + 12} = \frac{38\,802}{60} = 646.7 (公斤)$$

$$\mu_{\bar{x}} = \sqrt{\frac{\bar{\sigma}^2}{n}} = \sqrt{\frac{646.7}{60}} = 3.3 (公斤)$$

$$\Delta_{\bar{x}} = t \cdot \mu_{\bar{x}} = 2 \times 3.3 = 6.6 (公斤)$$

$$518 - 6.6 \leqslant \bar{X} \leqslant 518 + 6.6, \quad 511.4 \leqslant \bar{X} \leqslant 524.6$$

若以 95.45% 的可靠性推断,其平均亩产在 511.4~524.6 公斤之间。

2. 类型适宜抽样有关指标的计算方法

类型适宜抽样是根据各组标志变异程度(标准差或全距)的差异来确定抽取样本单位数的多少。因此,各组抽取单位数的比例不同 $\left(\frac{N_i}{N} \neq \frac{n_i}{n}\right)$

各类型组抽取样本单位数

$$n_i = \frac{N_i \sigma_i}{\sum N_i \sigma_i} \cdot n$$

【例 6-13】 某市某街道从 10 000 户居民中取 200 户进行家庭收入调查,在这一万户居民中高收入者(N_1)为 1 600 户,中等收入者(N_2)为 3 400 户,低收入者(N_3)为 5 000 户,设这些类型组的标准差分别为 $\sigma_1=30$ 元，$\sigma_2=20$ 元，$\sigma_3=15$ 元，试计算其抽样平均误差。

高收入者抽样户数：

$$n_1 = \frac{N_1\sigma_1}{\sum N_i\sigma_i} \cdot n = \frac{1\,600\times 30}{1\,600\times 30 + 3\,400\times 20 + 5\,000\times 15}\times 200$$

$$= \frac{9\,600\,000}{191\,000} = 50(\text{户})$$

同理，计算出中等收入者和低收入者抽取户数分别为 71 户、79 户。在实际工作中，各类型组的标准差事先并不知道，可用各组样本标准差 S_i 代替上式中的类型组标准差（σ_i）。

计算各组组间方差的平均数：

$$\bar{\sigma}^2 = \frac{\sum N_i\sigma_i^2}{N} = \frac{30^2\times 1\,600 + 20^2\times 3\,400 + 15^2\times 5\,000}{10\,000}$$

$$= \frac{3\,925\,000}{10\,000} = 392.5(\text{元})$$

重复抽样的抽样平均数的平均误差为

$$\mu_{\bar{x}} = \sqrt{\frac{\bar{\sigma}^2}{n}} = \sqrt{\frac{392.5}{200}} = 1.4(\text{元})$$

不重复抽样的抽样平均数的平均误差为

$$\mu_{\bar{x}} = \sqrt{\frac{\bar{\sigma}^2}{n}\left(1-\frac{n}{N}\right)} = \sqrt{\frac{392.5}{200}\left(1-\frac{200}{10\,000}\right)} = 1.39(\text{元})$$

计算结果表明用重复与不重复抽样两种方法计算的某市某街道居民家庭收入的抽样平均误差分别为 1.4 元和 1.39 元。

（三）等距抽样

等距抽样，又称机械抽样，这是对所要调查的全及总体单位数，按某一标志顺序编号排队，然后按照固定顺序和相等的间隔从中抽取样本单位的抽样推断组织方式。选择排队的标志可以与调查项目有关，也可以与其无关。

1. 按无关标志排队

这是按与调查项目的无关标志排队。如按时间、地区、姓氏笔画、门牌号码、账户顺序等排队，然后按相等间隔顺序抽取样本单位。这种方法等同于随机抽样，其抽样误差可以用前面讲过的随机抽样公式计算。

2. 按有关标志排队

这是根据与调查项目有直接联系的标志顺序排队。如前面讲的某农产品收获量按土地肥沃程度排队、职工收入按工资收入高低排队等，这样抽取的样本总体缩小了各单位标志值之间的差异,又具有充分的代表性,可以取得准确性较高的可靠资料。这种方法具有类型抽样的性质,其抽样误差从理论上讲可以参照类型抽样误差计算的公式进行计算。而实际中每一间隔内的方差是无法计算的,一般用纯随机不重复抽样公式计算。

等距抽样一般都是用不重复抽样,只是要避免抽样间隔和现象本身的节奏性、周期性重合,以防止产生系统性偏差,影响样本对总体的代表性。

【例 6-14】 某银行储蓄所月终按定期储蓄存款账户进行每隔 5 户的等距抽样,得到如表 6-6 所示资料。试以 95.45％概率估计下列指标范围:

(1) 平均每户定期存款数。

(2) 定期存款 300 百元以上的比重。

表 6-6 某银行储蓄存款抽样调查计算表　　　　　　　　单位：百元

存 款 金 额	组中值 x	户数 n	$x \cdot n$	$(x_i - \bar{x})$	$(x_i - \bar{x})^2 \cdot n_i$
1～100	50.5	58	2 929	−293.5	4 996 250.5
100～300	200.0	150	30 000	−144.0	3 110 400.0
300～500	400.0	200	80 000	56.0	627 200.0
500～800	650.0	62	40 300	306.0	5 805 432.0
800 以上	950.0	14	13 300	606.0	514 304.0
合计	—	484	166 529	—	15 053 586.5

解 (1) 平均每户定期存款数:

$$\bar{x} = \frac{\sum_{i=1}^{n} x_i \cdot n_i}{\sum_{i=1}^{n} n_i} = \frac{166\,529}{484} = 344.07(百元)$$

$$\sigma^2 = \frac{\sum_{i=1}^{n}(x_i - \bar{x})^2 n_i}{\sum_{i=1}^{n} n_i} = \frac{15\,053\,586.50}{484} = 31\,102.45(百元)$$

$$\mu_{\bar{x}} = \sqrt{\frac{\sigma^2}{n}\left(1 - \frac{n}{N}\right)} = \sqrt{\frac{(31\,102.45)^2}{484}\left(1 - \frac{484}{484 \times 5}\right)} = 7.17(百元)$$

平均每户定期存款 $= \bar{x} \pm \Delta_{\bar{x}} = \bar{x} \pm t \cdot \mu_{\bar{x}} = 344.07 \pm 2 \times 7.17$,即在 329.60 百元～358.34 千元之间。

(2) 存款 300 百元以上户数的比重:

$$p = \frac{200 + 62 + 14}{484} = \frac{276}{484} = 0.570\,2$$

$$1 - p = 1 - 0.570\,2 = 0.429\,8$$

$$\mu_p = \sqrt{\frac{p(1-p)}{n}\left(1-\frac{n}{N}\right)} = \sqrt{\frac{0.5702 \times 0.4298}{484}\left(1-\frac{1}{5}\right)} = 2.01\%$$

存款 300 百元以上户数占全部储蓄的比重为

$$p = p \pm \Delta_p = p \pm t \cdot \mu_p = 57.02\% \pm 2 \times 2.01\% = 57.02 \pm 4.02\%$$

即在 53%～61.04%之间。

（四）整群抽样

上面讲述的三种抽样组织形式，都是从全及总体单位中逐个地抽取样本单位组成抽样总体。但在有些情况下，如总体很大，为了工作需求与方便，采用抽取几群总体单位组成样本进行调查。

所谓整群抽样是将全及总体单位划分为若干群或组，然后按随机抽样方式或等距抽样方式，从中成群（成组）地抽取样本单位，对抽中的群（组）中所有单位逐个进行调查的一种抽样方法。如对成批连续生产的工业产品在其生产过程中每隔 10 小时抽取 1 小时的全部产品进行质量检查等。

设全及总体单位划分为 R 群，每群有 M 个总体单位，从 R 群中抽取 r 群组成抽样总体，对 r 群中所有的单位进行调查，其抽样平均误差计算步骤可以归纳如下。

(1) 计算样本中各群的平均数 $\bar{x}_i = \frac{\sum_{i=1}^{n} x_i}{M}$，样本中各群成数的平均数 $\bar{p}_i = \frac{M_1}{M}$。

(2) 计算样本平均数 $\bar{x} = \frac{\sum_{i=1}^{n} \bar{x}_i}{r}$，样本成数的平均数 $\bar{p} = \frac{\sum_{i=1}^{n} \bar{p}_i}{r}$。

(3) 计算平均数的群间方差，即计算各群平均指标或成数对全部样本平均指标或成数的标准差平方。

平均数群间方差：

$$\delta^2 = \frac{\sum_{i=1}^{n}(\bar{X}_i - \bar{X})^2}{R} \quad 或 \quad \delta_x^2 = \frac{\sum_{i=1}^{n}(\bar{x}_i - \bar{x})^2}{r}$$

成数的群间方差：

$$\delta^2 = \frac{\sum_{i=1}^{n}(P_i - P)^2}{R} \quad 或 \quad \delta^2 = \frac{\sum_{i=1}^{n}(p_i - p)^2}{r}$$

整群抽样平均误差不仅与抽样群数 r 有关，而且还与各群间的标志变异程度群间方差 δ^2 有关，各群间标志变异程度越大，则抽样平均误差也大，反之则小。

(4) 整群抽样一般都用不重复抽样，其抽样平均误差计算公式为

抽样平均数的抽样平均误差和抽样极限误差

$$\mu_{\bar{x}} = \sqrt{\frac{\delta_{\bar{x}}^2}{r}\left(\frac{R-r}{R-1}\right)}$$

则

$$\Delta_{\bar{x}} = t \cdot \mu_{\bar{x}} = t \cdot \sqrt{\frac{\delta_{\bar{x}}^2}{r}\left(\frac{R-r}{R-1}\right)}$$

抽样成数的平均抽样误差和极限误差

$$\mu_p = \sqrt{\frac{\delta_p^2}{r}\left(\frac{R-r}{R-1}\right)}$$

则

$$\Delta_p = t \cdot \mu_p = t \cdot \sqrt{\frac{\delta_p^2}{r}\left(\frac{R-r}{R-1}\right)}$$

当全及总体群数 R 较多,而样本群数 r 较少时,$\frac{R-r}{R-1}$ 可以近似为 $1-\frac{r}{R}$。

【例 6-15】 某水泥厂大量连续生产 50 公斤袋装水泥,一昼夜产量为 14 400 袋,平均每分钟为 10 袋(10 袋为 1 群),现确定每隔 144 分钟抽取 1 分钟的水泥产量进行包装质量检验,在某一昼夜中共抽 10 分钟的产量为 $10 \times 10 = 100$ 袋进行检验。要求计算其抽样平均数的抽样平均误差和成数的抽样平均误差。

解

$$R = 24 \times 60 = 1\,440(群), \quad r = \frac{1\,440}{144} = 10(群)$$

根据已知条件计算有关数据如表 6-7 所示。

表 6-7 某水泥厂×日水泥质量检验计算表

样本编号	各群平均每袋重量 $\bar{x}_i$(公斤)	与样本平均数的离差 $\bar{x}_i - \bar{x}$	离差平方 $(\bar{x}_i - \bar{x})^2$	各群一级品包装质量比重 p_i(%)	$(p-\bar{p})^2$ (%)
1	49	−1.5	2.25	0.80	0
2	51	0.5	0.25	0.75	0.25
3	52	1.5	2.25	0.83	0.09
4	53	2.5	6.25	0.82	0.04
5	50	−0.5	0.25	0.80	0
6	49	−1.5	2.25	0.79	0.01
7	50	−0.5	0.25	0.78	0.04
8	48	−2.5	6.25	0.80	0
9	50	−0.5	0.25	0.81	0.01
10	53	2.5	6.25	0.82	0.04
合计	50.5	—	26.5	0.80	0.48

(1) 计算每群水泥重量的平均离差,求出群间方差 $\delta_{\bar{x}}^2$ 后,计算平均数的抽样平均误差。

$$\delta_{\bar{x}}^2 = \frac{\sum_{i=1}^{n}(\bar{x}_i - \bar{x})^2}{r} = \frac{26.5}{10} = 2.65(公斤)$$

$$\mu_{\bar{x}} = \sqrt{\frac{\delta_{\bar{x}}^2}{r}\left(1 - \frac{r}{R}\right)} = \sqrt{\frac{2.65}{10}\left(1 - \frac{10}{1\,440}\right)} = 0.5(公斤)$$

(2) 计算抽样成数的平均误差,求出其群间方差后,计算成数的抽样平均误差。

$$\sigma_p^2 = \frac{\sum_{i=1}^{n}(p_i - \bar{p})^2}{r} = \frac{0.48\%}{10} = 0.048\%$$

$$\mu_p = \sqrt{\frac{\sigma_p^2}{r}\left(1 - \frac{r}{R}\right)} = \sqrt{\frac{0.048\%}{10} \times \left(1 - \frac{10}{1\,440}\right)} = \sqrt{0.048\% \times 0.9931} = 0.69\%$$

整群抽样的优点是组织工作简便,确定抽取一群后,可以抽出许多个单位进行观察,但因为以群(组)为单位抽取,所以抽取的单位比较集中,容易造成样本分布在总体中分布差异较大,所以,样本单位对全及总体单位代表性较差,抽样误差较大。在实际工作中应用此法时,一般以抽取较多的单位来降低抽样误差,提高抽样结果的准确程度。

表 6-8　各种抽样组织方式抽样平均误差计算表

抽样形式与方法		样本统计指标	计算抽样平均误差公式	备注
简单随机抽样	重复	平均数	$\mu_{\bar{x}} = \sqrt{\frac{\sigma^2}{n}} = \frac{\sigma}{\sqrt{n}}$	$\sigma^2, p(1-p)$
		成数	$\mu_p = \sqrt{\frac{p(1-p)}{n}}$	
	不重复	平均数	$\mu_{\bar{x}} = \sqrt{\frac{\sigma^2}{n}\left(1 - \frac{n}{N}\right)}$	
		成数	$\mu_p = \sqrt{\frac{p(1-p)}{n}\left(1 - \frac{n}{N}\right)}$	
整群抽样	不重复	平均数	同简单随机抽样	
		成数	同类型抽样	
等距抽样	不重复	无关标志排队	同简单随机抽样	
		有关标志排队	同类型抽样	

实训练习题

一、判断题

1. 重复抽样的抽样误差一定大于不重复抽样的抽样误差。（ ）
2. 允许抽样误差可以和抽样误差一样大,也可以比它大或比它小。（ ）
3. 人们可以有意识地控制抽样误差的大小,因为可以调整总体方差。（ ）
4. 等距抽样可以采用重复抽样方法,也可以采用不重复抽样方法。（ ）

二、单项选择题

1. 在其他条件不变的情况下,重复抽样的误差(   )。
   A. 一定大于不重复的抽样误差 B. 不一定大于不重复的抽样误差
   C. 一定小于不重复的抽样误差 D. 一定等于不重复的抽样误差

2. 在其他条件相同下,若重复抽样的极限抽样误差扩大为原来 2 倍,则样本单位数为(   )。
   A. 原来的 2 倍   B. 原来的 4 倍
   C. 原来的 1/2   D. 原来的 1/4

3. 抽样平均误差反映了样本指标与总体指标之间的(   )。
   A. 实际误差   B. 实际误差的绝对数
   C. 平均误差   D. 可能误差范围

4. 反映抽样指标与总体指标之间抽样误差的可能范围指标是(   )。
   A. 抽样平均误差   B. 抽样极限误差   C. 抽样误差   D. 概率度

5. 按地理区域划片所进行的区域抽样,其抽样方法属于以下哪一种抽样组织形式(   )。
   A. 简单随机抽样   B. 分层抽样   C. 整群抽样   D. 等距抽样

6. 事前将全及总体单位按某一标志分组,然后以固定间隔或一定比例来抽取样本单位的抽样组织形式,被称为(   )。
   A. 分层抽样   B. 等距抽样   C. 简单随机抽样   D. 整群抽样

7. 在抽样调查中(   )。
   A. 既有登记误差,也有代表性误差
   B. 只有登记误差,没有代表性误差
   C. 没有登记误差,只有代表性误差
   D. 既没有登记误差,也没有代表性误差

三、思考题

1. 什么叫抽样调查？它有哪些特点和重要作用？
2. 在抽取样本单位时，应遵循什么原则？为什么？
3. 什么是全及总体与全及指标？什么是抽样总体与抽样指标？它们有什么区别？
4. 什么是抽样平均误差？判别影响抽样平均误差的因素有哪些？
5. 什么是抽样极限误差？它与概率度、抽样平均误差存在什么关系式？
6. 什么是分层（类型）抽样、整群抽样？它们各自的抽样误差如何计算？

四、应用能力训练题

1. 某厂质检部门对 50 000 个零件进行检查，随机抽查 225 个零件，发现其中有 18 个不合格。

要求：

(1) 试按概率 68.27％保证，推断该批零件的废品率。
(2) 若按概率 95.45％保证，该批零件的废品率是多大？

2. 某厂对一批日光灯管作使用寿命抽样测试，抽取 100 只日光灯管，其平均使用寿命为 2 000h，标准差(σ)为 46h。

要求：

(1) 按 68.27％的概率推断该批日光灯管的平均使用寿命范围。
(2) 设极限抽样误差范围为 5.75h，现要求极限抽样误差范围缩小到原来的 1/2，概率仍为 68.27％，问应抽多少只日光灯管？
(3) 若要使极限抽样误差范围缩小到原来的 1/3，概率为 99.73％，问应抽查多少只灯管？
(4) 试述抽样单位数、极限抽样误差范围和概率三者之间的关系。

3. 对某种鞋子进行耐穿时间测试，经两次抽检，得知各自的标准差为 60 天和 75 天。试问在抽样误差范围不超过 20 天，概率为 95％的条件下，至少应抽取多少双鞋子？

4. 某产品某月末库存共有 1 200 件，按其质量差异分为 A、B、C 三类，现按库存比例抽取 60 件，测得有关数据如表 6-9 所示。

表 6-9　某产品质量抽样调查资料表

产品类型	产品数量（件）	抽样使用小时（小时）	标准差（小时）
A	600	600	20
B	360	460	25
C	240	400	36
合计	1 200	—	—

要求：用类型比例抽样法推断商品的平均使用小时的可能范围，并以 95.45% 的概率保证。

5. 某市某镇从 20 000 户居民中取 200 户进行家计调查。在这 20 000 户居民中高收入为 3 200 户；中等收入为 6 800 户；低收入为 10 000 户。设三类居民收入的标准差分别为 300 元、200 元、150 元。试用类型适宜抽样计算其抽样平均误差。

6. 某食品厂大量连续生产 5 公斤袋装食品，一昼夜产量为 57 600 袋，平均每分钟生产 40 袋，现决定每隔 144 分钟抽取 1 分钟的食品产量进行包装质量检验，所得资料如表 6-10 所示。

表 6-10　某种袋装食品包装质量检验表

样本编号	1	2	3	4	5	6	7	8	9	10	合计
各群平均每袋重量(公斤)	4.9	5.1	5.2	5.3	5.0	4.9	5.0	4.8	5.0	5.3	5.05
各群一级品包装质量比重(%)	80	75	83	82	80	79	78	80	81	82	80

要求：计算每袋食品平均重量的平均抽样误差和一级品率比重的抽样平均误差。

第七章 相关分析与回归分析

内容提要

社会现象、经济现象和各种自然现象都是在互相联系、互相制约中存在并不断发展变化的。一种现象的存在和发展,往往影响其他现象的发生和发展;众多事物此消彼长的变化,又会影响与之相关事物的发展变化;现象整体的发展,受制于其内部各个因素的彼此关联与变化推动,也受到总体外部环境及相关条件的制约与影响,这已是众所周知的事实。相关与回归分析,正是研究和解释现象与现象、事物与事物彼此之间依存度、关联度和因果关系的统计方法。随着计算机的不断普及和发展,在现代管理科学、自然科学、特别是计量经济的研究中,相关与回归分析的作用越来越重要、内容越来越丰富、方法越来越先进。

本章主要介绍相关与回归分析的意义和种类,两者的联系与区别。相关关系的判断方法,相关表,相关图的制作,相关系数的计算,回归分析中有一元线性回归模型的概念及回归方程的配合。

第一节 相关分析基本概念

一、经济变量间的统计关系及其分类

(一) 经济变量间的统计关系

在现实中,任何事物或现象都不是孤立存在的,而是相互联系、相互制约、相互依存的。当某一现象发生变化时,另一现象也会随之发生变化。如商品价格的变化会刺激或抑制商品销售量的变化;劳动生产率的高低会影响企业经济效益变动;直接材料、直接人工价格变化会影响产品成本的升降;居民收入的高低会影响商品的需求量等。研究这些现象之间的依存关系,找出它们之间的变化规律,对搜集、整理过的统计数据进行分析,为客观、科学地决策提供依据。

经济变量间的依存关系分成函数关系和相关关系两种。

1. 函数关系

函数关系是指现象之间在数量上存在固定的、严格的依存关系。表现为当一个自变量数值变动，另一个因变量数值会发生相应的变动，而且有确定的值与之相对应。如圆的半径 r 与圆的面积 S 之间的关系，银行存款本金与利息之间的关系，都属于函数关系，可用 $y=f(x)$ 表示。

2. 相关关系

相关关系是指现象之间存在着一种非确定性的数量依存关系，即一种现象发生数量变化时，另一种现象的数量也会相应地发生变化，但其数量变化不是唯一确定的，而是在一定的范围内发生波动。但通过大量观察，仍然可以发现它们之间具有内在的变化规律。

（二）相关关系的分类

现象之间的联系是复杂的，其相关关系可以表现为各种不同的类型和形式，可从不同角度进行分类。

1. 按相关关系所涉及变量的多少分类

按相关关系所涉及的变量多少可分为单相关、复相关和偏相关。

单相关，也称一元相关，它是指只涉及两个变量之间的相关关系，如商品销售量与销售价格的关系——若销售价格变动会影响销售量需求。本章主要介绍单相关关系。

复相关，又称多元相关，工人劳动生产率是指一个因变量与多个自变量之间的相关关系。如产品产量与生产设备、工人出勤率、工人技术水平等因素相关。

偏相关是指在一个因变量与多个自变量相关的条件下，在假定其他变量不变时，其中因变量与某个自变量的相关关系称为偏相关。例如，在假定商品价格不变的条件下，该商品的需求量与消费者收入水平的相关关系即为偏相关。

2. 按相关关系的表现形式不同分类

按相关关系的表现形式不同可分为线性相关和非线性相关。

线性相关是指当一个变量变动时，另一变量随之发生大致相同的变动，从图形上看，其观察点的分布近似表现为一条直线。例如，人均消费水平与人均收入水平通常呈线性关系；施肥量在某一区间内，当其数量增加时，农作物的亩产量会随之增加。

非线性相关是指一个变量变动时，另一个变量也随之发生变动，但这种变动不是确定的。从图形上看，其观察点的分布近似表现为一条曲线，如抛物线、指数曲线等，因此也称为曲线相关。如人口的死亡率,婴幼儿时期死亡率高;随着年龄的增长,人的抵抗力增强,青壮年死亡率下降;再随着年龄不断增大,人体机能衰退,死亡率又上升,呈现出指数曲线型变化。

3. 按相关方向不同分类

按相关方向的不同可分为正相关关系和负相关关系。

当一个变量数值增加(或减少),另一个变量的数值也相应地随着增加(或减少),即相关的两个变量的变化方向相同,则称其为正相关。如劳动生产率提高,产品产量也相应增加。

如果一个变量数值增加(或减少),另一个变量的数值反而减少(或增加),即相关的两个变量的变动方向相反,则称其为负相关。

4. 按变量之间相关程度分类

按变量之间相关程度可分为完全相关、不完全相关和无线性相关。

变量之间有一种确定性的函数关系,称完全相关。例如,在价格不变的条件下,销售额与销售量之间的关系即为完全相关,此时相关关系便成为函数关系,因此,函数关系是相关关系的一个特例;如果变量之间存在相关关系,但不存在严格的函数关系,则称为不完全相关;当变量之间彼此独立,相互之间无任何联系,不存在相关关系,称为完全不相关。不相关又称零相关,是指当变量之间彼此互不影响,其数量变化各自独立,则变量之间为不相关。例如,股票价格的高低与气温的高低在一般情况下是不相关的。由于完全相关和无相关的数量关系是确定的或相互独立的,因此统计学中相关分析的主要研究对象是不完全相关。

二、相关分析的主要内容

如前所述,相关分析是研究两个或两个以上变量之间相关程度的一种统计方法。其分析主要内容包括以下四个方面。

1. 确定现象之间是否存在相关关系及相关关系的表现形式

这是回归分析的前提,将在本章后面介绍。

2. 确定相关关系的相关表达式

测定相关变量间数量变化的一般关系,需要用函数关系的数学公式作为相关关系的数学表达式;若变量间变化表现趋向于直线相关,则要配合一个直线方程式;如果变量间变化趋向于某种曲线相关,就要配合与之相适应的曲线方程,从而作为判断推算和预测现象发展方向趋势的依据。

3. 确定相关关系的密切程度

其主要方法是绘制散点图、相关表和计算相关系数。利用散点图或相关表粗略地判断变量之间是否相关及相关密切程度,进而计算相关系数,从数量上反映现象变量间的密切程度。

4. 相关关系的检验

因为变量间的相关系数大多是通过样本指标计算的,并以样本的相关系数来推断现象总体变量间的相关性,但两者之间必然存在差异,这样就需要进行显著性检验。计算相关系数后,查对相关系数的临界表,确定相关系数绝对值的临界值。当计算的相关系数大于表中的临界值时,才可以认定两个变量间具有线性相关关系。给出显著性水平 α 值(通常 $\alpha=0.05$ 和 $\alpha=0.01$),从相关系数临界表中查出临界值,得出检验统计量 $r(\alpha, n-2)$。这里 n 是样本容量,$n-2$ 是自由度。可以把相关系数 r 的绝对值与相关系数临界表中 $\alpha=0.05$ 和 $\alpha=0.01$ 进行比较,当 $|r|$ 大于表中 $\alpha=0.05$ 相应的值,而小于表中 $\alpha=0.01$ 相应的值时,称 x 与 y 有显著的线性关系;当 $|r|$ 大于表中 $\alpha=0.01$ 相应的值时,称 x 与 y 有高度的线性关系;如果 $|r|$ 小于表中 $\alpha=0.05$ 相应的值时,就判定 x 与 y 没有明显的线性关系。这种检验方法通常称临界值法,即比较 $|r|$ 与 $r(\alpha, n-2)$ 的关系。

第二节 相关统计分析

在进行相关分析之前,首先要对变量之间是否存在一定的依存关系,以及存在什么样的依存关系做出判断。常见的判断方法主要有相关图、相关表和相关系数。相关图和相关表是初步判断现象之间是否存在相关关系,要准确地测定现象间相关关系的密切程度,还需要计算相关系数。

一、相关表和相关图

相关表和相关图是直观判断现象间的相关关系,一般在进行详细的定量分析之前,可以先利用相关图和相关表对现象之间是否存在相关关系和相关关系的方向、密切程度等作大致判断。

相关表是一种反映变量之间相关关系的统计表。它是将某一变量按照数量取值的大小按从小到大的排列,然后再将另一变量的值与之对应排列,即可得简单的相关表,从而初步看出两个变量的相关关系的形式和相关方向。

【例 7-1】 对某企业某产品 1—12 月的产量和利润进行观察,以产量为自变量,以利润为因变量,制成简单的相关表,如表 7-1 所示。

表 7-1　某企业某产品某年 1—12 月产量和利润相关表

月　份	1	2	3	4	5	6	7	8	9	10	11	12	合计
产量 x(万件)	12	10	14	16	16	20	19	22	23	26	26	30	234
利润 y(万元)	9.0	8.5	11.5	14.2	14.0	16.4	16.2	18.1	18.3	21.5	21.3	24.0	193

从表 7-1 可以直观地看出,随着产量的增加,利润有明显的增长趋势。尽管在产量相同的情况下,实现的利润不一定相同,但总体上表现出产量与利润之间存在着正相关关系。

相关图是利用平面直角坐标的第一象限,将相关表上的各个对应关系的变量值在坐标图上标出相关点,用相关点的分布状况来反映相关关系的图形即为相关图,也称为散点图。

其绘制方法:一般将自变量 x 置于坐标轴横轴,因变量 y 置于纵轴,这样每一相对应的数值 (x,y) 在纵、横两个坐标轴的交点就是相关点,所有相关点绘在图上就形成了相关图。

图 7-1 是根据表 7-1 绘制的相关图,直观地反映了两个变量间的相关关系和相关方向。

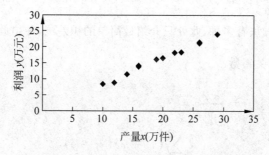

图 7-1　某企业某产品某年产量和利润相关图

二、相关系数

在各种相关中,单相关是基本的相关关系,它是复相关的基础。单相关有线性相关和非线性相关两种表现形式。测定线性相关系数是测定其他相关系数的基础。本书只研究线性单相关系数,以下所说的相关系数,均指线性单相关系数。

（一）相关系数的概念

相关系数是指在线性相关条件下，说明两个现象之间相关关系密切程度的统计分析指标，通常用 r 表示。

相关系数比相关图更能概括地表明现象之间相关的形式和程度，根据相关系数的大小或把不同组相关系数加以比较，对判断变量之间相关关系的密切程度有重要作用。

相关系数对现象关系的判断方法为，利用相关系数数值大小判断现象之间相关关系的紧密程度。

$|r| \leqslant 1$，即相关系数为 $-1 \sim +1$ 间的实数。

当 $|r|=1$ 时，则变量 x 与 y 完全线性相关，即 x 与 y 之间存在确定的函数关系。

当 $0 < |r| \leqslant 1$ 时，表明变量 x 与 y 之间存在线性相关关系。

当 $r > 0$ 时，表明变量 x 与 y 正相关；$r < 0$，表明 x 与 y 负相关；$r=0$ 则表明现象间无线性相关关系。

当 $|r| > 0.8$ 时，表明现象之间高度相关。

当 $|r|$ 在 $0.5 \sim 0.8$ 之间时，表明现象间显著相关。

当 $|r|$ 在 $0.3 \sim 0.5$ 之间时，表明现象间低度相关。

当 $|r| < 0.3$ 时，表明现象间微弱相关。

（二）相关系数的计算

相关系数的计算方法有多种，此处只介绍最简单的积差法，并由此导出简捷计算公式。

1. 积差法计算相关系数

$$r = \frac{\sigma_{xy}^2}{\sigma_x \sigma_y}$$

$$= \frac{\dfrac{\sum\limits_{i=1}^{n}(x_i - \bar{x})(y_i - \bar{y})}{n}}{\sqrt{\dfrac{\sum\limits_{i=1}^{n}(x_i - \bar{x})^2}{n}} \cdot \sqrt{\dfrac{\sum\limits_{i=1}^{n}(y_i - \bar{y})^2}{n}}}$$

$$= \frac{\sum\limits_{i=1}^{n}(x_i - \bar{x})(y_i - \bar{y})}{\sqrt{\sum\limits_{i=1}^{n}(x_i - \bar{x})^2 \cdot \sum\limits_{i=1}^{n}(y_i - \bar{y})^2}}$$

式中：

$$\bar{x} = \frac{\sum_{i=1}^{n} x_i}{n}, \quad \bar{y} = \frac{\sum_{i=1}^{n} y_i}{n}$$

用积差法的基本公式，并以表 7-1 某企业某年产品产量与利润的资料说明相关系数的计算，如表 7-2 所示。

表 7-2　某企业某年 1—12 月产品产量与利润相关系数计算表

月份	产量 x(万件)	x^2	利润 y(万元)	y^2	$x-\bar{x}$	$y-\bar{y}$	$(x-\bar{x})^2$	$(y-\bar{y})^2$	$(x-\bar{x}) \cdot (y-\bar{y})$	xy
1	12	144	9.0	81	−7.5	−7.08	56.25	50.13	53.10	108
2	10	100	8.5	72.25	−9.5	−7.57	90.25	57.46	72.01	85
3	14	196	11.5	132.25	−5.5	−4.58	30.25	20.98	25.19	161
4	16	256	14.2	201.64	−3.5	−1.88	12.25	3.53	6.58	227.2
5	16	256	14.0	196	−3.5	−2.08	12.25	4.33	7.28	224
6	20	400	16.4	268.96	0.5	0.32	0.25	0.10	0.16	328
7	19	361	16.2	262.44	−0.5	0.12	0.25	0.01	−0.06	307.8
8	22	484	18.1	327.61	2.5	2.02	6.25	4.08	5.05	398.2
9	23	529	18.3	334.89	3.5	2.22	12.25	4.93	7.77	420.9
10	26	676	21.5	462.25	6.5	5.42	42.25	29.38	35.23	559
11	26	676	21.3	453.69	6.5	5.22	42.25	27.25	33.93	553.8
12	30	900	24.0	576	10.5	7.92	110.25	62.73	83.16	720
合计	234	4978	193	3 368.98	—	—	415	264.91	329.40	4 092.9

$$\bar{x} = \frac{\sum_{i=1}^{n} x_i}{n} = \frac{234}{12} = 19.5, \quad \bar{y} = \frac{\sum_{i=1}^{n} y_i}{n} = \frac{193}{12} = 16.08$$

$$r = \frac{\sigma_{xy}^2}{\sigma_x \sigma_y} = \frac{\sum_{i=1}^{n}(x_i-\bar{x})(y_i-\bar{y})}{\sqrt{\sum_{i=1}^{n}(x_i-\bar{x})^2 \cdot \sum_{i=1}^{n}(y_i-\bar{y})^2}} = \frac{329.4}{\sqrt{415 \times 264.91}} = 0.99$$

计算结果表明，某企业某产品产量与利润之间存在高度正相关关系。

2. 简捷法计算相关系数

运用积差法基本公式计算相关系数,需要计算产量(x)和利润(y)两个数列的平均数($\tilde{x},\tilde{y}$)和标准差(σ_x,σ_y),计算烦琐,更多场合用简捷法计算,其公式为

$$r = \frac{n\sum_{i=1}^{n}x_iy_i - \sum_{i=1}^{n}x_i \cdot \sum_{i=1}^{n}y_i}{\sqrt{n\sum_{i=1}^{n}x_i^2 - \left(\sum_{i=1}^{n}x_i\right)^2} \cdot \sqrt{n\sum_{i=1}^{n}y_i^2 - \left(\sum_{i=1}^{n}y_i\right)^2}}$$

仍以表 7-3 的数据为例,用简捷法计算相关系数:

$$r = \frac{12 \times 4\,092.9 - 234 \times 193}{\sqrt{12 \times 4\,978 - 234^2} \times \sqrt{12 \times 3\,368.98 - 193^2}} = 0.99$$

其结果与用积差法计算的相关系数相等,表明某厂生产某产品产量与利润存在高度正相关关系。

(三)相关系数检验

如前所述,相关系数是根据样本指标计算得来的统计量,还不能肯定两个全及总体也存在线性相关。因为相关系数表达变量 x 与 y 之间相关密切程度与样本单位数 n 有关,当 n 较小时,相关系数的绝对值容易接近于 1。有时两个不相关的变量,其相关系数可能很大,形成高度相关,统计上称为虚假相关。因此,要用样本相关系数判断总体也存在同样相关关系,需要对相关系数进行检验。以正确判断现象之间的相关关系。

如用表 7-2 资料计算的相关系数 $r=0.99$,自由度$=n-2=12-2=10$,查相关系数临界表得出其临界值 $r(0.05,10)=0.576$,$r(0.01,10)=0.708$,检验通过,说明某企业生产的某产品产量与利润之间呈显著正相关关系。

除利用相关系数 r 检验表外,统计方法上还经常利用 t 分布来作出对总体相关系数 ρ 的推断假设。由于相关系数 r 的分布密度函数比较复杂,实际应用中需要对 r 作变换。令

$$t = \frac{r\sqrt{n-2}}{\sqrt{1-r^2}}$$

则统计量 t 服从自由度为 $n-2$ 的 $t(n-2)$ 分布。于是关于总体是否线性相关的问题就变成对总体相关系数 $\rho=0$ 的假设检验,也就只要对统计量 t 进行假设检验就行了。

按照假设检验的流程,先提出 $\rho=0$ 的原假设,根据一组样本计算出上述 t 值,再根据问题所给定的显著性水平 α 和自由度 $n-2$,查 t 分布表,找到相应的临界值 $t_{\frac{\alpha}{2}}$。若 $|t| \geqslant t_{\frac{\alpha}{2}}$,表明 t 在统计上是显著的,即总体的两个变量间存在线性关系。否则就认为两个变量间不存在线性关系。

以表 7-2 的数据为例,对总体相关系数 ρ 的推断假设结果为

$$t = \frac{r\sqrt{n-2}}{\sqrt{1-r^2}} = \frac{0.994 \times \sqrt{12-2}}{\sqrt{1-0.994^2}} = 28.737$$

根据 t 分布表的查表结果，当自由度为 10 时，α 分别为 10%、5%、1% 的显著性水平下，其 $t_{\frac{\alpha}{2}}$ 临界值分别为 1.813、2.228、3.169，由于 28.737 均大于这三个数，所以有 99% 的置信度可认为 $\rho=0$ 不成立，即两者总体上存在线性相关。

第三节 一元线性回归分析

回归分析是通过应用数学方法，将两个或两个以上变量之间的数量关系模型化，建立回归方程式，据此进行估计推算的一种统计分析方法。

"回归"一词是由英国生物学家高尔顿(1822—1911)在研究人体身高的遗传问题时首先提出的。根据遗传学的观点：父母身材高的，其子女身材一般也较高；父母身材矮的，其子女身材也较矮。依此推论，祖祖辈辈遗传下来，身高必然向两极分化。而事实上并非如此。高个子父母的子女，其身高低于他们父母身高，但高于本种族的平均身高；相反，矮个子父母的子女，其身高有高于他们父母身高的趋势，但低于本种族的平均身高。从人口全局来看，身高有回归一般人身高的趋势。高尔顿把这种人的身高趋向人的平均高度的现象称作回归。

回归按照自变量的个数划分为一元回归和多元回归。只有一个自变量的回归叫一元回归，有两个或两个以上自变量的回归叫多元回归。

按照回归曲线的形态划分，有线性(直线)回归和非线性(曲线)回归。实际分析时应根据客观现象的性质、特点、研究目的和任务选择回归分析的方法。

本书中只介绍一元线性回归分析。

一、回归分析的主要内容

回归分析是对具有相互联系的现象，按其相关关系的形态，选择一个合适的数学模型，即回归方程式，来近似地表达变量间平均变化关系，并进行统计推断与预测的一种方法。其主要内容包括：

(1) 进行参数估计。根据样本观测值对回归数学模型的参数进行估计，求出具体的回归方程。

(2) 进行统计显著性检验。对回归方程参数估计值进行显著检验与校正，从而使回归方程和参数更加优良。

(3) 进行预测控制。根据回归方程对现象进行预测和控制，以达到回归分析的目的。

二、相关分析与回归分析的关系

如前所述,相关分析与回归分析既有联系,又有区别。二者之间的联系为相关分析与回归分析相互补充,相关分析是回归分析的前提和基础,而回归分析是对相关分析的拓展和延续。只有当变量之间存在高度相关时,进行回归分析寻求其相关的具体表现形式才有意义。如果在没有对变量之间是否相关以及相关方向和程度做出正确判断之前,就进行回归分析,很容易造成"虚假回归"。与此同时,相关分析只研究变量之间相关的方向和程度,不能推断变量之间相互关系的具体形式,也无法从一个变量的变化来推测另一个变量的变化情况,因此,在具体应用过程中,只有把相关分析和回归分析结合起来,才能达到研究和分析的目的。

二者的区别表现在三个方面:

(1) 相关分析是通过相关系数来判断变量间是否存在着相关关系,并判断其相关的密切程度,且前提条件是两个变量都是随机变量,而变量之间不区分自变量与因变量,变量之间的关系是对等的;而回归分析是研究一个随机变量(y)与另一个非随机变量(自变量)(x)之间的相互关系,变量之间必须区分自变量与因变量,变量之间的关系是不对等的。

(2) 相关系数只能观察变量间的相关关系的密切程度和方向,不能估计推算具体数值;而回归分析可以根据回归方程,用自变量数值推断因变量的估计值。

(3) 互为因果关系的两个变量,可以拟合两个回归方程,且互相独立,但不能互相替换,而相关系数只有一个,且自变量与因变量可以互换,其相关系数不变。

三、一元线性回归分析的概念

一元线性回归分析是根据两个变量之间的变化关系建立线性回归方程式的方法。其目的是表明两个变量之间的平均变化关系,并根据其变化关系,利用自变量的数值对因变量的数值进行估计、推算。

简单线性回归分析具有以下几个特点。

(1) 回归分析中的两个变量之间的关系不是对等关系。因此,必须根据研究目的确定哪个是自变量,哪个是因变量。

(2) 回归系数是反映变量值之间具体的变动关系,不是抽象系数。它有正、负符号,正回归系数表示上升的直线,说明两个变量之间变动方向相同;负回归系数表示下降的直线,说明两个变量之间呈反方向变动。

(3) 在 x 与 y 两个变量之间,可由 x 对 y 回归,也可由 y 对 x 回归,建立两个回归方程,计算出两个回归系数。

(4) 回归分析中的两个变量,因变量是随机的,而自变量是给定的数值,是可以控制的量。回归方程即为根据给出的自变量来估计或推算因变量值。

四、一元线性回归方程模型

对于具有线性因果关系的两个变量,由于有随机因素的干扰,两变量的线性关系中应包括随机误差项 ε,即:

$$y = a + bx + \varepsilon \tag{7-1}$$

对于 x 某一确定值,其对应的 y 值虽有波动,但在大量观察中随机误差的期望值为零,即 $E(\varepsilon)=0$。

我们可通过样本观察值 (x_i, y_i) 计算参数 a、b 的估计值 $\hat{a}$、$\hat{b}$,求得参数的估计值后,即求得样本回归方程,用它对总体线性回归方程进行估计。样本回归直线方程又称为一元线性回归方程,其表达形式为

$$\hat{y} = \hat{a} + \hat{b}x \tag{7-2}$$

式中:$\hat{y}$ 表示因变量的估计值(回归理论值);$\hat{a}$ 和 $\hat{b}$ 是待定参数 a 和 b 的估计值。一元线性回归方程中的待定参数是根据样本数据资料估计确定的。确定回归方程就是要找出 $\hat{a}$ 和 $\hat{b}$,使直线 $\hat{y} = \hat{a} + \hat{b}x$ 总体看来与所有的散点最接近,即确定最优的 $\hat{a}$ 和 $\hat{b}$,统计学上常采用最小二乘法(亦称最小平方法)计算。

对于样本,回归模型为

$$y_i = \hat{a} + \hat{b}x_i + e_i \quad i = 1, 2, \cdots, n \tag{7-3}$$

对于残差 e_i 有

$$e_i = y_i - \hat{a} - \hat{b}x_i \tag{7-4}$$

从式(7-4)可以看出,$\hat{a}$ 和 $\hat{b}$ 取不同值就有不同的样本回归直线,从而有不同的残差 e_i。为了保证残差最小,最终选择用普通最小二乘法确定 $\hat{a}$ 和 $\hat{b}$,就是估计使所有的残差平方和 $\sum_{i=1}^{n} e_i^2$ 达到最小的参数 $\hat{a}$ 和 $\hat{b}$,即

$$\min_{a,b} Q = \sum e_i^2 = \sum (y_i - \hat{a} - \hat{b}x_i)^2$$

这就是最小二乘法的基本原理。

为求 Q 为最小值时的 a、b,对 $\hat{a}$、$\hat{b}$ 分别求偏导数,并令其等于零,即

$$\begin{cases} \dfrac{\partial Q}{\partial a} = -2\sum_{i=1}^{n}(y_i - \hat{a} - \hat{b}x_i) = 0 \\ \dfrac{\partial Q}{\partial b} = -2\sum_{i=1}^{n}(y_i - \hat{a} - \hat{b}x_i)x_i = 0 \end{cases}$$

整理后得：

$$\begin{cases} \sum_{i=1}^{n} y_i = n\hat{a} + \hat{b}\sum_{i=1}^{n} x_i \\ \sum_{i=1}^{n} x_i y_i = \hat{a}\sum_{i=1}^{n} x_i + \hat{b}\sum_{i=1}^{n} x_i^2 \end{cases}$$

对联立方程求解，得 $\hat{a}$、$\hat{b}$ 的估计值。

$$\begin{cases} \hat{b} = \dfrac{n\sum\limits_{i=1}^{n} x_i y_i - \sum\limits_{i=1}^{n} x_i \sum\limits_{i=1}^{n} y_i}{n\sum\limits_{i=1}^{n} x_i^2 - \left(\sum\limits_{i=1}^{n} x_i\right)^2} \\ \hat{a} = \dfrac{\sum\limits_{i=1}^{n} y_i - \hat{b}\sum\limits_{i=1}^{n} x_i}{n} \end{cases} \tag{7-5}$$

【例 7-2】 对例 7-1 进行回归分析。

(1) 由图 7-1，看出两者存在线性关系，可以用一元线性回归方程来拟合。
(2) 建立回归方程：$y = a + bx$
(3) 以表 7-3 资料估计参数：

$$\begin{cases} \hat{b} = \dfrac{n\sum\limits_{i=1}^{n} x_i y_i - \sum\limits_{i=1}^{n} x_i \sum\limits_{i=1}^{n} y_i}{n\sum\limits_{i=1}^{n} x_i^2 - \left(\sum\limits_{i=1}^{n} x_i\right)^2} \\ \quad = \dfrac{12 \times 4\,092.9 - 234 \times 193}{12 \times 4\,978 - 234^2} = 0.793\,7 \\ \hat{a} = \dfrac{\sum\limits_{i=1}^{n} y_i - b\sum\limits_{i=1}^{n} x_i}{n} = \dfrac{193 - 0.793 \times 234}{12} = 0.606\,2 \end{cases}$$

将 $\hat{a}$、$\hat{b}$ 代入 $\hat{y} = \hat{a} + \hat{b}x$，得直线回归方程：

$$\hat{y} = 0.606\,2 + 0.793\,7x$$

这个方程的经济意义是：$\hat{b} = 0.793\,7$ 万元，说明企业每月产量每增加 1 万件，利润相应地平均增加 0.793 7 万元。

利用该方程，将每月实际产量 x 代入回归方程 $\hat{y}_i = 0.606\,2 + 0.793\,7x_i$，即可估计（预测）任意月份的利润值。如估计 8 月份的利润 $\hat{y}_8 = 0.606\,2 + 0.793\,7 \times 22 = 18.06$（万元）（见表 7-3 第六栏）。

表 7-3　某企业某年 1—12 月某产品产量与利润回归方程参数计算表

月份 (甲)	产量 x(万件) (1)	利润 y(万元) (2)	xy (3)	x^2 (4)	y^2 (5)	$\hat{y}$ (6)	$(y-\hat{y})^2$ (7)
1	12	9.0	108	144	81	10.16	1.346
2	10	8.5	85	100	72.25	8.58	0.006
3	14	11.5	161	196	132.25	11.74	0.058
4	16	14.2	227.2	256	201.64	13.32	0.774
5	16	14.0	224	256	196	13.32	0.462
6	20	16.4	328	400	268.96	16.48	0.006
7	19	16.2	307.8	361	262.44	15.69	0.260
8	22	18.1	398.2	484	327.61	18.06	0.002
9	23	18.3	420.9	529	334.89	18.85	0.303
10	26	21.5	55.9	676	462.25	21.22	0.078
11	26	21.3	553.8	676	453.69	21.22	0.006
12	30	24	720	900	576	24.38	0.144
合计	234	193	4 092.9	4 978	3 368.98	193.02	3.445

(4) 估计标准误差。

根据回归直线方程,由自变量 x 值估计因变量 ŷ 值,是假定没有 x 以外其他因素的影响,并把两个现象的变量 x 与 y 之间假定成一种函数关系。实际上 x 与 y 之间只是存在一定的相关关系,并不存在函数关系,由此而建立的回归方程只反映了 x 与 y 之间大致平均变化关系,这样估计的 ŷ 值实际上是一个平均值,它和因变量的实际值之间必然会存在一定误差,这种误差称为估计误差。其数值大小,反映了利用回归直线方程估计的准确程度。若两者差异很大,表明回归直线代表性小,估计值的准确程度低;反之则估计值的准确程度高。

为了衡量回归估计的效果,要计算标准误差。估计标准误差是因变量的实际值与估计值之间离差平方之和的平均数的平方根。估计标准误差是衡量回归直线代表性大小的统计分析指标,它说明观察值围绕回归直线的变化程度或分散程度。其计算公式为

$$S_e = \sqrt{\frac{\sum_{i=1}^{n}(y_i - \hat{y})^2}{n-2}}$$

式中: S_e 为估计标准误差; y 为因变量实际观察值; $\hat{y}$ 为与 y 相对应的估计值; n 为样本容量; $(n-2)$ 为自由度。

将表 7-3 中的资料代入公式得

$$S_e = \sqrt{\frac{\sum_{i=1}^{n}(y_i-\hat{y})^2}{n-2}} = \sqrt{\frac{3.445}{10}} = 0.59$$

从计算结果可知,前面计算的某企业生产某产品产量 x 与利润 y 之间高度正相关 ($r=0.99$),利润的实际值 y 与估计值 $\hat{y}$ 的误差很小,平均相差仅 0.59 万元。表明其回归直线方程 $\hat{y}=0.6062+0.7937x$ 能较好地代表该厂生产某产品产量与利润的相关关系,利用此方程估计的利润结果也很准确。

五、一元线性回归模型的检验

回归方程建立以后还需要检验变量之间是否确实存在线性相关关系,因为对回归参数的求解过程并不需要事先知道两个变量一定存在相关关系。对一元线性回归模型的统计检验包括两个内容:一是线性回归方程的显著性检验,二是回归系数的显著性检验。

下面我们分别讨论这两个问题。

(一) 线性回归方程的显著性检验

1. 方差分析

回归分析中需要分析使用 Y 与 X 之间的线性相关关系的估计模型 $\hat{y}=a+bx$ 来估计 y 时所产生的误差或所减少的误差,这称为回归中的方差分析。若没有利用 Y 与 X 之间的相关关系来估计总体的均值,我们就会选择 y_i 的平均值 $\bar{y}$ 作为总体的估计值。由此而产生的误差是 $\sum_{i=1}^{n}(y_i-\hat{y}_i)^2$,我们称为"总离差平方和",记为 SST。若利用 Y 与 X 之间的线性相关关系的估计模型去估计总体均值,则所产生的误差是 $\sum_{i=1}^{n}(y_i-\hat{y}_i)^2$,称为残差平方和,记为 SSE。为了说明 SST 与 SSE 之间的关系,我们对 SST 进行分解。

$$\begin{aligned} \text{SST} &= \sum_{i=1}^{n}(y_i-\bar{y})^2 \\ &= \sum_{i=1}^{n}[(\hat{y}_i-\bar{y})+(y_i-\hat{y}_i)]^2 \\ &= \sum_{i=1}^{n}(\hat{y}_i-\bar{y})^2 + \sum_{i=1}^{n}(y_i-\hat{y}_i)^2 + 2\sum_{i=1}^{n}(\hat{y}_i-\bar{y})(y_i-\hat{y}_i) \\ &= \sum_{i=1}^{n}(\hat{y}_i-\bar{y})^2 + \sum_{i=1}^{n}(y_i-\hat{y}_i)^2 + 0 \end{aligned}$$

$$= \sum_{i=1}^{n}(\hat{y}_i - \bar{y})^2 + \sum_{i=1}^{n}(y_i - \hat{y}_i)^2$$

若记 $\text{SSR} = \sum_{i=1}^{n}(\bar{y}_i - \hat{y}_i)^2$，$\text{SSE} = \sum_{i=1}^{n}(y_i - \hat{y}_i)^2$，则 $\text{SST} = \text{SSR} + \text{SSE}$。

SSR 反映了由于利用 Y 和 X 之间的线性回归模型 $\hat{y}_i$ 来估计 Y 的均值时，而不是简单地利用 $\bar{y}$ 来估计 Y 的均值时，使总误差 SST 减少的部分，因此统计上称为"可解释误差"。

SSE 是利用 Y 与 X 之间的线性回归模型来估计 Y 的均值时仍然存在的误差，因此称为"不可解释误差"。于是，上式实际上就表示：

$$\text{总误差} = \text{可解释误差} + \text{不可解释误差}$$

将表 7-2 中的资料代入公式，则有：

$$\text{SST} = \sum_{i=1}^{n}(y_i - \bar{y})^2 = 264.897$$

$$\text{SSR} = \sum_{i=1}^{n}(\hat{y}_i - \bar{y})^2 = 261.457$$

$$\text{SSE} = \sum_{i=1}^{n}(y_i - \hat{y}_i)^2 = 3.44$$

2. 判定系数（相关系数的平方）

对于任何给定的一组样本$(x_i, y_i)(i = 1, 2, \cdots, n)$都可以用最小二乘法建立起一个线性回归模型，相应地就可以得到一条回归直线。但是，这样的一条回归直线并不总是有意义的。只有当变量 X 与 Y 之间确实存在某种因果关系时，其回归直线才有意义。统计学中要确定变量 X 和 Y 之间是否确实存在线性相关，通常利用相关系数的平方来检验。判定系数 R^2，它能够较精确地描述两个变量之间线性相关的密切程度。

判定系数可以定义为可解释误差 SSR 和总误差 SST 之比，即

$$R^2 = \text{SSR}/\text{SST} = 1 - \text{SSE}/\text{SST}$$

它反映了由于使用了 Y 与 X 之间线性回归模型来估计 y_i 的均值而使离差平方和 SST 减少的程度，从而表明 Y 与 X 之间线性相关程度及拟合模型的优良程度。r 越大，说明 Y 与 X 之间的线性相关程度越高，也就说明模型的拟合性能较优；r 越小，说明 Y 与 X 之间的线性相关程度越低，说明模型的拟合性能较差。当相关系数用 r 来表示时不仅可以测定 Y 与 X 之间的相关程度，也可以表示相关的方向。事实上，相关系数 r 也可以定义为：

$$r = S_{XY}/\sqrt{S_{XX} \cdot S_{YY}}$$

上述两个公式计算所得到的结果完全相同，意义也相同。但从 R^2 计算 r 时为

$$r = \pm \sqrt{R^2}$$

要确定 r 的符号,就需要利用以下的关系:

$$r = \frac{S_{XY}}{\sqrt{S_{XX} \cdot S_{YY}}} = b\sqrt{\frac{S_{XX}}{S_{YY}}}$$

由此可见,r 与 b 同号,可以根据 b 的符号来决定 r 的符号。从 R^2 的计算公式可以看出:R^2 总是界于 0 与 1 之间的,即 $0 \leqslant R^2 \leqslant 1$。如果 $\hat{y}_i = y_i$,则 SST=SSR,SSE=0,此时,$R^2 = 1$。这时称为完全线性相关,模型的拟合程度最优。用 Y 与 X 之间的线性回归模型来估计 y_i 时的总离差和完全可以用 SSR 来解释。如果 $\hat{y}_i = \bar{y}$,则 SST=SSE,SSR=0,因此,$R^2 = 0$。这时,使用 Y 与 X 之间的线性回归模型不能对任何的总离差平方和 SST 作出任何解释,说明 Y 与 X 之间事实上无线性相关,模型的拟合程度最差。

以表 7-4 为例,判定系数为

$$R^2 = \text{SSR}/\text{SST} = 1 - \text{SSE}/\text{SST} = 261.457/264.897 = 0.987$$

说明 Y 与 X 之间线性相关程度及拟合模型度优良,利润 Y 的变动有 98.7% 可由产量 X 的变动来解释。

3. F 检验(线性检验)

在一元线性回归模型中,若 $b=0$,则 X 的变化不会引起 Y 的变化,即 Y 与 X 不具有线性相关关系。因此,线性回归方程的显著性检验可以通过回归方程的 F 检验来完成。

我们提出 $H_0: b=0, H_1: b \neq 0$,则在 H_0 成立,即 Y 与 X 之间不存在线性相关的条件下,统计量

$$F = \frac{\sum_{i=1}^{n}(\hat{y}_i - \bar{y})^2/1}{\sum_{i=1}^{n}(y_i - \hat{y}_i)^2/(n-2)} = \frac{\text{SSR}}{\text{SSE}} \cdot (n-2) = \frac{r^2}{1-r^2}(n-2)$$

服从自由度为 $1, n-2$ 的 F 分布。在给定了检验的显著性水平 α 以后,可由 F 分布表得到 H_0 成立时的临界值 F_0,如果对于一组样本计算得出的统计量 F 的值大于 F_0,则否定 H_0,即 $b \neq 0$,说明 X 与 Y 之间确定存在线性相关关系。

因此,对回归方程的相关性检验可按下列步骤作 F 检验.

(1) 提出假设 $H_0: b=0, H_1: b \neq 0$。

(2) 在 H_0 成立时,统计量 $\frac{\text{SSR}}{\text{SSE}}(n-2) \sim F(1, n-2)$ 对于给定的显著性水平 α,查 F 分布表得到检验的临界值 F_0。

(3) 对于一组样本计算 SSR 和 SSE,并由此得到 F 值。

(4) 比较 F 与 F_0 的值,若 $F>F_0$,则拒绝零假设。我们认为 X 与 Y 之间存在线性相关关系,否则接受 H_0,认为 X 与 Y 之间没有线性相关关系。

以表 7-4 为例,线性检验 F 值为

$$F(1,n-2) = \frac{SSR}{SSE}(n-2) = \frac{261.456}{3.44} \times (12-2) = 759.96$$

根据 F 表的查表结果,当自由度 n_1 为 1,自由度 n_2 为 10 时,α 分别为 10%、5% 的显著性水平下,其 $F_{\frac{\alpha}{2}}$ 临界值分别为 4.96、6.94,由于 759.96 均大于这两个数,所以有 95% 的置信度可认为 $b=0$ 不成立,即 Y 与 X 可用线性关系表示。

(二) 回归系数 b 的显著性检验

由于样本不同,回归系数 a 与 b 的值也不同。因此,回归系数 a 和 b 也是随机变量。同时 a 和 b 是正态随机变量 Y 的线性组合,所以 a 和 b 也是服从于正态分布的随机变量。

对正态随机变量 b 求数学期望和方差,可得

$$E(\hat{b}) = b$$

$$\sigma^2(\hat{b}) = \frac{\sigma_e^2}{S_{xx}}$$

一般情况下 σ_e^2 未知,需要用其无偏估计量 S_e^2 来代替:

$$\hat{\sigma}(b) = \sqrt{\frac{S_e^2}{S_{xx}}} = \frac{s_e}{\sqrt{\sum_{i=1}^{n} x_i^2 - \frac{1}{n}\left(\sum_{i=1}^{n} x_i\right)^2}}$$

根据 t 分布原理,样本统计量 $t = (\hat{b}-b)/\hat{\sigma}(b)$ 服从于自由度为 $(n-2)$ 的 t 分布。

于是要检验回归参数 b 是否等于某一假设值 b_0 的问题,也就转化为假设检验问题。检验的程序是:

(1) 设 $H_0: b=b_0$,$H_1: b \neq b_0$。

(2) 计算统计量 $t = (\hat{b}-b_0)/\hat{\sigma}(b)$。

(3) 判断原假设是否成立。当显著性水平为 α 时,查 t 分布表得 $t_{\frac{\alpha}{2}}$ 和 $t_{1-\frac{\alpha}{2}}$,若 $t \geq t_{1-\frac{\alpha}{2}}$ 或 $t \leq t_{\frac{\alpha}{2}}$,则拒绝 H_0,反之接受 H_0。

以表 7-3 为例,回归系数 b 的显著性检验为

$$t = (\hat{b}-b_0)/\hat{\sigma}(b) = (\hat{b}-b_0) \cdot \frac{\sqrt{\sum_{i=1}^{n} x_i^2 - \frac{1}{n}\left(\sum x_i\right)^2}}{s_e} = 0.7937 \times \frac{20.37}{0.57} = 27.57$$

据 t 表的查表结果,当自由度为 10 时,α 分别为 10%、5%、1% 的显著性水平下,其 $t_{\frac{\alpha}{2}}$

临界值分别为 1.813、2.228、3.169，由于 27.57 均大于这三个数，所以至少有 99% 的置信度可认为 $b=0$ 不成立，即回归系数 b 显著不为零。

六、一元线性回归模型的预测

一切的回归，最终的目的都是用来预测的。当回归模型经过各种检验并符合预定的显著性水平的要求后，就能利用自变量的信息对因变量预测了。所谓预测，是指利用已知的信息（如自变量 x 值）去估计未知的信息（如因变量 y 值）。例如银行业经常建立不良贷款（y）与贷款余额（x）的回归方程，用本期贷款余额去估计本期可能发生的不良贷款额。

常见的预测方法有点预测和置信区间预测法。

（1）点预测法将自变量取值代入回归预测模型求出因变量的预测值。

（2）置信区间预测法类似于参数估计方法，该预测方法将估计一个范围，并确定该范围出现的概率。置信区间大小的影响因素包括因变量估计值、回归标准差和概率度（把握度）。

实训练习题

一、判断题

1. 当相关系数 $r=0$ 时，说明 y 与 x 之间存在直线或曲线的变化关系。（　）
2. 相关关系是现象之间存在数量上严格而确定的依存关系。（　）
3. 在直线回归方程 $\bar{y}=a+bx$ 中，a 可以是任何正值或负值。（　）

二、单项选择题

1. 下列现象中，圆的面积与半径、工人的工龄与工资、亩产量与施肥量、营业额与流通费率，属于相关关系的有（　）。
   A. 1个　　　　　B. 2个　　　　　C. 3个　　　　　D. 4个
2. 相关关系是（　）。
   A. 现象之间客观存在的严格、确定的数量关系
   B. 现象之间客观存在的不严格的数量关系
   C. 现象之间完全不存在任何关系
3. 按现象之间的变化方向不同，相关关系可分为（　）。
   A. 正相关和负相关
   B. 单相关和复相关

C. 直线相关和曲线相关
D. 完全相关、不完全相关和不相关

4. 在相关分析中,要求相关两个变量( )。
   A. 都是随机变量
   B. 都不是随机变量
   C. 只有因变量是随机变量
   D. 只有自变量是随机变量

5. 相关系数的取值范围是( )。
   A. $-1 \leqslant r \leqslant +1$ B. $0 \leqslant r \leqslant 1$ C. $-1 \leqslant r \leqslant 0$

6. 在直线回归方程 $\bar{y} = a + bx$ 中,b 表示( )。
   A. 当 x 增加一个单位时,y 增加数量 b
   B. 当 y 增加一个单位时,x 增加数量 b
   C. 当 x 增加一个单位时,y 的平均增加量
   D. 当 y 增加一个单位时,x 的平均增加量

三、思考题

1. 什么是相关关系和函数关系?二者之间的区别与联系是什么?
2. 什么是直线相关分析和直线回归分析?二者之间有何区别?
3. 什么是相关系数和回归系数?写出各自的计算公式。

四、应用能力训练题

1. 某工厂某年 1—8 月份生产某产品产量与成本资料如下表所示。

月份	产量 x(件)	每件成本 y(元/件)
1	55	72
2	53	75
3	71	68
4	81	67
5	86	69
6	82	67
7	84	68
8	92	64
合计	604	550

要求:
(1) 根据上述资料画出散点图,观察并说明产量与成本两个变量之间存在何种关系;
(2) 计算相关关系,说明相关程度和方向;
(3) 求出产量(x)对成本(y)的回归直线方程。

2. 某物流公司 2008—2017 年货运总量与增加值资料如下表所示。

年份	货运总量 y(亿吨)	工业增加值 x(亿元)
2008	2.8	25
2009	2.9	27
2010	3.2	29
2011	3.2	32
2012	3.4	34
2013	3.2	36
2014	3.3	35
2015	3.7	39
2016	3.9	42
2017	4.2	45
合计	33.8	344

要求:
(1) 计算相关系数并求出回归方程;
(2) 当工业增加值为 50 亿吨时,估计货运总量应为多少亿吨?并估计其标准误差。

3. 某纱厂生产 21 支棉纱与用棉量资料如下表所示。

21 支纱用棉量 y(公斤)	21 支纱制成率 x(%)
1.095	84.5
1.090	84.8
1.086	85.2
1.083	85.5
1.082	86.2
1.075	86.6
1.071	86.8
1.069	87.6
1.065	87.7
1.063	87.9
1.058	88.1
1.052	88.3
总计 12.889	1 039.2

要求:计算相关系数,求出回归方程,并作简要分析。

第八章 统计综合分析

内容提要

本章阐述统计综合分析意义,统计综合分析方法。详细介绍企业资本金效绩综合评价分析、销售统计分析、统计分析报告撰写等,使统计在国民经济创新驱动、转型发展中又快又好地平稳推进发挥重要作用。

第一节 统计综合分析的意义和任务

一、统计综合分析的意义

(一) 统计综合分析的概念

统计综合分析是统计工作的重要组成部分。经过统计调查,搜集反映客观现象的大量资料并进行科学的整理汇总后,进行统计综合分析。所谓统计综合分析,就是根据统计研究的目的,综合运用各种分析方法和统计指标,对已取得的统计资料结合经济现象具体情况进行综合而深入的分析研究,揭示事物的内在联系及其发展趋势。

统计综合分析是一个完整的统计工作环节。它是从质出发,经过对量的分析研究,达到对质的进一步认识。客观事物间的联系错综复杂,各方面相互依存,相互制约。通过统计调查和整理取得的反映客观现象基本情况的统计资料,还不能反映现象的实质,无法全面、深刻地反映其内在联系,只完成了整个统计工作的一部分,是一种感性认识。社会经济统计的目的,是恰当地运用各种统计分析方法和统计指标,将丰富的统计资料和具体情况结合起来,从不同的角度对所研究的现象由表及里进行综合分析、概括,从而揭示事物的内在联系及其规律,使人们由感性认识提高到理性认识,及时发现事物发展过程中的新情况、新问题,充分发挥统计认识、监督、预警作用,使国民经济正常、有序地稳健发展。

（二）统计综合分析的特点

统计综合分析与其他分析相比有它自己的特点。社会经济统计学是研究大量社会现象的数量方面。它是用数量"说话"，是以统计资料为基础，运用统计学特有的方法围绕研究现象的数量和数量关系进行分析研究，统计综合分析不是简单地罗列数字或将数字文字化，亦不是进行单纯的数字演算，而是进行周密的综合分析研究，使认识不断深化，不断发展，说明现象的发展过程及其原因，掌握引起数量变化的条件和原因及由此带来的影响和后果。

（三）统计综合分析的分类

统计综合分析可以从不同角度进行分类：按其对象不同可分为宏观分析和微观分析；按分析内容不同可分为计划执行情况分析和各种专题分析；按分析是否连续分为定期分析和不定期分析；按资料来源不同可分为来源于报表资料的分析、来源于普查资料的分析、来源于各种非全面调查的分析及来源于抽样估计推断资料的分析，等等。

二、统计综合分析的任务

统计综合分析的任务与整个统计研究工作的任务是一致的。统计综合分析应当紧密地围绕我国社会主义经济建设进行。其主要任务有以下几方面。

（一）分析党的各项方针、政策贯彻执行情况

党的十一届三中全会以来，全党高举邓小平理论伟大旗帜，贯彻执行党的思想路线、政治路线、组织路线，上下一致，同心协力，坚持改革开放原则，调动一切积极因素发展生产力、实现社会全面进步，实行改革开放与时俱进，创新驱动，转型发展，建设有中国特色的社会主义。经过长期的实践，大量的事实和数据分析表明，我国的社会主义建设事业取得了伟大成就，表明党的方针政策得到了很好的贯彻执行。

（二）研究分析国民经济和社会发展基本情况

了解国情、国力及各地情况，定期检查国民经济和社会发展计划的执行情况，为党政领导提供决策依据。通过统计分析，研究国民经济运行中取得的成绩和存在的问题，寻根究底，深入调查，掌握基本情况，提出建议。国家统计局发布2017年经济统计数据表明，2017年我国各地区各部门在以习近平为核心的党中央坚强领导下，不断增强政治意识、大局意识、核心意识、看齐意识，深入贯彻落实党的十八大精神，按照党中央经济工作部署，坚持稳中求进的工作总基调，坚持以提高发展质量和效益为中心，统筹推进五位一体，

总体布局和协调推进四个全面战略布局,以供给侧结构性改革为主线,统筹推进稳增长、促改革、惠民生、防风险,经济运行稳中有进,稳中向好,好于预期,社会经济保持平稳健康发展。

(三)对社会经济现象的发展趋势和规律性进行科学预测

如五年来,上海市人民认真学习贯彻落实习近平新时代中国特色社会主义思想,坚决贯彻落实党中央国务院和中共上海市委的决策部署,攻坚克难,砥砺奋进,胜利完成了十二五规划,顺利实施十三五规划,在社会发展和经济建设中取得丰硕成果。在此基础上,谋划未来,进行科学预测,对超大城市进行精细化管理,更好地满足人们日益增长的美好生活需求,将上海基本建成国际经济、金融、贸易、航运中心和社会主义现代化国际大都市。

(四)为社会某些专门性问题的研究提供信息

统计综合分析要针对社会热点、人们普遍关心的问题进行专题分析和研究。如对我国人口老龄化、引进人才、居民住房等问题进行统计综合分析,为管理和决策提供信息依据。

第二节 统计综合分析的原则、步骤和方法

一、统计综合分析的原则

(一)实事求是,坚持辩证唯物主义理论

实事求是,坚持辩证唯物主义是我们党的优良传统,是辩证唯物主义思想路线的体现。统计分析的对象是客观社会现象,只有如实反映客观情况,实事求是地进行分析研究,坚持全面观点、发展观点,揭示事物的相互联系、相互制约关系,把数字资料和具体情况结合起来,按照对立统一的规律找出主要矛盾和矛盾的主要方面,从质与量的辩证统一角度研究社会现象数量及由数量变化引起的质量变化,不主观想象、臆造,而是以客观事实为依据,详细地占有材料,准确、全面、深刻地认识事物,从而得出正确结论。

(二)对分析的事物作周密系统的调查研究

统计资料反映的社会现象是广大群众的亲身实践。群众对现象中出现的各种问题和情况最熟悉、最清楚、最有发言权。在统计分析中,要坚持群众路线,相信群众,依靠群众,

虚心听群众意见,这样才能核准数据,丰富资料,搞清问题的主次和事实的真相,增强统计分析的科学性和真实性,使所得结论更切合实际。

(三)坚持以习近平新时代中国特色社会主义思想和邓小平理论重要思想指导统计分析

贯彻执行党的方针政策,坚持改革开放与时俱进,学习和引进国际上先进的理论和方法,结合中国具体情况,坚持科学发展观,以法治统计,建立具有中国特色的统计分析理论和方法。

二、统计分析的步骤

(一)确定统计综合分析的具体目的

社会经济统计工作的重要特点之一,是具有强烈的实践性以及在实践中有其明确的目的。而确定统计综合分析的目的表现为确定统计分析题目,包括:社会经济发展宏观调控和微观计划的执行情况;党的方针政策贯彻执行情况;研究从统计资料中发现的需要进一步分析研究的问题。据此确定所需资料来源、分析重点内容、利用哪些统计指标、采用什么分析方法,做到有的放矢。

(二)对统计资料进行评价和肯定事实

用来进行统计综合分析的资料来源不同,因此,对这些资料必须作全面鉴别和检查,认真评价,去粗取精,去伪存真。资料的真实性、准确性是保证统计综合分析质量的关键,防止统计范围、计算方法与统计分析要求不一致,缺乏可比性,导致分析判断上的错误。

统计综合分析是建立在大量数字资料与基本事实的基础上,要善于弄清基本事实,使统计综合分析有根有据,有理有节。用事实说话,以理服人。

(三)对统计资料进行比较分析

在肯定事实的基础上作深入细致的对照比较,揭露矛盾,探明问题的症结,从事物的内在联系寻求现象发展的规律性,以及现象之间的联系与区别,使统计综合分析达到由量见质的目的。

(四)作出结论,提出建议

统计综合分析的最后一步是根据分析目的要求,对所要研究的问题作出判断,下结论、提建议。

统计综合分析的结论是对其结果的概括说明，必须正确、完备，具有充分的依据；所提建议，必须结合我国社会主义经济建设、改革开放实践的需要，力求切实可行，落实科学发展观。

三、统计综合分析的方法

在统计分析中运用各种不同的分析方法，如前面几章介绍的统计分组法、综合指标法、动态分析法、指数法，都是统计分析的基本方法。然而，从方法论角度看，统计分析主要是利用对比分析方法分析和说明问题。其基本原则是用来比较的现象必须是同类的，要认真检查对比的有关指标在计算口径、内容、方法及计量单位等方面是否相同，是否具有可比性。除此之外，在进行比较分析时，不但要看相对数，还要联系其相应的绝对值，将两者结合起来分析说明问题。

统计分组法在统计分析中对现象进行解剖分析具有重要的意义，并被广泛应用。通过分组、划分类型反映现象内部结构，借助统计分组研究现象之间的依存关系，反映现象的本质，揭露矛盾，发现问题。

指数法和动态分析法也是统计分析中常用的方法。主要是分析现象发展变化中的问题，利用相对指标和绝对指标来分析和测定复杂社会经济现象中各个因素的影响程度及其结果。

通过对现象进行分解和对比分析，综合各方面的结果，紧密结合现象的具体情况，从中概括出事物矛盾运动的内在联系及其发展规律。

为了与读者共同研讨我国经济改革中人们关注的热点问题，本章第三节中运用一系列统计指标，对企业资本金效绩评价分析进行探讨。

第三节 企业资本金效绩评价分析

为适应社会主义市场经济改革的需要，完善企业资本金监管工作，促进强化激励与约束机制，有计划地建立企业资本金评价制度，科学评价企业经营效绩，运用一系列统计指标进行综合分析评价，这套指标体系由基本指标、修正指标、评议指标三个层次共32项指标构成。

【例8-1】 为方便起见，此处以从A公司201×年资产负债表、利润表中摘录有关资料为例进行阐述，见表8-1与表8-2。

表 8-1 资产负债表

（201×年 12 月）　　　　　　　　　　　　　　　　　　　单位：万元

资产			负债及所有者权益		
项目	年初数	期末数	项目	年初数	期末数
流动资产			流动负债		
…	…	…	…	…	…
应收账款	3 540	2 310	应付账款	3 540	2 310
应收账款净额	3 540	2 310	流动负债合计	9 100	12 000
…	…	…	非流动负债		
存货	3 150	5 010	长期负债合计	900	900
…	…	…	所有者权益		
流动资产合计	11 000	15 000	实收资本	2 250	2 250
非流动资产			…		
长期投资	2 774	2 931	…	…	…
…	…	…			
固定资产原值	3 078	3 109	未分配利润	200	2 000
减累计折旧	852	1 040	…	…	…
固定资产净值	2 226	2 069	所有者权益合计	6100	7 100
…	…	…	…	…	…
固定资产合计	2 226	2 069			
其他资产合计					
资产总计	16 000	20 000	负债及所有者权益合计	16 000	20 000

表 8-2 利润表

（201×年 12 月）　　　　　　　　　　　　　　　　　　　单位：万元

项　目	上一年同期数	本年累计数
一、营业收入	21 040	31 000
减：营业成本	17 568	25 603
税金及附加	52	67
	3 420	5 330
	…	…
减：管理费用	1 580	1 680
营业费用	1 220	1 260
财务费用	−60	−61
二、营业利润	930	2 451
…	…	…
三、利润总额	1 200	2 400
减：所得税费		
…	…	…
四、净利润	592	1 400
…	…	…
五、可供分配利润	701	2 086
…	…	…
六、未分配利润	200	2 000

一、基本指标

基本指标是评价企业效绩的主要计量指标,是整个评价指标体系的核心,用于完成企业效绩的初步评价。基本指标由反映企业财务效益状况、资金营运状况、偿债能力状况、发展能力状况四类八项计量指标组成。

(一)反映财务效益状况的指标

1. 净资产收益率

净资产收益率是指企业一定时期内的净利润与平均净资产的比率。净资产收益率充分体现投资者投入企业的自有资本获取净收益的能力,突出反映投资与报酬的关系,是评价企业资本经营效益的核心指标。

其计算公式为

$$净资产收益率 = \frac{净利润}{平均净资产} \times 100\%$$

式中:净利润是指企业的税后利润,即利润总额扣除应交所得税费后的净额,是未作任何分配的数额,它受各种政策等其他人为因素影响较小,能够比较客观、综合地反映企业的经济效益,准确体现投资者投入资本的获利能力;平均净资产是企业年初所有者权益与年末所有者权益的平均数,即平均净资产=(所有者权益年初数+所有者权益年末数)/2。净资产包括实收资本、资本公积、盈余公积和未分配利润。

这项指标的作用如下。

(1)净资产收益率是评价企业自有资本及其积累获取报酬水平的最具综合性与代表性的指标,又称权益净利率,反映企业资本运营的综合效益。该指标通用性强,适应范围广,不受行业限制。指标数值越大,说明给投资者带来的收益越高。在我国上市公司业绩综合评价排序中,该指标居于首位。

(2)通过对这个指标的综合对比分析,可以看出企业获利能力在同行业中所处地位,以及与同类企业的差异水平。

(3)一般认为,企业净资产收益率越高,企业自有资本获取收益的能力越强,运营效益越好,对企业投资人、债权人的权益保证程度越高。

如例 8-1 中,201×年 A 公司的净资产收益率为

$$净资产收益率 = \frac{净利润}{平均净资产} \times 100\% = \frac{1\,400}{\frac{6\,100 + 7\,100}{2}} \times 100\% = 21.21\%$$

在当前经济形势下,这一数据表明 A 公司的资本获利能力比较强,在同类企业中较为先进。

2. 总资产报酬率

总资产报酬率是指企业一定时期内获得的报酬总额与平均资产总额的比率。总资产报酬率表示企业包括净资产和负债在内的全部资产的总体获利能力,是评价企业资产运营效益的重要指标。可将其与本企业前期、本行业平均水平和先进企业进行对比,分析形成差异的原因。

其计算公式为

$$总资产报酬率 = \frac{利润总额 + 利息支出}{平均资产总额} \times 100\%$$

式中:利润总额是指企业本期实现的全部利润,包括企业当年营业利润、投资收益、补贴收入、营业外收支净额和所得税费等内容,如亏损,以"一"号表示;利息支出是指企业在生产经营过程中实际支出的借款利息、债券利息等;平均资产总额是指企业资产总额年初数与年末数的平均值,即平均资产总额=(资产总额年初数+资产总额年末数)/2。

这项指标的作用如下。

(1) 总资产报酬率表示企业全部资产获取收益的水平,全面反映企业的获利能力和投入产出状况。通过对该指标的深入分析,可以增强各方面对企业资产经营的关注,促进企业提高单位资产的收益水平。

(2) 一般情况下,企业可根据此指标与市场资本利率进行比较,如果该指标大于市场利率,表明企业可以充分利用财务杠杆,进行负债经营,获取尽可能多的收益。

(3) 该指标越高,表明企业投入产出的水平越高,企业的资产运营越有效。

如例 8-1 中,A 公司 201×年的总资产报酬率为

$$总资产报酬率 = \frac{利润总额 + 利息支出}{平均资产总额} \times 100\%$$

$$= \frac{2\,400 + 0}{\frac{1\,600 + 20\,000}{2}} \times 100\% = 13.33\%$$

在当前市场情况下,A 公司的总资产报酬率达 13.33%,处于同类企业一般水平。

(二) 反映资金营运状况的指标

1. 总资产周转率

总资产周转率是指企业一定时期收入净额与平均资产总额的比值。总资产周转率是综合评价企业全部资产经营质量和利用效率的重要指标。

其计算公式为

$$总资产周转率(次) = \frac{营业收入净额}{平均资产总额}$$

式中：营业收入净额是指企业当期销售产品、商品、提供劳务等主要经营活动取得的收入减去销售折扣与折让后的数额；平均资产总额的含义与总资产报酬率指标中的分母项含义相同。

这项指标的作用如下。

(1) 总资产周转率是考察企业资产运营效率的一项重要指标，体现企业经营期间全部资产从投入到产出周而复始的流转速度，反映企业全部资产的管理质量和利用效率。由于该指标是一个包容性较强的综合指标，因此，从因素分析角度看，它受流动资产周转率、应收账款周转率和存货周转率等指标的影响。

(2) 该指标通过当年已实现的销售价值与全部资产比较，反映企业一定时期的实际产出质量及对每单位资产实现的价值补偿。

(3) 通过该指标的对比分析，不但能反映企业本年度及以前年度总资产的运营效率及其变化，而且能发现本企业与同类企业在资产利用上存在的差距，促进企业挖掘潜力、积极创收，提高产品市场占有率、提高资产利用效率。

在例 8-1 中，201×年 A 公司总资产周转率为

$$总资产周转率(次) = \frac{营业收入净额}{平均资产总额}$$

$$= \frac{31\,000}{\frac{16\,000 + 20\,000}{2}} = 1.72(次)$$

A 公司 201×年总资产周转率为 1.72 次，与同类企业相比处于中等水平。一般这个指标数值越高，资产周转速度越快，产品销售越旺，资产利用效率越高。

2. 流动资产周转率

流动资产周转率是指企业在一定时期内营业收入净额同平均流动资产总额的比值。流动资产周转率是评价企业资产利用效率的另一个重要指标。

其计算公式为

$$流动资产周转率 = \frac{营业收入净额}{平均流动资产总额}$$

式中：营业收入净额含义与总资产周转率指标中的分子含义相同；平均流动资产总额是指企业流动资产总额的年初数与年末数的平均值，即平均流动资产总额＝(流动资产年初数＋流动资产年末数)/2。

这项指标作用如下。

(1) 流动资产周转率反映企业流动资产的周转速度，是从企业全部资产中流动性最

强的流动资产角度对企业资产的利用效率进行分析,以揭示影响企业资产质量的一个主要因素。

(2) 该指标将营业收入净额与企业资产中最具活力的流动资产相比较,既能反映企业一定时期流动资产周转速度和使用效率,又能进一步体现每单位流动资产实现价值补偿的高低,以及补偿速度的快慢。

(3) 要实现流动资产良性循环,应以营业收入增幅高于流动资产增幅作保证。在企业内部,通过对该指标的分析对比,一方面可以促进企业加强内部管理,充分有效地利用其流动资产,如降低成本、调动暂时闲置的货币资金用于短期投资创造收益等;另一方面也可以促进企业采取措施扩大销售,提高流动资产率的综合使用效率。

(4) 一般情况下,该指标越高,表明企业流动资产周转速度越快,利用越好。在较快的周转速度下,流动资金会相对节约,其意义相当于流动资产投入的增加,在某种程度上增强了企业的盈利能力;周转速度慢,则需补充流动资金参加周转,形成资金浪费,降低企业盈利能力。

例 8-1 中,201×年 A 公司的流动资产周转率为

$$流动资产周转率 = \frac{营业收入净额}{平均流动资产总额}$$

$$= \frac{31\,000}{\frac{11\,000 + 15\,000}{2}} = 2.38(次)$$

从计算结果分析,A 公司的流动资产周转率为 2.38 次,处于同类企业中等水平。

(三) 反映偿债能力状况的指标

1. 资产负债率

资产负债率是指企业一定时期负债总额同资产总额的比率。资产负债率表示企业总资产中有多少是通过负债筹集的,该指标是评价企业负债水平的综合指标。

其计算公式为

$$资产负债率 = \frac{负债总额}{资产总额} \times 100\%$$

式中:负债总额是指企业承担的各项短期负债和长期负债的总和;资产总额是指企业拥有各项资产价值的总和。

这项指标的作用及其评价的幅度范围如下。

(1) 资产负债率是衡量企业负债水平及风险程度的重要判断标准。该指标不论是对企业投资人还是企业债权人都十分重要,适度的资产负债率既能表明企业投资人、债权人的投资风险较小,又能表明企业经营安全、稳健、有效,具有较强的筹资能力。

(2) 资产负债率是国际公认的衡量企业负债偿还能力和经营风险的重要指标。比较保守的经验判断其一般为不高于50%,国际上一般公认为60%比较好。

(3) 根据当前我国企业生产经营实际,以及所属行业的资产周转情况和长期债务偿还能力,不同行业的企业资产负债率各不相同,其中交通、运输、电力等基础行业的资产负债率一般平均为50%左右,制造业为65%左右,商贸业为80%左右。

(4) 在企业管理实践中,难以简单用资产负债率高、低判断负债状况优劣,因为过高的负债率表明企业财务风险太大,过低的负债率则表明企业对财务杠杆利用不够。所以,实际分析时,应结合国家总体经济状况、行业发展趋势、企业所处竞争环境等具体情况进行客观判定。从目前我国实际情况看,一般资产负债率约为65%。

例8-1中,A公司201×年资产负债率为

$$资产负债率 = \frac{负债总额}{资产总额} \times 100\% = \frac{12\,900}{20\,000} \times 100\% = 64.5\%$$

从计算结果可知,A公司的资产负债率为64.50%,接近国际公认水平,是比较适当的。

2. 已获利息倍数

已获利息倍数是企业一定时期息税前利润与利息支出的比值,它反映了企业偿付债务利息的能力。

其计算公式为

$$已获利息倍数 = \frac{息税前利润}{利息支出} = \frac{净利润 + 利息支出 + 企业所得税费}{利息支出}$$

式中:息税前利润是指企业当年实现的利润总额与利息支出的合计数;利息支出是当年实际利息支出数。

这项指标的作用及其评价的幅度范围如下。

(1) 已获利息倍数指标反映当期企业经营收益是所需支付的债务利息的多少倍,从偿债资金来源角度来考察企业债务利息偿还能力。如果已获利息倍数适当,表明企业偿付债务利息的风险小。国外一般选择计算企业5年的已获利息倍数,以充分说明企业稳定偿付利息的能力。

(2) 因企业所处行业不同,已获利息倍数有不同的标准界限。国际上公认的已获利息倍数为3。20世纪90年代末期,我国国有企业平均已获利息倍数为1。一般情况下,该指标如大于1,表明企业负债经营能够赚取比资金成本更高的利润,但这仅表明企业能维持经营,还远远不够;如小于1,表明企业无力赚取大于资金成本的利润,企业债务风险很大。

(3) 该指标越高,表明企业的债务偿还能力越有保证;相反,则表明企业没有足够资

金来源偿还债务利息,企业偿债能力低下。

假设例 8-1,201×年年末利息支出为 800 万元,则已获利息倍数为:

$$已获利息倍数 = \frac{息税前利润}{利息支出} = \frac{净利润 + 利息支出 + 企业所得税费}{利息支出}$$

$$= \frac{2\,400 + 800}{800} = \frac{3\,200}{800} = 4(倍)$$

计算结果表明,A 公司能够赚取比资金成本较高的利润,具有较强的偿付债务利息能力。

(四) 反映发展能力状况的指标

1. 营业额增长率

营业额增长率是指企业本年营业额收入增长额同上年营业额收入总额的比率。营业额增长额表示本年与上年相比,企业营业额收入的增减变动情况,是评价企业成长状况和发展能力的重要指标。

其计算公式为

$$营业增长率 = \frac{本年营业收入增长额}{上年营业收入总额} \times 100\%$$

式中:本年营业收入增长额是企业本年营业收入与上年营业收入的差额,即本年营业收入增长额=本年营业收入-上年营业收入。如果本年营业收入低于上年,本年营业收入为负增长,用"-"表示;上年营业收入总额是指企业上年全年营业收入总额。

这项指标的作用及其评价标准如下。

(1) 营业收入增长率是衡量企业经营状况和市场占有能力、预测企业经营业务扩展趋势的重要标志,也是企业扩张增量和存量资本的重要前提。不断增加的营业收入是企业生存基础和发展的条件,世界 500 强企业主要以营业收入多少进行排序。

(2) 该指标大于零,表示企业本年的营业收入有所增长。指标值越高,表明增长速度越快,企业产品市场前景越好;该指标小于零,说明企业产品不适销对路,质次价高,或是在售后服务等方面存在问题,产品销售不出去,市场份额萎缩。

(3) 在实际操作时,应结合企业历年营业水平、市场占有情况、行业未来发展及其他影响企业发展的潜在因素进行前瞻性预测,或者结合企业前 3 年的营业收入增长率作出趋势性分析判断。

例 8-1 中,201×年 A 公司营业收入增长率为

$$营业增长率 = \frac{本年营业收入增长额}{上年营业收入总额}$$

$$= \frac{31\,000 - 21\,040}{21\,040} \times 100\% = 47.34\%$$

从计算结果可以看出,A公司营业收入增长率为47.34%,表明其产品适销对路,销售渠道畅通,市场占有率增长较快,市场前景看好。

2. 资本积累率

资本积累率是指企业本年所有者权益增长额同年初所有者权益的比率。资本积累率表示企业当年资本积累能力,是评价企业发展潜力的重要指标。

其计算公式为

$$资本积累率 = \frac{本年所有者权益增长额}{年初所有者权益} \times 100\%$$

式中:本年所有者权益增长额是指企业本年所有者权益与上年所有者权益的差额,即本年所有者权益增长额=所有者权益年末数-所有者权益年初数;年初所有者权益是指所有者权益的年初数。

这项指标的作用如下。

(1) 资本积累率是企业当年所有者权益总的增长率,反映企业所有者权益在当年的变动水平。

(2) 资本积累率体现企业资本的积累情况,是企业发展壮大的标志,也是企业扩大再生产的源泉,展示企业的发展潜力。

(3) 资本积累率反映投资者投入企业资本的保全性和增长性,该指标越高,表明企业的资本积累越多,企业资本保全性越强,应对风险、可持续发展的能力越大。

(4) 该指标如为负值,表明企业资本受到侵蚀,所有者利益受到损害,应予以充分重视。

在例8-1中,201×年A公司资本积累率为

$$资本积累率 = \frac{本年所有者权益增长额}{年初所有者权益} \times 100\%$$

$$= \frac{7\ 100 - 6\ 100}{6\ 100} \times 100\% = 16.39\%$$

由此可知,A公司资本积累率为16.39%,说明其资本积累能力较强,企业具有一定的发展潜力,前景看好,抗风险能力也较强。

二、修正指标

修正指标是从多方面调整完善基本指标评价结果的计量指标,是对整个评价指标体系的重要辅助。通过对若干项定量修正指标的分析,对企业初步评价结果进行全面调整和修正,以形成企业效绩评价基本结论。修正指标由营业利润率、成本费用利润率、资产损失比率等16项计量指标构成。

（一）对财务效益状况评价结果进行修正的指标

1. 资本保值增值率

资本保值增值率是指企业本年年末所有者权益扣除客观因素增减后，同年初所有者权益的比率，反映投资者投入资本的完整性和保全性。资本保值增值率表示企业当年资本在企业自身努力下的实际增值变动情况，是评价企业财务效益状况的辅助指标。

其计算公式为

$$资本保值增值率 = \frac{扣除客观因素增减后的年末所有者权益}{年初所有者权益} \times 100\%$$

式中：年末所有者权益扣除客观因素增减，具体包括国家资本金及其权益因客观因素增加额和国家资本金及其权益因客观因素减少额两大类；年初所有者权益是指所有者权益的年初数。

由于这种评价方法，起初主要用于对国有企业和国有控股企业的评价，该指标实际上是考察国有资本保值增值情况。后来随着改革开放不断深入发展出现多种不同所有制企业，为便于对其他所有制企业的评价，故命名为资本保值增值率。

这项指标的作用如下。

（1）资本保值增值率是根据"资本保全"原则设计的指标，更加谨慎、稳健地反映企业资本保全和增值情况。它充分体现对所有者权益的保护，能够及时、有效地发现侵蚀所有者权益的迹象。

（2）该指标反映投资者投入企业资本的保全性和增长性，计算结果大于100%为资本增值，等于100%为资本保值。该指标越高，表明企业的资本保值增值状况越好，所有者的权益增长越快，债权人的债务越有保障，企业发展后劲越强。

（3）该指标如为负值，表明企业资本受到侵蚀，没有实现资本保全，损害了所有者的权益，也妨碍了企业进一步发展壮大和可持续发展，应予以充分重视。

例 8-1 中，A 公司资本保值增值率为

$$资本保值增值率 = \frac{扣除客观因素增减后的年末所有者权益}{年初所有者权益} \times 100\%$$

$$= \frac{7\ 100}{6\ 100} \times 100\% = 116.39\%$$

计算结果表明，A 公司资本保值增值状况良好，所有者权益增长较快，债务偿还能力有保障，企业发展后劲较强。

2. 营业利润率

营业利润率是指企业一定时期营业利润与营业收入净额的比率。它表明企业每单位

营业收入能带来多少营业利润,反映企业经营业务的获利能力,是评价企业经营效益的主要指标。

其计算公式为

$$营业利润率 = \frac{营业利润}{营业收入净额} \times 100\%$$

式中:营业利润是指企业营业收入扣除营业成本费用、税金及附加的利润,包括其他业务利润、长期投资收益、因素,营业利润是企业全部利润中最为重要的部分,是影响企业整体经营成果的主要因素。营业收入净额的含义与基本指标中总资产周转率分子的含义相同。

这项指标的作用如下。

(1) 营业利润率是从企业营业盈利能力和获利水平方面对资本金收益率指标进一步补充,体现企业营业利润对利润总额的贡献,以及对企业全部收益的影响程度。

(2) 该指标体现企业经营活动的最基本获利能力,没有足够大的营业利润率就不能实现企业的最终利润,为此,结合企业营业收入和营业成本分析,能充分反映企业成本控制、费用管理、产品营销、经营策略等方面的不足与绩效。

(3) 该指标反映每1元营业收入带来利润的多少,计算的指标数值越高,说明企业产品或商品定价科学,产品附加值高,营销策略得当,经营业务市场竞争力强,发展潜力大,获利水平高。

例 8-1 中,A 公司 201× 年营业利润率为

$$营业利润率 = \frac{营业利润}{营业收入净额} \times 100\%$$

$$= \frac{4\,070}{31\,000} \times 100\% = 13.13\%$$

由计算结果可以看出,A 公司经营业务获利能力属于一般,还需从产品定价科学进一步调研,制定和改进销售策略,开拓市场占有率,挖掘企业发展潜力。

3. 成本费用利润率

成本费用利润率是企业一定时期的利润总额同企业成本费用总额的比率。成本费用利润率表示企业为取得利润而付出的代价,从企业支出方面补充评价企业的收益能力。

其计算公式为

$$成本费用利润率 = \frac{利润总额}{成本费用总额} \times 100\%$$

式中：利润总额的含义与总资产报酬率中利润总额的含义相同；成本费用总额是指企业营业成本、营业费用、管理费用、财务费用之和。

这项指标的作用如下：

(1) 成本费用利润率是从企业内部管理等方面对资本收益状况进一步修正，该指标通过企业收益与支出直接作比较，客观评价企业的获利能力。

(2) 该指标从耗费角度补充评价企业收益状况，有利于促进企业加强内部管理，节约支出，提高经济效益。

(3) 该指标越高，表明企业为取得收益所付出的代价越小，企业成本费用控制得越好，企业的获利能力越强。

例 8-1 中，201×年 A 公司成本费用利润率为

$$成本费用利润率 = \frac{利润总额}{成本费用总额} \times 100\%$$

$$= \frac{2\,400}{25\,603 + 1\,260 + 1\,680 - 61} \times 100\%$$

$$= \frac{2\,400}{28\,482} = 8.43\%$$

A 公司成本费用利润率为 8.43%，表明 A 公司内部管理较好，有一定的获利能力，还要加强增产节约，进一步挖掘潜力来提高企业经济效益。

(二) 对资产营运状况评价结果进行修正的指标

1. 存货周转率

存货周转率是企业一定时期主营业务成本与平均存货的比率。存货周转率是对流动资产周转率的补充说明。

其计算公式为

$$存货周转率(次) = \frac{营业成本}{平均存货}$$

式中：营业成本是指企业销售产品、商品或提供劳务等经营业务的实际成本；存货是指企业在生产经营过程中为销售或用于储备的材料商品，平均存货是存货年初数与年末数的平均值，即平均存货 = (存货年初数 + 存货年末数)/2。

存货周转率也可用时间表示，即

$$存货的周转天数 = (平均存货 \times 360) / 营业成本$$

这项指标的作用如下：

(1) 存货周转率是评价企业从取得存货，投入生产到销售收回款项(包括现金销售和赊销)等各环节管理状况的综合性指标，用于反映存货的周转速度，即存货的流动性及存

货资金占用量合理与否。

(2) 工商企业,尤其是在商业企业中,存货在流动资产中所占比重较大,因此必须重视对存货周转率的分析研究。采用本指标的目的在于针对存货管理中存在的问题,促使企业在保证生产经营连续性的同时,提高资金的使用效率,增强企业的短期偿债能力。

(3) 存货周转率在反映存货周转速度、存货占用资金水平的同时,也在一定程度上反映企业产品销售实现的快慢。所以,一般情况下,该指标越高,表示企业产品由于销售顺畅而具有拉升存货的流动性,使存货转换为现金或应收账款的速度加快,存货占用资金水平低。

(4) 运用本指标时,还应综合考虑进货批量、生产销售的季节性变动以及存货结构等因素。

例 8-1 中,201×年 A 公司存货周转次数和存货周转天数分别为

$$存货周转率(次) = \frac{营业成本}{平均存货} = \frac{25\,603}{\frac{3\,150+5\,010}{2}} = \frac{25\,603}{4\,080} = 6.28(次)$$

$$存货周转天数 = \frac{\frac{年初存货+年末存货}{2} \times 360}{营业成本}$$

$$= \frac{\frac{3\,150+5\,010}{2} \times 360}{25\,603} = 57.37(天)$$

综观国内企业一般情况,A 公司存货周转速度处于中等水平。

2. 应收账款周转率

应收账款周转率是企业在一定时期内营业收入净额与平均应收账款余额的比率。应收账款周转率是对流动资产周转率的补充说明。

其计算公式为

$$应收账款周转率(次) = \frac{营业收入净额}{平均应收账款余额}$$

式中:营业收入净额的含义与营业利润率指标中的分子营业收入净额的意义相同;应收账款是指企业因赊销产品、材料、物资和提供劳务而应向购买方收取的各种款项,平均应收账款=(应收账款年初数+应收账款年末数)/2。

应收账款周转率也可用时间表示,称为平均应收账款回收期,即应收账款周转天数。

其计算公式为

$$应收账款周转天数 = \frac{360 \times 平均应收账款}{营业收入}$$

这项指标的作用如下。

(1) 应收账款周转率反映了企业应收账款的流动速度,即企业本年度内应收账款转

为现金的平均次数或周转一次需要的天数。

（2）应收账款在流动资产中占较大份额，及时收回应收账款能减少营运资金在应收账款上的停滞占用，从而提高企业的资金利用效率。

（3）采用本指标的目的在于促进企业通过合理制定赊销策略、严格销货合同管理、及时结算等途径加强应收账款的前后期管理，加快应收账款回收速度，优化企业营运资金。

（4）季节性经营、大量采用分期收款或现金方式结算等都可能使本指标结果失实，所以，应结合企业前后期间应收账款回收情况、行业平均水平进行综合评价。

例 8-1 中，201× 年 A 公司的应收账款周转情况为

$$应收账款周转次数 = \frac{营业收入净额}{平均应收账款余额}$$

$$= \frac{31\,000}{\frac{3\,540 + 2\,310}{2}} = \frac{31\,000}{\frac{5\,850}{2}} = 10.60(次)$$

$$应收账款周转天数 = \frac{360 \times 平均应收账款余额}{营业收入}$$

$$= \frac{3\,540 + 2\,310}{2} \times 360 \div 31\,000$$

$$= \frac{1\,053\,000}{31\,000} = 33.98(次)$$

综观我国国内以往企业间往来账款相互拖欠的情况，A 公司应收账款周转情况尚属可以。

3. 不良资产比率

其计算公式为

$$不良资产比率 = \frac{年末不良资产总额}{年末资产总额} \times 100\%$$

式中：年末不良资产总额是指企业资产中存在问题、难以参加正常生产经营运转的部分，主要包括 3 年以上应收账款、积压商品物资和不良投资等；年末资产总额是指企业资产总额的年末数。

这项指标的作用如下。

（1）不良资产比率着重从 3 年以上应收账款、积压商品物资和不良投资三个主要方面反映企业资产质量，揭示企业在资产管理和资金使用上存在的问题，用以对企业资产的营运状况进行补充修正。

（2）该指标在用于评价工作的同时，也有利于企业发现自身不足、改进管理、提高资产利用效率。

（3）一般情况下，该指标越高，表明企业资金沉积，不能正常参与经营运转的资金越

多,资金利用率越差。该指标值越小越好。零是最优水平。

假设例8-1中,A公司中201×年资产总额中有不良资产200万元,则

$$不良资产比率 = \frac{年末不良资产总额}{年末资产总额} \times 100\%$$

$$= \frac{200}{20\,000} \times 100\% = 1.00\%$$

4. 资产损失比率

资产损失比率是企业一定时期待处理资产损失净额占资产总额的比重。资产损失比率用以分析判断企业资产损失对资产营运状况的直接影响。

其计算公式为

$$资产损失比率 = \frac{待处理资产损失净额}{年末资产总额} \times 100\%$$

式中:待处理资产损失净额是指企业待处理流动资产净损失、待处理固定资产净损失以及固定资产毁损、待报废三项的合计;年末资产总额的含义与不良资产比率指标中分母年末资产总额的含义相同。

这项指标的作用如下。

(1)待处理资产损失的大小与企业的资产管理制度是否严密、管理水平优劣密切相关。因此,资产损失比率指标是衡量企业资产营运与管理水平的一项重要指标。

(2)该指标在清产核资中用以分析企业资产经营状况,将进一步规范企业资产统计。因此,将该指标作为评价企业资产营运状况的修正指标十分必要。

(3)该指标表明企业资产损失的严重程度,从企业资产质量角度揭示企业资产管理状况。

假设例8-1中A公司201×年年末待处理财产损失净额10万元,则

$$资产损失比率 = \frac{待处理资产损失净额}{年末资产总额} \times 100\%$$

$$= \frac{10}{20\,000} \times 100\% = 0.05\%$$

综观当前国内一般情况,A公司不良资产比率虽然很低,但在企业资产营运与管理中还是存在问题,要引起重视。

(三)对偿债能力状况评价结果进行修正的指标

1. 流动比率

流动比率是企业一定时期流动资产同流动负债的比率。流动比率衡量企业短期债务

偿还能力,评价企业偿债能力的强弱。

$$流动比率 = \frac{流动资产}{流动负债} \times 100\%$$

式中:流动资产是指企业在 1 年或超过 1 年的一个营业周期内变现或被耗用的资产;流动负债是指偿还期限在 1 年或者超过 1 年的一个营业周期以内的债务。

这项指标的作用如下。

(1) 流动比率可衡量企业资金流动性的大小,充分考虑流动资产规模与流动负债规模之间的关系,判断企业短期债务到期前,可以转化为现金用于偿还流动负债的能力。

(2) 该指标值越高,表明企业流动资产流转得越快,偿还流动负债的能力越强。但须注意,该指标若过高,说明企业的资金利用效率比较低下,对企业生产经营也不利。国际上公认标准比率为 200%。我国较好的企业流动比率为 150% 左右。但行业不同,标准也有所不同。

(3) 一般而言,如果行业生产周期较长,企业的流动比率就相应提高;如果行业生产周期较短,企业流动比率可以相对降低。在实际操作时,应将该指标与行业的平均水平进行分析比较。

例 8-1 中,A 公司 201×年流动比率为

$$流动比率 = \frac{流动资产}{流动负债} \times 100\% = \frac{15\,000}{12\,000} \times 100\% = 125.00\%$$

按我国当前情况,计算结果表明,A 公司资产流动比率处于中上水平,流动资产运转状况较好。

2. 速动比率

速动比率是企业一定时期的速动资产同流动负债的比率。速动比率用来衡量企业的短期偿债能力,评价企业流动资产变现能力的强弱。

其计算公式为

$$速动比率 = \frac{速动资产}{流动负债} \times 100\%$$

式中:速动资产是指扣除存货后流动资产的数额,即速动资产 = 流动资产 - 存货;流动负债的含义与流动比率指标中分母流动负债的含义相同。

这项指标的作用如下。

(1) 速动比率是对流动比率的补充,分子是在剔除流动资产中变现能力较差的存货后,计算企业实际短期债务偿还能力,较为准确。

(2) 该指标值越高,表明企业偿还流动负债的能力越强,一般保持在 100% 水平比较好,表明企业既有好的债务偿还能力,又有合理的流动资产结构。国际上公认的比率为 100%。我国较好的企业该比率在 90% 左右。而不同行业也有所不同。

（3）由于各行业间不同的关系，速动比率合理水平值差异较大，在实际运用中，应结合行业特点进行分析判断。

例 8-1 中，A 公司 201×年速动比率为

$$速动比率 = \frac{速动资产}{流动负债} \times 100\% = \frac{15\,000 - 5\,010}{12\,000} \times 100\%$$

$$= \frac{9\,990}{12\,000} \times 100\% = 83.25\%$$

计算结果表明，A 公司速动比率处于中上水平，有一定的偿债能力。

3. 现金流动负债比率

现金流动负债比率是企业一定时期的经营现金净流入与流动负债的比率。现金流动负债比率是从现金流动角度来反映企业当期偿还短期负债的能力。

其计算公式为

$$现金流动负债比率 = \frac{年经营现金净流入}{年末流动负债} \times 100\%$$

式中：年经营现金净流入是指一定时期内，由企业经营活动所产生的现金及其等价物的流入量与流出量的差额；年末流动负债是年末偿还期限在 1 年或超过 1 年的一个营业周期内的债务。

这项指标的作用如下。

（1）现金流动负债比率是从现金流入和流出的动态角度对企业实际偿债能力进行再次修正。

（2）由于有利润的年份不一定有足够的现金偿还债务，所以利用收付实现制为基础的现金流动负债比率指标，能充分体现企业经营活动所产生的现金净流入可以在多大程度上保证当期流动负债的偿还，直观地反映企业偿还流动负债的实际能力，该指标评价企业偿债能力更为谨慎。

（3）该指标值较大，表明企业经营活动产生的现金净流入较多，能够保障企业按时偿还到期债务。但也不是越大越好，太大了表示企业流动资金利用不充分，收益能力不强。

设例 8-1 中，A 公司 201×年经营活动所产生的现金及其等价物的净流入为 550 万元，则

$$现金流动负债比率 = \frac{年经营现金净流入}{年末流动负债} \times 100\%$$

$$= \frac{550}{12\,000} \times 100\% = 4.58\%$$

从计算结果看出，A 公司现金净流入不足，会影响流动负债的偿还能力。

4. 长期资产适合率

长期资产适合率是企业所有者权益与长期负债之和同固定资产与长期投资之和的比率。长期资产适合率从企业资源配置结构方面反映企业的偿债能力。

其计算公式为

$$长期资产适合率 = \frac{所有者权益 + 长期负债}{固定资产 + 长期投资} \times 100\%$$

式中：所有者权益是指所有者权益总额的年末数；长期负债是指偿还期在 1 年以上或超过 1 年的一个营业周期以上的债务，对于编制合并会计报表的企业，少数股东权益也包括在内；固定资产是指企业固定资产净值的年末数；长期投资是指投资期限在 1 年或者超过 1 年的一个营业周期以上的投资。

这项指标的作用如下。

（1）长期资产适合率从企业长期资产与长期资本的平衡性与协调性的角度出发，反映企业财务结构的稳定程度和财务风险的大小。

（2）该指标在充分反映企业偿债能力的同时，也反映企业资金使用的合理性，分析企业是否存在盲目投资、长期资产挤占流动资金，或者负债使用不充分等问题，有利于加强企业的内部管理和外部监督。

（3）从维护企业财务结构稳定和长期安全性角度出发，该指标数值高比较好，但过高也会带来融资成本增加问题。理论上认为该指标≥100 较好，因此，该指标究竟多高合适，应根据企业具体情况，参照行业平均水平来确定。

例 8-1 中，A 公司 201×年长期资产适合率为

$$长期资产适合率 = \frac{所有者权益 + 长期负债}{固定资产 + 长期投资} \times 100\%$$

$$= \frac{7\,100 + 900}{2\,069 + 2\,931} \times 100\% = \frac{8\,000}{5\,000} \times 100\% = 160\%$$

计算结果说明，A 公司财务资产结构稳定、安全，但应注意融资成本增加带来的风险。

5. 经营亏损挂账比率

经营亏损挂账比率是企业经营亏损挂账额与年末所有者权益总额的比率。经营亏损挂账比率是对企业资金挂账的分析解剖，反映企业由于经营亏损挂账而导致的对所有者权益的侵蚀程度。

其计算公式为

$$经营亏损挂账比率 = \frac{经营亏损挂账额}{年末所有者权益总额} \times 100\%$$

式中：经营亏损挂账额是指企业因经营管理不善而造成的亏损挂账资金；年末所有者权

益总额是指企业所有者权益总额的年末数。

这项指标的作用如下。

(1) 经营亏损挂账,对深入研究企业资产经营管理中存在的问题,客观评价经营亏损挂账对企业偿债能力的潜在影响。

(2) 运用该指标可以暴露企业经营中的问题,促进企业改善经营,加强管理,增强盈利能力和持续经营的后劲。

(3) 该指标值越高,表明企业经营亏损挂账越多,经营中存在的问题越多,留存收益受到的侵蚀越大。该指标值越小越好,零是最佳状态。

例 8-1 中,假设 A 公司 201×年经营亏损挂账 3 万元,则

$$经营亏损挂账比率 = \frac{经营亏损挂账额}{年末所有者权益总额} \times 100\%$$

$$= \frac{3}{7\,100} \times 100\% = 0.042\%$$

从计算结果看,A 公司存在经营挂账现象,企业管理中存在问题应加以分析、找出原因及时予以整改。

(四) 对发展能力状况评价结果进行修正的指标

1. 总资产增长率

总资产增长率是企业本年总资产增长额与年初资产总额的比率。总资产增长率可衡量企业本期资产规模的增长情况,评价企业经营规模总量上的扩张程度。

其计算公式为

$$总资产增长率 = \frac{本年总资产增长额}{年初资产总额} \times 100\%$$

式中:本年总资产增长额是指资产总额年末数与年初数的差额,即本年总资产增长额=资产总额年末数-资产总额年初数。如本年资产总额减少,用"-"表示。年初资产总额是资产总额的年初数。

这项指标的作用如下。

(1) 总资产增长率指标是从企业资产总量扩张方面衡量企业的发展能力,表明企业规模增长水平对企业发展后劲的影响。

(2) 该指标值越高,表明企业一个经营周期内资产经营规模扩张的速度越快。但实际操作时,应注意资产规模扩张的质与量的关系,以及企业的后续发展能力,避免资产盲目扩张。

(3) 该指标是考核企业发展能力的重要指标,在我国上市公司业绩指标综合排序中,该指标位居第二。

例 8-1 中，A 公司 201×年总资产增长率为

$$总资产增长率 = \frac{本年总资产增长额}{年初资产总额} \times 100\%$$

$$= \frac{20\,000 - 16\,000}{16\,000} \times 100\%$$

$$= \frac{4\,000}{16\,000} \times 100\% = 25\%$$

计算结果表明，A 公司总资产扩张能力较强，有发展潜力。

2. 固定资产成新率

固定资产成新率是企业当期平均固定资产净值同平均固定资产原值的比率。

其计算公式为

$$固定资产成新率 = \frac{平均固定资产净值}{平均固定资产原值} \times 100\%$$

式中：平均固定资产净值是指企业固定资产净值的年初数与年末数的平均值；平均固定资产原值是指企业固定资产原值的年初数与年末数的平均值。

这项指标的作用如下。

(1) 固定资产成新率反映了企业所拥有的固定资产的新旧程度，体现企业固定资产更新的快慢，以及企业的持续发展能力。

(2) 该指标值高，表明企业固定资产成新率高，对扩大再生产的准备比较充足，持续发展的可能性比较大。

(3) 运用该指标分析固定资产新旧程度时，应剔除企业应提而未提的折旧的房屋、机器设备等对固定资产真实状况的影响。

例 8-1 中，A 公司 201×年固定资产成新率为

$$固定资产成新率 = \frac{平均固定资产净值}{平均固定资产原值} \times 100\% = \frac{\frac{2\,226 + 2\,069}{2}}{\frac{3\,078 + 3\,109}{2}} \times 100\%$$

$$= \frac{4\,295}{6\,187} \times 100\% = 69.42\%$$

从计算结果看，A 公司固定资产成新率较高，对扩大再生产准备充足，持续发展能力较大。

3. 3 年利润平均增长率

3 年利润平均增长率表明企业利润连续 3 年增长情况，体现企业的发展潜力。

其计算公式为

$$3\text{年利润平均增长率} = \left(\sqrt[3]{\frac{\text{年末利润总额}}{3\text{年前年末利润总额}}} - 1\right) \times 100\%$$

式中：年末利润总额的含义与总资产报酬率的利润总额含义相同；3年前年末利润总额是指企业3年前年末的利润总额数。若评价企业2017年的效绩状况，则3年前年末利润总额是指2014年利润总额年末数。

这个指标的作用如下。

(1) 利润是企业积累和扩大再生产的基础。该指标值越高，表明企业积累越多，可持续发展能力越强，发展的潜力越大。

(2) 3年利润平均增长率指标能够反映企业的利润增长趋势和效益稳定程度，较好地体现企业的发展状况和发展能力，避免因少数年份利润不正常增长而对企业发展潜力的判断错误。

例8-1中，设A公司2014年年末利润总额为70万元，2017年年末为220万元，该公司3年利润平均增长率为

$$3\text{年利润平均增长率} = \left(\sqrt[3]{\frac{\text{年末利润总额}}{3\text{年前年末利润总额}}} - 1\right) \times 100\%$$

$$= \sqrt[3]{\frac{220}{70}} - 1 = \sqrt[3]{3.14} - 1$$

$$= 146.43\% - 1 = 46.43\%$$

计算结果说明A公司近3年来利润平均增长率较高，效益增长稳定，企业发展后劲较足，有潜力。

4. 3年资本平均增长率

3年资本平均增长率表示企业资本连续3年的积累情况，体现企业的发展水平和发展趋势。

其计算公式为

$$3\text{年资本平均增长率} = \left(\sqrt[3]{\frac{\text{年末所有者权益总额}}{3\text{年前年末所有者权益总额}}} - 1\right) \times 100\%$$

式中：年末所有者权益总额含义与长期资产合适率中的所有者权益含义相同；3年前年末所有者权益总额指企业3年前的所有者权益年末数。设评价2017年企业效绩状况，3年前所有者权益年末数是指2014年年末数。

这个指标的作用如下。

(1) 由于一般增长率指标在分析时具有滞后性，仅反映当期情况，而利用该指标，能够反映企业资本保值增值的历史发展状况，以及企业稳步发展的趋势。

(2) 该指标值越高,表明企业所有者权益得到的保障程度越大,企业可以长期使用的资金越充足,抗风险和保持连续发展的能力越强。

例 8-1 中,设 A 公司 2017 年年末所有者权益为 589 万元,2014 年年末为 380 万元,则其 3 年资本平均增长率为

$$3 \text{ 年资本平均增长率} = \left(\sqrt[3]{\frac{\text{年末所有者权益总额}}{3 \text{ 年前年末所有者权益总额}}} - 1 \right) \times 100\%$$

$$= \left(\sqrt[3]{\frac{589}{380}} - 1 \right) \times 100\% = (\sqrt[3]{1.53} - 1) \times 100\%$$

$$= 115.23\% - 1 = 15.23\%$$

从计算结果看,A 公司资本增值状况较好,发展趋势稳步,有一定的抗风险能力。

三、评议指标

评议指标是用于评价企业资产经营及管理状况等多方面的非计量因素,是对计量指标的综合补充。通过对评议指标多项定性因素的分析判断,对基本评价结果进行全面的校验、修正和完善,可形成企业效绩评价的综合结论。评议指标由领导班子基本素质等八项非计量指标构成。

(一) 主要领导成员基本素质

主要领导成员基本素质是指企业现任领导班子的政治素质、智力素质、品德素质和能力素质等,具体包括政治思想水准知识结构、道德品质、敬业精神、开拓创新能力、团结协作能力、组织能力和科学决策水平等。

(二) 产品市场占有能力和服务满意度

产品市场占有能力是制造企业使用的评价指标,是指企业主要产品由于技术含量、功能性质、质量水平、品牌优势等因素决定的占有市场的能力。可以借助营业收入净额与行业营业收入净额的比值加以判断。

服务满意度是商贸、交通等服务行业企业使用的评价指标,是指消费者或顾客对商品或服务的质量、种类、速度、方便程度等方面的心理满足程度。

(三) 基础管理比较水平

基础管理比较水平是指企业按照国际规范做法和国家政策法规规定,在生产经营过程中形成和运用的维持企业正常运转及生存和创新发展的企业组织结构、内部经营管理模式、各项基础管理制度、激励与约束机制、信息系统等的现状及贯彻执行情况。

(四) 在岗员工素质状况

在岗员工素质状况是指企业普通员工的文化水平、道德水平、技术技能、组织纪律性、参与企业管理的积极性及爱岗敬业精神等的综合情况。

(五) 技术装备更新水平和服务硬环境

技术装备更新水平是制造企业专用的评价指标,是指企业主要生产设备的先进程度和生产适用性、科技含量水平、开工及闲置状况、新产品的研究和开发能力、科技投入量水平以及采用环保节能技术措施等情况。

服务硬环境是商贸、交通等服务行业企业使用的评价指标,是指商场、车站、饭店等商贸、服务场所的装饰,内部布局、服务设备先进程度等硬件设施情况。

(六) 行业或区域影响力

行业或区域影响力是指企业在行业或区域的龙头作用、辐射能力、财政贡献、提供就业和再就业机会等。

(七) 企业经营发展策略

企业经营发展策略是指企业所采用的包括增加科技投入引进高端科技人才、建立新的营销网点、更新设备、研发新项目、兼并重组等各种短期、中期、长期经营发展战略。

(八) 长期发展能力预测

长期发展能力预测是指从企业的资本积累状况、利润增长情况、资产周转状况、财务安全程度、科技投入和创新能力、环境保护等多个方面,综合预测企业创新驱动、转型发展、未来年度的发展前景及潜力。

通过对基本指标、修正指标、评议指标这套指标体系三个层次的分析,可对企业作出较全面的评价,特别是对企业资本金效绩进行全面评价分析,因而,可保证企业资产的保值、增值,以及企业的可持续发展。

第四节 统计综合分析报告

一、统计综合分析报告的基本原则

统计综合分析结果用书面形式表达出来,是统计分析结果的一种重要表达形式,其内容可供有关方面使用或参考。

统计综合分析报告要坚持理论联系实际，要把习近平新时代中国特色社会主义思想和中国实际相结合，以党的思想路线、方针、政策为依据，对统计资料进行具体分析，从中导出正确的结论，作为行动的指导。

统计综合分析报告要有严谨的科学态度和踏实的工作作风。统计综合分析报告应当旗帜鲜明，对于赞成什么、反对什么、表扬哪些、批评哪些，毫不含糊，实事求是，具有说服力。

二、统计分析报告的撰写要求

一篇好的统计综合分析报告应情况明了、数据准确、观点鲜明、语言生动。撰写统计综合分析报告要符合以下几点要求。

（一）要突出主题，主次分明

统计综合分析报告根据任务和要求，抓住统计工作中的主要矛盾，选定题材，进行分析。围绕主题，从错综复杂的现象中找出重点，主次分明地加以阐述。

（二）材料和观点要统一

统计综合分析报告要处理好材料和观点的关系，有材料、有观点，材料组织围绕说明观点，观点要立足在真实的材料基础上，以正确的观点统驭材料，从丰富的材料中引出观点，使二者融合统一。

（三）判断推理要符合逻辑

统计综合分析报告应逻辑严格，正确运用概念、判断和推理方法。概念要明确，不能含混不清、前后矛盾；判断要准确，要有充分的依据；推理前提要正确，思维逻辑要符合事实逻辑，如实地反映客观事物的内部联系及其发展规律。

（四）有生动丰富的群众语言

统计综合分析报告要运用生动具体的典型事实、准确可靠的数据和群众喜闻乐见的通俗语言来说明问题。深入实践调查研究，加强文字修饰，提高分析报告的表达能力。

（五）认真研究，仔细推敲，反复修改

统计报告写好后，还要认真研究思考，检查观点是否正确、材料是否真实可靠、语句是否精练通顺。可有可无的段落、字句应该删去，把报告写得精悍有力，言简意明。

三、统计综合分析报告的内容

统计综合分析报告要考虑结构的安排,反映报告各部分之间的内在联系,同时也体现编者对问题认识的思想发展过程。

(1) 首先对所分析的问题作总的情况说明,包括写清楚事物所处的历史条件(主观条件和客观条件)。

(2) 要实事求是,恰如其分地总结出所取得的成绩及其主要经验,通过研究分析、归纳判断,使其上升到理性认识,使之具有普遍指导意义。

(3) 统计综合分析报告中要如实地把存在的问题反映出来,并加以分析,指出问题的性质,找出原因、展示其影响程度。

(4) 为了鼓励先进,带动一般,鞭策后进,在统计分析报告中要针对问题提出建议和改进措施,供有关部门参考。

第五节 常用的国民经济核算中一些总量指标简介

一、社会总产值指标

(一) 社会产品

社会产品是指在一定的时期内全社会劳动者生产出来的有用成果,是使用价值和价值的统一体。它具有劳动性、生产性、有用性、社会性和时期性等特征。这是对社会产品统计范围的规定。按其表现形态不同分为物质产品和非物质产品,按其计量单位不同分为实物量指标和价值量指标。

(二) 社会总产品

社会总产品又称国内总产出,是指一个国家或地区在一定时期内全部生产活动的总成果,包括本期内生产的已出售的、待出售的物质产品和服务,在建工程及自用消费品和自制固定资产的价值。

(三) 社会总产值

社会总产值是社会总产品的价值形态,是以货币形式表现的国民经济各部门在一定时期生产的商品和劳务总量。从实物形态考察,包括全部生产资料和消费资料;从价值角度看,包括生产资料转移价值、劳动者为自己创造的价值和剩余价值($c+v+m$)三部分,其计算方法不同部门根据各自特点不尽相同。

1. 工业总产值

工业总产值是以货币形式表现的制造企业在一定时期内生产的工业产品最终成果总价值,是反映制造业生产的总规模、总水平的重要指标,包括产成品价值、工业性作业价值、自制半成品、在制品期末期初差额价值。采用"工厂法"计算,即以一个制造企业为整体,按其最终成果来计算,工厂内部不允许重复计算,而制造企业之间可以重复计算。

2. 农业总产值

农业总产值是以货币形式表现的一定时期内农、林、牧、渔业全部产品的总量,反映这一时期内农业生产的总规模和总成果。其计算方法采用产品法。

3. 第三产业总产值

第三产业总产值是指除第一、第二产业之外的建筑业、交通运输、邮电通信、金融保险、旅游餐饮等服务业在一定时期内创造的价值之和。在有些国家,服务业对国民经济贡献率超过60%。计算方法较为复杂,行业间又有所不同。

二、国内生产总值

国内生产总值(GDP)是指按市场价格计算的国内生产总值的简称,即一个国家或地区的常驻单位,在一定时期内生产活动所提供的最终产品和服务的价值总和,是各部门增加值之和。其实物构成包括劳务在内的全部消费资料和用于扩大再生产的生产资料,其价值构成 $c+v+m$(c 为固定资产值转移价值)。它反映一个国家常驻单位生产活动的成果。这个指标的作用体现在:①综合反映了国民经济活动的总量,描述国民经济发展全貌;②是衡量国民经济发展规模、速度的基本指标;③为分析经济结构和宏观经济效益提供基础数据;④分析评价社会最终产品的生产、分配、交换和消费情况,全面反映国家、集体和个人三者之间的分配关系;⑤指标内容确切,计算口径一致,便于国际间横向比较。其计算方法有生产法、收入法、支出法三种。

(1) 生产法(增加值法)是从生产角度计算国内生产总值的方法,是最常用的计算方法。其计算公式为

$$国内生产总值 = 第一产业增加值 + 第二产业增加值 + 第三产业增加值$$
$$= 总产出 - 中间消耗$$

因为国民经济各部门有各自的特点,其计算方法也有所不同。

(2) 收入法(分配法)是从分配或收入的角度来计算国内生产总值的方法。其计算公式为

$$国内生产总值 = 固定资产折旧 + 劳动者报酬 + 生产税收净额 + 营业盈余$$

(3) 支出法(最终产品法)是从最终使用的角度来计算国内生产总值的方法。其计算公式为

$$国内生产总值 = 总消费 + 总投资 - 净出口$$

上述三种方法计算的国内生产总值从理论上应该相等,但由于各自的资料来源不同,实际上往往会存在差异。

【例 8-2】 利用表 8-3 中的资料,分别用生产法、收入法、支出法计算国内生产总值。

表 8-3　某国 201×年国民经济主要指标数据　　　　　　　单位:亿美元

生　产		使　用	
总产出	28 229.3	居民消费	6 537.3
中间消耗	15 662.9	社会消费	1 463.0
固定资产折旧	1 322.2	固定资产投资	4 183.3
劳动者报酬	6 476.8	库存增加	627.0
生产税	1 570.8	出口	1 728.1
生产补贴	689.7	进口	1 972.3
营业利润	3 886.3		

解 (1) 以生产法计算:国内生产总值 = 总支出 - 中间消耗 = 28 229.3 - 15 662.9 = 12 566.4(亿美元)。

(2) 以收入法计算:国内生产总值 = 固定资产折旧 + 劳动者报酬 + 生产税净额 + 营业盈利 = 1 322.2 + 6 476.8 + (1 570.8 - 689.7) + 3 886.3 = 12 566.4(亿美元)。

(3) 以支出法计算:国内生产总值 = 总消费 + 总投资 - 净出口 = (6 537.3 + 1 463.0) + (4 188.3 + 627) + (1 728.1 - 1 972.3) = 12 566.4(亿美元)。

三、国民生产总值

国民生产总值(GNP)又称国民总收入,是指一个国家或地区的国民在一定时期内生产和提供的最终产品和服务的价值之和。国民生产总值是通过国内生产总值推算。其计算公式为

$$国民生产总值 = 国内生产总值(GDP) + 来自国外的要素收入净额$$
$$= 国内生产总值(GDP) + 来自国外的劳动者报酬净额 +$$
$$来自国外的财产收入净额$$

国内生产总值(GDP)与国民生产总值(GNP)是计算社会产品和服务最终产值的两个有密切联系的指标。两者的核算内容相同,区别在于计算产值指标依据的主体不同,国内生产总值按领土原则计算,而国民生产总值按国民原则计算。两者可以相互推算。

四、其他主要指标

(一) 国民生产净值

国民生产净值 (NNP) 又称国民净收入,是指一定时期内社会净产品和劳务的市场价值之和,等于国民生产总值扣除折旧后的余额,包括工资、利润、租金、间接税,即社会产品价值中的 V+M 部分。

(二) 国民收入

国民收入 (NI) 与国民生产净值具有相同的物质和劳务内容,但两者考察角度不同。国民收入不包括货物税与销售税等间接税,但包括政府对生产的一些津贴。计算公式为

$$国民收入 = 国民生产净值 - 间接税 + 政府津贴$$

(三) 国民可支配收入

国民可支配收入是一个国家所有常驻单位或所有机构部门的可支配收入之和。国民可支配收入是指各机构部门在一定核算期内通过初次分配和再分配最终得到的、可以自主支配的全部收入。其计算方法有两种:①包括固定资产折旧在内的国民可支配收入;②扣除折旧因素的国民可支配收入。

(四) 国民储蓄

储蓄是国民经济部门的可支配收入与消费支出的差额。包含固定资产折旧因素的称为总储蓄,剔除固定资产折旧因素的称为净储蓄。国民经济各部门的储蓄之和称为国民储蓄。

在实际经济生活中,可支配收入既可用于消费,也可用于投资。在国民经济核算和宏观经济分析中,应将消费性开支和投资性开支区分开来,以便进一步考察实际投资活动的资金来源与资金需要是否平衡及资金余缺的调剂过程。

(五) 个人收入和个人可支配收入

个人收入是指全社会成员在一定时期内通过各种来源获得的收入净额。包括工资收入、租金收入、利润收入、利息收入、非公司组织的小业主收入,以及由政府、企业对个人及非营利性机构的转移收入等。

个人可支配收入是指个人在支付个人税和各种非税支付以后可用于个人消费支出和储蓄的收入。其计算公式为

$$个人可支配收入 = 个人收入 - 个人税 - 非税支付 = 消费 + 储蓄$$

个人可支配收入是社会成员购买力的代表指标,可以自由选择各种消费支出。但不同国家不同时期支出收入的比例是不同的。

(六) 人均国内生产总值

人均国内生产总值为将某一时期的国内生产总值与同时期平均人口数之比,即

$$人均国内生产总值 = \frac{某一时期国内生产总值}{同时期平均人口数}$$

这个指标是反映一个国家经济实力的重要指标,也是进行国际间对比的重要指标之一,世界上某些国际组织用来对各国经济实力排名。

国家统计局统计公报显示我国 2017 年全国国内生产总值 827 122 亿元,跃居世界第二位,跻身于经济大国之列。但经济大国并非经济强国,与我国 2017 年年末 139 008 万人相比,人均国内生产总值 59 660 美元,与发达国家相比差距还很大,全国人民仍须继续努力,一起奔小康振兴中华实现中国梦。

(七) 社会劳动生产率

社会劳动生产率是一定时期内国民生产总值与同期内物质生产部门劳动者平均人数的比值,反映一定时期内物质生产领域劳动者人均创造的物质财富。它能全面、真实地反映物质生产领域劳动消耗的经济效率。2013—2017 年我国全员劳动生产率从 70 182 元增加到 101 231 元,有了较大增长。

(八) 居民消费价格指数

居民消费价格(CPI)是综合反映各种消费品和生活服务价格变动程度的重要经济指标,2017 年我国居民消费价格指数上涨 1.6%,其中城市上涨 1.7%,农村上涨 1.3%。具体编制方法、作用等在第六章已讲述过,此处不再赘述。

(九) 恩格尔系数

恩格尔系数是居民消费总支出中,食品消费支出所占的比重。

$$恩格尔系数 = \frac{食品支出金额}{消费支出总额} \times 100\%$$

联合国根据恩格尔系数的大小,对世界各国的生活水平有一个划分标准:恩格尔系数大于 60%,生活绝对为贫穷;50%~60% 为勉强度日;40%~50% 为小康水平;30%~40% 属于富裕;20%~30% 为相对富裕;20% 以下为极其富裕。按此划分标准,恩格尔系数在 20% 以下的只有美国,其达到 16%;日本、加拿大和西欧一些国家一般在 20%~30%,属富裕状态;东欧一些国家一般在 30%~40%,相对富裕;剩下的发展中国家,恩

格尔系数比较高,相对贫穷。

这个指标为人们研究市场商品供需,衡量居民生活水平提供借鉴依据。2017年我国居民恩格尔系数达到29.3%,比上年下降0.8%,其中城镇居民恩格尔系数为28.6%。农村为31.2%。

(十) 基尼系数

基尼系数是国际上最常用的分析国民收入分配格局的方法,用来描述居民收入分配均衡性或差异性程度。

20世纪意大利经济学家基尼,根据洛仑兹曲线找出了判断分配程度的指标,如图8-1所示,图中横坐标表示按收入从低到高排列的累计家庭户数百分比,全部为100%;纵坐标表示对应的累计收入百分比,合计为100%。这样在正方形$OICP$中,45°对角线OC是当参与分配的每一户家庭的收入完全相等时才会出现的一条直线,称为绝对平均线。现实中的收入分配不可能绝对平均,总是存在差异,一定数量的收入家庭总是比同样数量高收入家庭占有的国民收入少。所以,实际的收入分配曲线总是在45°线OC以下出现,这条实际的收入分配曲线L就是洛仑兹曲线。洛仑兹曲线L与绝对平均线OC的距离越近,说明居民收入分配越平均;反之,说明收入分配越不平均。

设实际收入分配曲线L和收入分配绝对平均线OC之间的面积为A,实际收入分配曲线L右下方的面积为B。并以A除以$A+B$的商表示不平等程度。这个数值被称为基尼系数,也称洛仑兹系数。如果A为0,基尼系数为0,表示收入分配完全平等;如果B为0,则系数为1,收入分配极不平等。该系数可以在0和1之间取任何值。收入分配越是趋向于平等,洛仑兹曲线的弧度越小,基尼系数也越小,反之,收入分配越是趋向不平等,洛仑兹曲线的弧度越大,那么基尼系数也越大。如果用个人所得税来调节,使收入趋向均衡,则基尼系数即会变小。

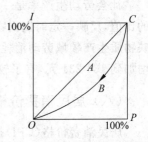

图 8-1 洛伦兹曲线示意图

联合国有关组织规定,若基尼系数低于0.2表示收入绝对平均;0.2~0.3表示比较平均;0.3~0.4表示相对合理;0.4~0.5表示收入差距较大;0.6以上表示收入差距悬殊。目前,世界各国的基尼系数在0.2~0.6之间。

基尼系数的计算有多种方法,在此介绍一种近似计算方法。

$$G = 1 - [(X_1 - X_0)(Y_1 + Y_0) + (X_2 - X_1)(Y_2 + Y_1) + \cdots + (X_n - X_{n-1}) + (Y_n - Y_{n-1})]$$

$$= 1 - \sum_{i=1}^{n}(X_i - X_{i-1})(Y_i + Y_{i+1})$$

式中:X_i 为累计家庭比率;

Y_i 为累计收入比率;

$i = 0, 1, \cdots, n$。

实训练习题

一、思考题

1. 什么叫统计综合分析？统计综合分析有什么意义？
2. 统计综合分析的基本任务是什么？
3. 试述统计分析的原则、步骤和方法。

二、应用能力训练题

请你对一个大中型企业进行调查，搜集资产负债表、利润表、现金流量表等有关资料。通过基本指标、修正指标计算及分析，对其在资本金保值增值方面作出评价分析，并写出统计分析报告。

第九章 Excel在统计中的应用

内容提要

本章主要介绍Excel在统计中的应用。具体介绍该软件在描述统计中的应用,在相关分析和回归分析中的应用,在时间数列分析中的应用,在统计推断中的应用。

第一节 Excel概述

与常用的统计分析软件SPSS、SAS、TSP等相比,Excel作为办公软件应用更为广泛,而且通俗易懂。Excel具有较强的数据库管理功能、丰富的函数和宏命令以及决策支持工具,在通常的统计分析应用中完全可以胜任。

关于Excel的操作和功能等在计算机应用基础中已有介绍,本章不作详细介绍。本章主要通过例子介绍如何运用Excel的函数进行计算以及利用常用的统计分析工具进行分析。

Excel提供了常用的数学和统计函数,只要打开Excel表格,在"插入"菜单中选择函数,就会弹出如图9-1所示的对话框,选择所需的函数类型及函数,屏幕上会显示所选函数的功能,输入数据就能得到计算结果。

Excel在"分析工具库"中提供了一组数据分析工具。在进行复杂的统计分析时,采用Excel现成的数据分析工具会较为方便,而且节省时间。在进行数据分析时,只需为每个分析工具提供必要的数据和参数,该工具就会自动地选择适当的数学或统计函数,并在输出表格中显示相应的结果。有些工具在生成输出表格时还能同时输出图表。

在进行Microsoft Office的默认安装时,一般不会自动安装"分析工具库"。如果在"工具"菜单中没有出现"数据分析"命令,则需通过"工具"菜单中的"加载宏"命令来加载"分析工具库"。

加载"分析工具库"的步骤如下。

(1)打开Excel文件。

(2)在"工具"菜单中选择"加载宏"命令,弹出如图9-2所示的对话框。

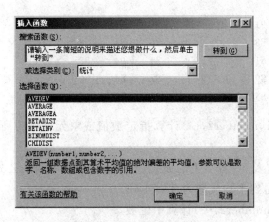

图 9-1 "插入函数"对话框

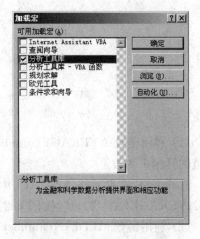

图 9-2 "加载宏"对话框

(3) 选择"分析工具库"复选框,单击"确定"按钮。

加载完毕后,在"工具"栏下会出现"数据分析"选项。此时即可使用各个分析工具。

使用各个分析工具的操作步骤如下。

(1) 打开相应的 Excel 文件。

(2) 选择"工具"菜单中的"数据分析"命令,会弹出"数据分析"对话框。

(3) 选择所需的分析工具,单击"确定"按钮,如图 9-3 所示。

(4) 此时会弹出所选分析工具的对话框,根据分析工具提示的要求输入数据、填写相应的信息,最后单击"确定"按钮,即可得出相应的结果。

图 9-3 "数据分析"对话框

第二节 Excel 在描述统计中的应用

统计数据特征的全面刻画应包括三个方面,即数据集中趋势的刻画、数据离散趋势的刻画以及数据分布形状的刻画。本节通过一个例子,运用 Excel 计算几个典型指标,配合适当的统计图形,准确、直观、全面地反映数据的上述三个特征。

一、利用函数计算平均数、中位数、众数、方差和标准差

用例 2-1 某班 50 名学生统计学的考试成绩进行分析。以下为 50 名学生的考试

成绩：

87	80	73	75	91	81	82	74	79	70
61	86	69	84	83	73	79	25	84	58
71	65	72	95	81	92	69	84	94	83
99	71	68	74	89	94	75	87	84	80
83	90	65	87	86	96	82	81	89	97

（1）利用函数 AVERAGE(number1,number2,…)计算指定数值或单元区域中所有数值的算术平均数。

打开表格，在单元格 A2：A51 中输入 50 名学生的成绩，在单元格 B2 中输入公式："＝AVERAGE(A2:A51)"，按回车键，得到平均成绩为 79.74 分。

（2）利用函数 MEDIAN(number1,number2,…)计算中位数。

在单元格 C2 中输入公式"＝MEDIAN(A2:A51)"，按回车键，就得到中位数为 81.5 分。

（3）利用函数 MODE(number1,number2,…)计算众数。

在单元格 D2 中输入公式"＝MODE(A2:A51)"，按回车键，就得到众数为 84 分。

（4）利用函数 STDEVP(number1,number2,…)计算总体标准差；利用函数 VARP(number1,number2,…)计算总体方差。

在单元格 E2 中输入公式"＝STDEVP(A2:A51)"，按回车键，得到标准差为 12.459，同样利用函数 VARP 可得到方差为 155.232。

计算结果如图 9-4 所示。

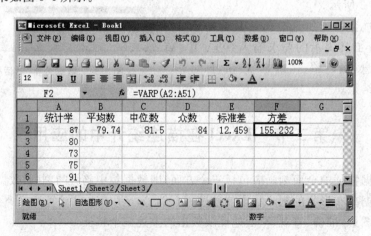

图 9-4　利用函数计算的结果

二、利用"描述统计"工具进行统计分析

我们可以利用"描述统计"工具计算平均数、中位数、众数、方差、标准差、极差、总体均值的置信区间等。

具体步骤如下。

(1) 选择"工具"菜单中的"数据分析"子菜单。

(2) 选择子菜单中的"描述统计"选项。

(3) 弹出"描述统计"对话框,按图9-5选择各项选项。

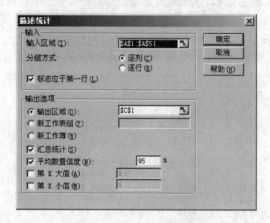

图 9-5 "描述统计"对话框

对话框中的各选项说明如下。

输入区域:输入数据区域的单元格范围,本例中包括标志的单元格(A1)。

分组方式:指出数据区域中的数据是按"逐行"排列还是按"逐列"排列。本例数据是按列排列,所以选"逐列"。

标志位于第一行:若输入区域的第一行(或列)中包含了标志项(变量名),则选择"标志位于第一行(或列)"复选框;若没有标志项,则不选。本例第一行为标志项(统计学),故选"标志位于第一行"复选框,Excel 将在输出表中生成相同的数据标志。

输出区域:填写输出表中左上角单元格的地址,用于控制输出表的存放位置。

新工作表组:若选中此项,则在当前工作簿中插入新工作表,并在新工作表的 A1 位置开始存放计算结果。本列选中此项。

新工作簿:若选中此项,可建立一新工作簿,并在新工作簿的新工作表中存放计算结果。

汇总统计:若选中此项,在输出表中生成下列统计结果:平均数(μ)、标准误差($\sigma/\sqrt{n}$)、中位数(Median)、众数(Mode)、标准差(σ)、方差(σ^2)、峰度(Kurtosis)、偏度

(Skewdess)、区域(Rang、极差)、最大值(max)、最小值(min)、求和(即总和)、观察数(即数据单位个数)及置信度(即一定显著水平下的总体均值的置信区间)。

平均数置信度：若需输出由样本均值推断总体均值的置信区间，则选中此复选框，并在右边的文本框中输入所要求的置信度。

第 K 大值/小值：若需在输出表的某一行中包含每个区域数据的第 K 个最大/最小值，选中此框，并在右边编辑框中输入 K 的数值。

单击“确定”按钮，得到的结果如图 9-6 所示。

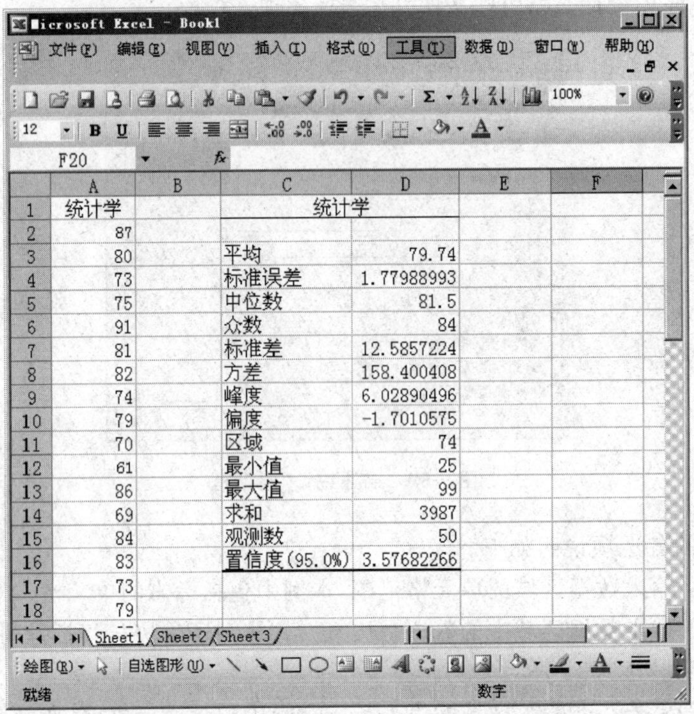

	A	B	C	D	E	F
1	统计学		统计学			
2	87					
3	80		平均	79.74		
4	73		标准误差	1.77988993		
5	75		中位数	81.5		
6	91		众数	84		
7	81		标准差	12.5857224		
8	82		方差	158.400408		
9	74		峰度	6.02890496		
10	79		偏度	-1.7010575		
11	70		区域	74		
12	61		最小值	25		
13	86		最大值	99		
14	69		求和	3987		
15	84		观测数	50		
16	83		置信度(95.0%)	3.57682266		
17	73					
18	79					

图 9-6　利用“描述统计”工具生成的结果

三、利用分组数据计算平均数和方差

【例 9-1】 先对例 2-1 某班 50 名学生统计学的考试成绩进行分组。

(1) 由于 60 分以下是指[0,60)，实际的闭上限是 59，60～70 是指[60,70)，实际的闭上限是 69，其余类推。在 C13 输入“接收”(即组的闭上限)，在 C14～C18 分别输入 59、69、79、89、100，作为接收域。选择“工具→数据分析→直方图”命令，如图 9-7 所示。

单击“确定”按钮后得到图 9-8 所示的“直方图”对话框。

图 9-7 "数据分析"对话框

图 9-8 "直方图"对话框

在"输入区域"输入"＄A＄1：＄A＄51",在"接收区域"输入"＄C＄13：＄C＄18",在"标志"选择框内打钩,在"输出区域"输入"＄E＄13",确定后在 E13～F19 得表 9-1 所示数据。

将 F14～F18 复制到 D4～D8。在 D9 中输入"＝SUM(D4：D8)",按回车键,得 50。

(2) 计算频率。在 E4 中输入"＝D4/D＄9＊100",按回车键,得 4。将 E4 复制到 E5～E8,按回车键,分别得 12、24、40、20。在 E9 中输入"＝SUM(E4：E8)",按回车键,得 100。

(3) 计算向上累计。在 F4 中输入"＝D4",按回车键,得 2。在 F5 中输入"＝F4＋D5",按回车键,得 8。将 F5 复制到 F6～F8,分别得 20、40、50。在 G4 中输入"＝F4/D＄9＊100",按回车键,得 4。将 G4 复制到 G5～G8,分别得 16、40、80、100。

表 9-1 在 E13～F19 的结果

接　　收	频　　率
59	2
69	6
79	12
89	20
100	10
其他	0

(4) 计算向下累计。在 H8 中输入"＝D8",按回车键,得 10。在 H7 中输入"＝H8＋D7",按回车键,得 30。将 H7 复制到 H6～H4,按回车键,分别得 42、48、50。在 I4 中输入"＝H4/D＄9＊100",按回车键,得 100。将 I4 复制到 I5～I8,分别得 96、84、60、20。

学生统计学考试成绩分布表如图 9-9 所示。

再用分组数据计算平均数和方差。

计算步骤如下。

(1) 将分组数据、学生数、组中值及计算的中间过程所需的指标、计算结果的指标的标题输入 Excel 表格中,如图 9-10 所示。

(2) 计算平均数。先求学生总数,在 B8 中输入公式"＝SUM(B3：B7)",再求学生数与组中值的乘积,在 D3 中输入公式"＝B3＊C3",按回车键后得到结果"110"。然后将公

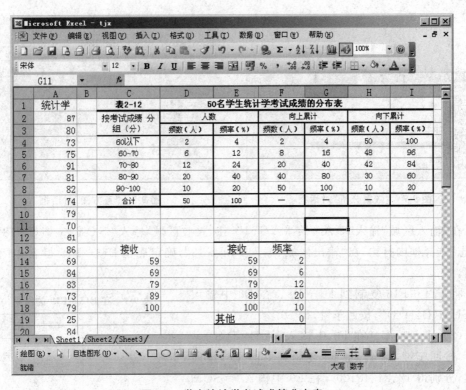

图 9-9 学生统计学考试成绩分布表

式复制到其余各组,用左键选定 D3,将光标移至 D3 的右下角,出现实心的黑十字形,按左键往下拖至 D7,就得到所有结果,在 D8 对 D3～D7 求和后得到合计数"4 050"。最后在 B10 中输入公式"=D8/B8",就得平均数"81"。

(3) 计算方差和标准差。在 E3 中输入公式"=(C3-B$10)^2",将公式复制到 E4～E7;再在 F3 中输入公式"=B3*E3",将公式复制到 F4～F7,在 F8 对 F3～F7 求和。在 B11 中输入公式"=F8/B8",按回车键得到方差的值。然后在 B12 中输入平方根函数"=SQRT(B11)",得标准差。结果如图 9-11 所示。

四、频数分析和图形制作

1. 利用菜单"工具"→"数据分析"中的"直方图"选项进行频数分析和图形制作

仍以例 9-1 的数据为例,具体操作如下。

(1) 选择"工具"菜单中的"数据分析"子菜单,再选择"直方图"选项,出现"直方图"对话框,如图 9-12 所示。

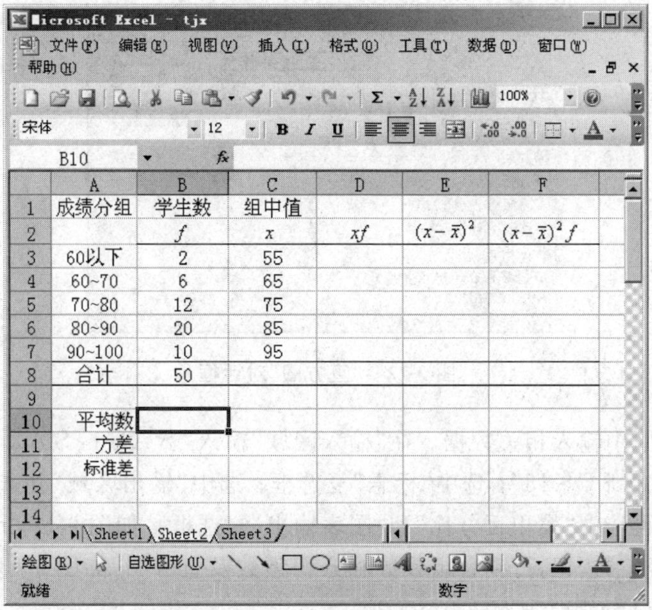

	A	B	C	D	E	F
1	成绩分组	学生数	组中值			
2		f	x	xf	$(x-\bar{x})^2$	$(x-\bar{x})^2f$
3	60以下	2	55			
4	60~70	6	65			
5	70~80	12	75			
6	80~90	20	85			
7	90~100	10	95			
8	合计	50				
9						
10	平均数					
11	方差					
12	标准差					

图 9-10 将分组数据输入 Excel 表格中

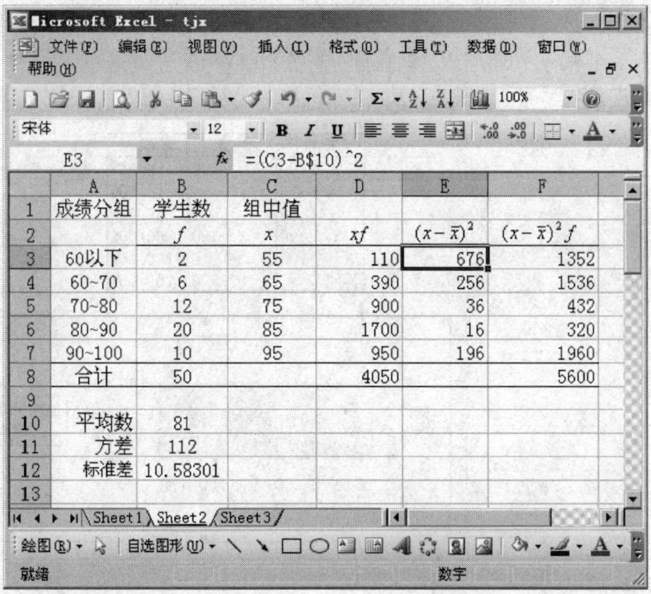

E3 =(C3-B$10)^2

	A	B	C	D	E	F
1	成绩分组	学生数	组中值			
2		f	x	xf	$(x-\bar{x})^2$	$(x-\bar{x})^2f$
3	60以下	2	55	110	676	1352
4	60~70	6	65	390	256	1536
5	70~80	12	75	900	36	432
6	80~90	20	85	1700	16	320
7	90~100	10	95	950	196	1960
8	合计	50		4050		5600
9						
10	平均数	81				
11	方差	112				
12	标准差	10.58301				

图 9-11 求平均数、方差和标准差

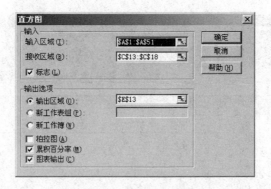

图 9-12 "直方图"对话框

（2）在对话框中输入相关数据。在"输入区域"输入"＄A＄1：＄A＄51"；在"接受区域"输入"＄C＄13：＄C＄18"；选中"标志"复选框；选中"输出区域"并选择"＄E＄13"为指定输出区域；再选中"累积百分比"和"图表输出"复选框。如图 9-12 所示。

（3）单击"确定"按钮，得到各组频数和累积频数及直方图，如图 9-13 所示。为统一，已将 59、69、79、89 分别改为 60、70、80、90。

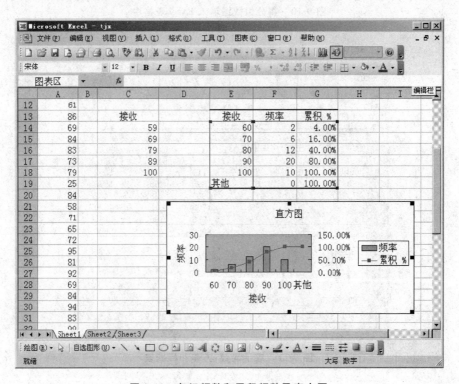

图 9-13 各组频数和累积频数及直方图

（4）对直方图进行修改。图 9-13 实际上是柱形图，直方图的柱体的距离应为 0。调整方法为：将鼠标指向柱体内，右击鼠标，弹出"数据系列格式"对话框，选择"选项"，在"分类间距"中将数值设置为"0"，然后单击"确定"按钮。结果如图 9-14 所示。

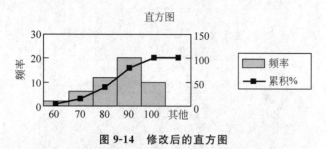

图 9-14　修改后的直方图

2．利用"图表导向"命令制作直方图和饼图

以例 9-1 为例绘制直方图和饼图，基本步骤如下。

（1）选择"插入"菜单中的"图表"命令，出现"图表导向"窗口，如图 9-15 所示。

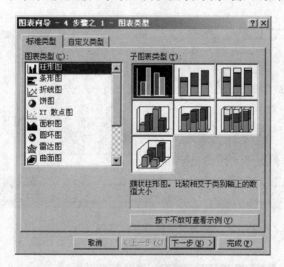

图 9-15　图表导向窗口（一）

（2）在"图表类型"中选择图形，在此选择柱形图，单击"下一步"按钮。

（3）在出现的如图 9-16 所示窗口中的"数据区域"中输入"＄C＄4：＄D＄8"，单击"下一步"按钮。

（4）在出现的如图 9-17 所示窗口的相应位置输入各种标题。在此"图表标题"框中输入"学生数"，并单击"下一步"按钮，如图 9-18 所示。

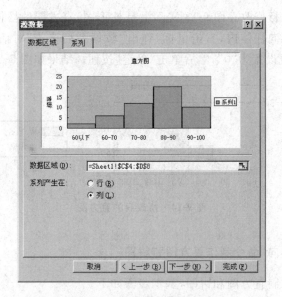

图 9-16　图表导向窗口(二)

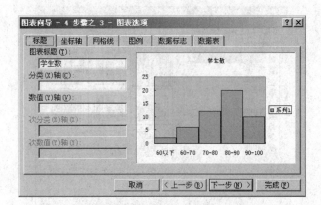

图 9-17　图表导向窗口(三)

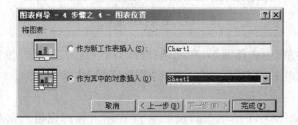

图 9-18　图表导向窗口(四)

(5) 在出现的如图 9-18 所示窗口中，指定图形放置的区域。可放置在新工作表中，也可放置在当前活动工作表。并单击"完成"按钮，可得到相应直方图。

除直方图外，饼图也是一种直观的显示数据分布特征的有效工具。饼图的绘制过程与直方图类似，不再重复。图 9-19 为表 2-13 对应的饼图。

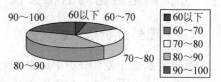

图 9-19 考试成绩分布情况的饼图

第三节　Excel 在相关分析和回归分析中的应用

下面通过一个例子说明 Excel 在相关分析和回归分析中的应用。

【例 9-2】某地区 1988—2017 年人均可支配收入和人均消费支出的资料如表 9-2 所示。试分析两者的相关关系，并求相应的回归方程。

表 9-2　1988—2017 年某地区人均可支配收入和人均消费支出的资料

年份	人均可支配收入（元）	人均消费支出（元）	年份	人均可支配收入（元）	人均消费支出（元）
1988	637	553	2003	7 172	5 868
1989	637	585	2004	8 159	6 763
1990	659	576	2005	8 439	6 820
1991	686	615	2006	8 773	6 866
1992	834	726	2007	10 932	8 248
1993	1 075	992	2008	11 718	8 868
1994	1 293	1 170	2009	12 883	9 336
1995	1 437	1 282	2010	13 250	10 464
1996	1 723	1 648	2011	14 867	11 040
1997	1 976	1 812	2012	16 683	12 631
1998	2 183	1 937	2013	18 645	13 773
1999	2 486	2 167	2014	20 668	14 762
2000	3 009	2 509	2015	23 623	17 255
2001	4 277	3 530	2016	26 675	19 398
2002	5 868	4 669	2017	28 838	20 992

一、分析两组数据间的相关性

(一) 图形分析法:散点图

散点图是统计关系分析中最常用的图形工具,通过绘制散点图,并对其进行直观观察,可发现事物间统计关系的总体模式及它们间的强弱程度。绘制散点图的基本步骤如下。

(1) 将上述资料中的个人收入水平和个人消费支出以列的形式输入到工作表中。

(2) 选择"插入"菜单中的"图表"命令,在"图表类型"中选择"XY散点图",如图9-20所示,单击"下一步"按钮。

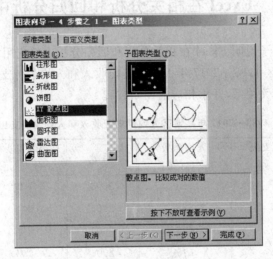

图 9-20 散点图

(3) 在出现的对话框中的"数据区域"中输入"$B$1:$C$31",或用鼠标拖拽选定所需数据单元区域,如图9-21所示,单击"下一步"按钮。

(4) 在出现的对话框中输入图表标题和X、Y轴的名称,如图9-22所示。单击"完成"按钮,结果如图9-23所示。

从散点图的图形可看出,该地区的个人收入与消费支出之间存在非常强的正线性关系。

(二) 数值分析法:计算相关系数

(1) 利用函数计算相关关系。

可在"插入"命令中选择"统计"函数,在"统计"函数选中"CORREL"函数,其中array1,array2分别为两列数据所在的单元格地址。单击"确定"按钮,即得相关系数为0.999 2(取4位小数),如图9-24所示,表明两者有非常强的正线性关系。

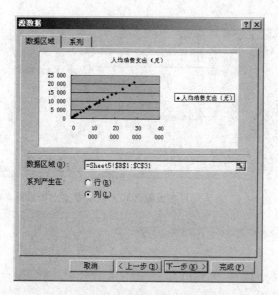

图 9-21 定数据单元区域

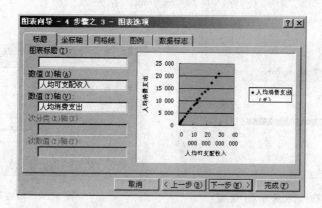

图 9-22 输入标题等选项

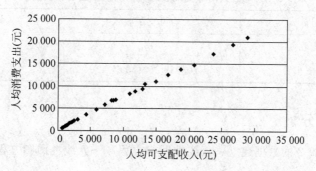

图 9-23 人均可支配收入和人均消费支出散点图

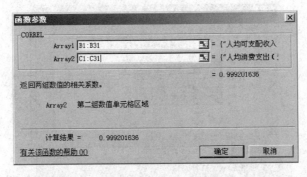

图 9-24 求人均可支配收入和人均消费支出相关系数

(2) 利用"数据分析"命令计算相关系数。

基本步骤如下。

① 在"工具"菜单中选择"数据分析"命令,在窗口中选择"相关系数"选项,单击"确定"按钮,如图 9-25 所示。

② 在出现的对话框中,在"输入区域"框中输入指定数据所在的单元格地址,确定输出区域后单击"确定"按钮。计算结果如表 9-3 所示。

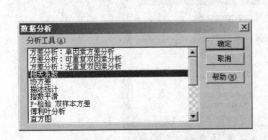

图 9-25 选择"相关系数"选项

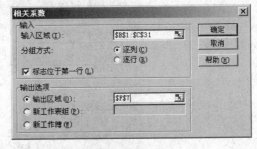

图 9-26 相关系数

表 9-3 某地区人均可支配收入与人均消费支出相关关系表　　单位:万元

项　目	人均可支配收入	人均消费支出
人均可支配收入	1	
人均消费支出	0.999 2(0163 6)	1

二、线性回归分析

我们依据例 9-2 的数据建立一元线性回归方程。一元线性回归方程的形式为:

$$\hat{y} = \hat{a} + \hat{b}x \tag{9-1}$$

其中：$\hat{a}$ 表示回归直线在纵轴上的截距；$\hat{b}$ 称为回归系数，是回归直线的斜率，表示自变量 x 变动一个单位所引起的因变量 y 的平均变动单位。

（一）利用函数建立回归方程

在 Excel 中建立回归方程可利用函数 INTERCEPT(known_y's,known_x's) 计算回归方程的截距，利用函数 SLOPE(known_y's,known_x's) 计算回归方程的回归系数，其中 known_y's,known_x's 分别表示因变量 y 和自变量 x 数据所在的单元格区域。

对于例 9-2，建立人均可支配收入和人均消费支出的线性回归方程，可在计算单元格中输入公式"＝INTERCEPT(C2:C11,B2:B11)"，结果为 349.140 5，它是回归方程的截距，如图 9-27 所示。

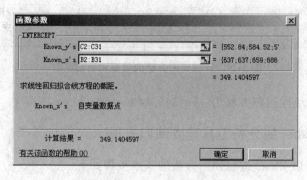

图 9-27　计算回归方程的截距

在计算单元格中输入公式"＝SLOPE(C2:C11,B2:B11)"，可得到回归系数为 0.720 4，说明人均可支配收入每增加一个单位(元)，人均消费支出增加 0.720 4 个单位(元)。结果如图 9-28 所示。

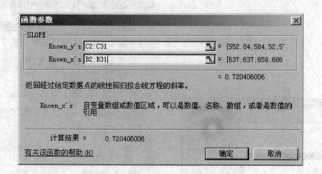

图 9-28　计算回归方程的斜率

我们也可以利用"插入"菜单的函数命令,选择"统计"函数 INTERCEPT 和 SLOPE 进行计算。结果如图 9-29 所示。

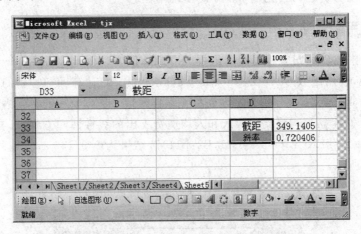

图 9-29 计算回归方程的截距和回归系数

于是所求一元线性回归方程为:$\hat{y}=349.1405+0.7204x$。

(二)利用 Excel 的分析工具建立回归方程

对于例 9-2,利用 Excel 进行回归分析的基本步骤如下。

(1) 选择"工具"菜单中的"数据分析"子菜单,在"分析工具"中选择"回归"选项,如图 9-30 所示,单击"确定"按钮。

(2) 在出现的对话框中输入因变量和自变量数据所在单元格区域。本例中将标志单元格包括在内,选择"输出区域",将结果放在 D1,并绘制"线性拟合图",如图 9-31 所示。

图 9-30 选择分析工具"回归"

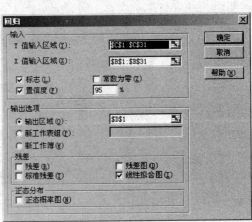

图 9-31 回归分析窗口

单击“确定”按钮，得到的分析结果如图 9-32 所示。

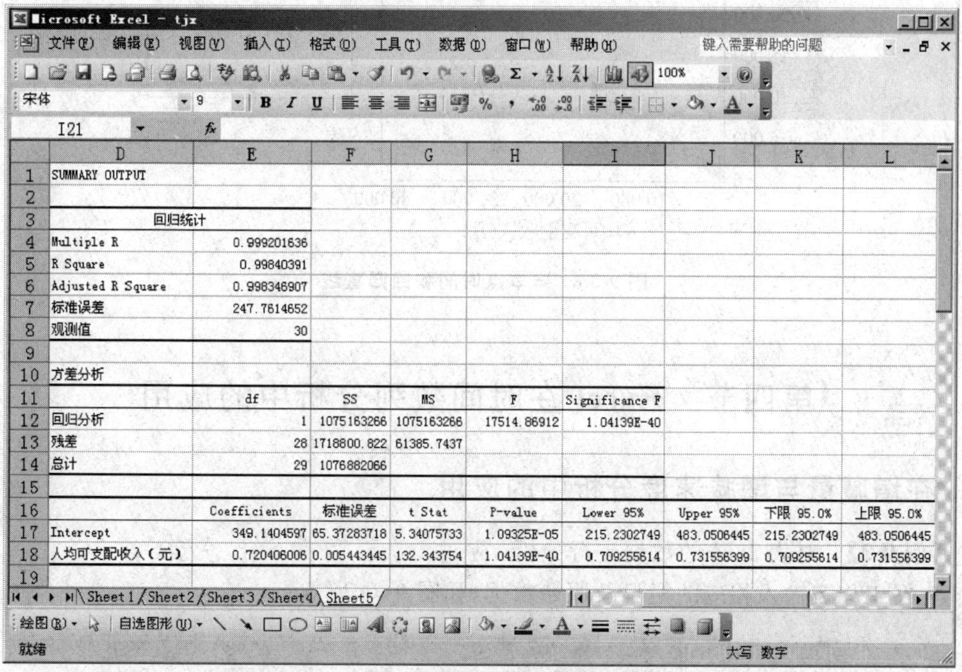

	D	E	F	G	H	I	J	K	L
1	SUMMARY OUTPUT								
2									
3	回归统计								
4	Multiple R	0.999201636							
5	R Square	0.99840391							
6	Adjusted R Square	0.998346907							
7	标准误差	247.7614652							
8	观测值	30							
9									
10	方差分析								
11		df	SS	MS	F	Significance F			
12	回归分析	1	1075163266	1075163266	17514.86912	1.04139E-40			
13	残差	28	1718800.822	61385.7437					
14	总计	29	1076882066						
15									
16		Coefficients	标准误差	t Stat	P-value	Lower 95%	Upper 95%	下限 95.0%	上限 95.0%
17	Intercept	349.1404597	65.37283718	5.34075733	1.09325E-05	215.2302749	483.0506445	215.2302749	483.0506445
18	人均可支配收入（元）	0.720406006	0.005443445	132.343754	1.04139E-40	0.709255614	0.731556399	0.709255614	0.731556399

图 9-32 回归分析结果

E4 单元中的“Multiple R”是自变量（人均可支配收入）与因变量（人均消费支出）的相关系数 r，等于 0.999 2，非常接近于 1，表明它们之间有非常强的正线性相关性。

E5 单元中的“R Square”是判定系数 R^2，等于 0.998 4，说明因变量（人均消费支出）的 99.84％的变动可由自变量（人均可支配收入）解释，说明回归方程对样本点的拟合优度非常高。

E7 单元中的“标准误差”是回归方程的估计标准误差，等于 247.761 4。

E8 单元中的“观察值”是样本数据的个数，等于 30。

F12 单元中的数据是回归平方和 SSR，F13 单元中的数据是剩余平方和 SSE，F14 单元中的数据是因变量的总变差平方和 SST，且有：

$$\mathrm{SST} = \mathrm{SSR} + \mathrm{SSE}$$

E17 单元中的数据是$\hat{a}$值，E18 单元中的数据是$\hat{b}$值，于是可写出回归方程：

$$\hat{y} = 349.140\,5 + 0.720\,4x$$

这与利用函数计算得到的结果是完全相同的。根据回归方程绘制的线性拟合图如图 9-33 所示。从图 9-33 中可看出，回归直线对样本数据点的代表性是非常强的。

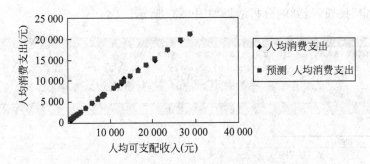

图 9-33　样本点时间和回归直线

第四节　Excel 在时间数列分析中的应用

一、在增减量与增减速度分析中的应用

【例 9-3】　对表 4-14 的数据进行分析。

先在工作表输入相应的栏目及原始数据，如图 9-34 所示。

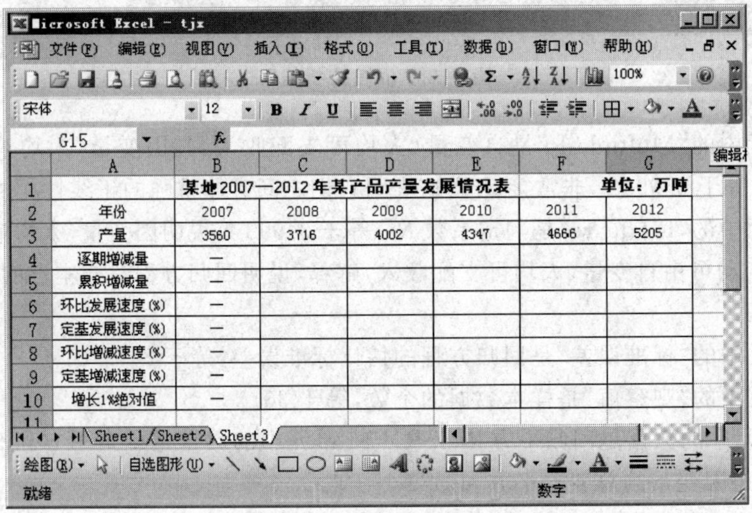

图 9-34　产量发展情况初始表

在 C4 中输入"＝C3－B3"，按回车键后得到结果"156"。在 C5 中输入"＝C3－$B3"，按回车键后得到结果"156"。在 C6 中输入"＝C3/B3＊100"，按回车键后得到结果"104.38"。在 C7 中输入"＝C3/$B3＊100"，按回车键后得到结果"104.38"。在 C8 中输

入"＝C4/B3＊100",按回车键后得到结果"4.38"。在 C9 中输入"＝C4/＄B3＊100",按回车键后得到结果"4.38"。在 C10 中输入"＝B3＊0.01",按回车键后得到结果"35.60"。然后将 C4～C10 复制到 D4～G10,得到图 9-35 所示的结果。

	A	B	C	D	E	F	G
1		某地2007—2012年某产品产量发展情况表				单位:万吨	
2	年份	2007	2008	2009	2010	2011	2012
3	产量	3560	3716	4002	4347	4666	5205
4	逐期增减量	—	156	286	345	319	539
5	累积增减量	—	156	442	787	1106	1645
6	环比发展速度(%)	—	104.38	107.70	108.62	107.34	111.55
7	定基发展速度(%)	—	104.38	112.42	122.11	131.07	146.21
8	环比增减速度(%)	—	4.38	7.70	8.62	7.34	11.55
9	定基增减速度(%)	—	4.38	12.42	22.11	31.07	46.21
10	增长1%绝对值	—	35.60	37.16	40.02	43.47	46.66

图 9-35　产量发展情况表

二、季节变动的测定

【例 9-4】　对表 4-25 的数据进行分析。

先在工作表输入相应的栏目及原始数据,如图 9-36 所示。

	A	B	C	D	E	F	G	H
1	年份	月份	销售量	移动平均	二次移动平均(趋势值)	Y/T	季节比率(%)	调整季节比率(%)
2	2010	1	80					
3		2	64					
4		3	40					
5		4	26					
6		5	14					

图 9-36　季节变动测定初始表

(1) 在 D7 中输入"＝AVERAGE(C2:C13)",按回车键后得到结果"50.83"。将 D7 复制到 D8～D31。

(2) 由于移动平均是偶数项(12),因此要进行二次平均,在 E8 中输入"＝AVERAGE(D7:D8)",按回车键后得到结果"50.92"。将 E8 复制到 E9～E31。

(3) 在 F8 中输入"＝C8/E8",按回车键后得到 Y/T 值"0.196 4"。将 F8 复制到 F9～F31。

(4) 在 G8 输入"＝AVERAGE(F8,F20)*100",得 7 月份的季节比率,将其复制到 G9～G19,分别得到 8—12 月及 1—6 月的季节比率。在 H8 输入"＝G8/AVERAGE(G$8:G$19)*100",得 7 月份的调整季节比率,将其复制到 H9～H19,分别得到 8—12 月及 1—6 月的调整季节比率。

于是,1—12 月的季节比率(%)分别为:145.86、128.76、74.42、61.08、20.91、12.16、18.12、26.83、152.94、189.21、185.72、183.99,如图 9-37 所示。

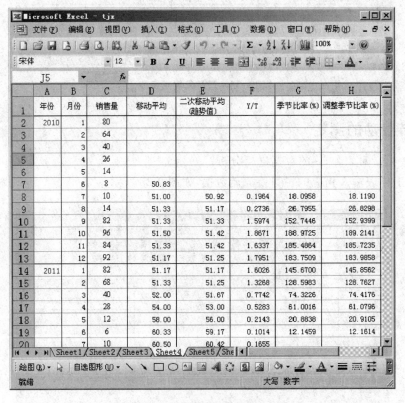

图 9-37 季节变动测定表

第五节　Excel 在统计推断中的应用

在 Excel 中主要通过公式和函数实现区间估计的有关计算，涉及的函数主要有：平均数函数 AVERAGE，样本容量函数 COUNT，样本标准差函数 STDEV，平方根函数 SQRT，标准正态分布或 T 分布下临界值函数 NORMSINV、TINV。我们可以利用这些函数来构造一个用于实现区间估计的工作表。

【例 9-5】 某大学为了了解学生每天上网所花的时间，从全校学生中采用重复抽样方法随机抽取 36 人，调查他们每天上网的时间，得到数据如下（单位：h）：

3.3	3.1	6.2	5.8	2.3	4.1	5.4	4.5	3.2
4.4	2.0	5.4	2.6	6.4	1.8	3.5	5.7	2.3
2.1	1.9	1.2	5.1	4.3	4.2	3.6	0.8	1.5
4.7	1.4	1.2	2.9	3.5	2.4	0.5	3.6	2.5

试以 95.45% 的置信水平求该校学生平均每天上网时间的置信区间。

求解步骤如下。

(1) 构造工作表，将 36 个数据输入单元格 A2:A37，单击"工具→数据分析→描述统计"命令，按图 9-38 所示选择各项选项。

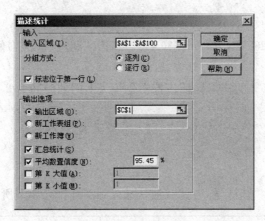

图 9-38　构建工作表

(2) 单击"确定"按钮，得上网时间描述统计表，如图 9-39 所示。

(3) 由于样本容量为 36，属大样本情况，所以 t 分布可用标准正态分布代替，当概率（置信水平）为 0.954 5 时，概率度 $F(t)=2$，可直接使用。一般设概率（置信水平）为 $1-\alpha$，可用统计中的函数 NORMSINV$(1-\alpha/2)$ 计算概率度。例如，概率为 0.95，则 $\alpha=$

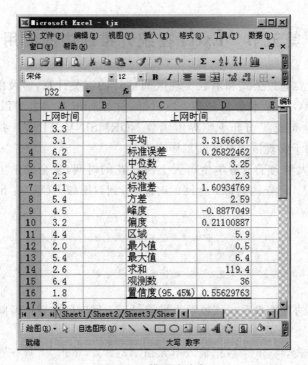

图 9-39 描述统计表

$0.05, 1-\alpha/2=0.975$,NORMSINV$(0.975)=1.95996398 \approx 1.96$。抽样极限误差＝概率度×标准误差＝$2 \times 0.26822462=0.536449$。置信区间＝（样本均值±抽样极限误差）＝$(3.31666667 \pm 0.536449)=(2.78, 3.58)$。

最后得到以 95.45% 的概率保证该校学生每天上网的时间为 2.78～3.58h。

实训练习题

应用能力训练题

1. 某班 45 名学生"统计学"考试成绩从低分到高分排列如下所示。

50	51	54	55	58	59	61	62	63
64	65	66	67	68	69	70	71	72
72	72	73	74	74	74	75	75	75
76	77	78	79	80	81	83	84	85
86	86	87	88	90	91	95	97	99

分别利用函数和"描述统计"工具来计算平均数、中位数、众数、方差、标准差,并进行频数分析和图形制作。

2. 甲商品在不同地区的售价差异很大,现将资料整理如下表所示。

销售价格(元)	销售量(百件)	销售价格(元)	销售量(百件)
110~120	128	160~170	196
120~130	239	170~180	131
130~140	768	180~190	13
140~150	486	合计	2 162
150~160	201		

要求:计算平均数和标准差,并绘制直方图和饼图。

3. 某企业 2017 年 1—12 月产量与利润情况如下表所示。

月份	产量 x(万件)	利润 y(万元)	月份	产量 x(万件)	利润 y(万元)
1	12	9	8	22	18.1
2	10	8.5	9	23	18.3
3	14	11.5	10	26	21.5
4	16	14.2	11	26	21.3
5	16	14.0	12	30	24.0
6	20	16.4	合计	234	193
7	19	16.2			

要求:试分析产量与利润的相关关系,并求相应的回归方程。

4. 我国某地某农产品历年产量资料如下表所示。

单位:千吨

年 份	产 量	年 份	产 量	年 份	产 量	年 份	产 量
1976	196.9	1984	233.7	1992	246.1	2000	359.8
1977	170.9	1985	235.4	1993	238.1	2001	463.7
1978	186.3	1986	235.5	1994	205.6	2002	625.9
1979	180.0	1987	208.0	1995	204.9	2003	415.0
1980	175.0	1988	227.7	1996	216.7	2004	345.0
1981	180.0	1989	210.5	1997	220.7	2005	419.0
1982	186.3	1990	195.8	1998	270.7		
1983	209.8	1991	256.2	1999	296.8		

要求:试利用移动平均法来反映该时间数列的长期趋势。

5. 某市 2011—2017 年工业增加值资料如下表所示。

项目 \ 年份	2011	2012	2013	2014	2015	2016	2017
工业增加值（万元）	800	880	960	1 043	1 120	1 200	1 285

要求：试计算增长量、增长速度、发展速度和增长1%的绝对值。

6. 某生产车间为了了解1 000名工人的日常工作量，从中抽查了50名工人的日常完成工作量情况，得到数据如下（单位：件）：

122	124	127	138	135	122	125	131	133
126	111	122	144	123	133	142	142	132
133	123	125	126	125	134	134	131	144
120	119	126	131	129	140	145	121	135

要求：以95.45%置信水平求该车间工人日常工作量的置信区间。

附 录 A

表 A1 累计法查对表   %

平均每年增长	总发展速度＝各年发展水平总和为基期水平的百分率						
	1年	2年	3年	4年	5年	6年	7年
4.1	104.10	212.47	325.28	442.72	564.97	692.23	824.71
4.2	104.20	212.78	325.91	443.80	566.64	694.64	828.01
4.3	104.30	213.08	326.55	444.89	568.32	697.06	831.33
4.4	104.40	213.39	327.18	445.98	570.00	699.48	834.66
4.5	104.50	213.70	327.82	447.07	571.69	701.92	838.00
4.6	104.60	214.01	328.46	448.17	573.38	704.36	841.36
4.7	104.70	214.32	329.09	449.26	575.08	706.81	844.73
4.8	104.80	214.63	329.73	450.36	576.78	709.26	848.11
4.9	104.90	214.94	330.37	451.46	578.48	711.73	851.50
5.0	105.00	215.25	331.01	452.56	580.19	714.20	854.91
5.1	105.10	215.56	331.65	453.67	581.91	716.68	858.33
5.2	105.20	215.87	332.30	454.78	583.62	719.17	861.77
5.3	105.30	216.18	332.94	455.88	585.35	721.67	865.22
5.4	105.40	216.49	333.58	457.00	587.07	724.18	868.68
5.5	105.50	216.80	334.23	458.11	588.81	726.69	872.16
5.6	105.60	217.11	334.87	459.22	590.54	729.21	875.65
5.7	105.70	217.42	335.52	460.34	592.28	731.74	879.15
5.8	105.80	217.74	336.17	461.46	594.03	734.28	882.67
5.9	105.90	218.05	336.81	462.58	595.78	736.83	886.20
6.0	106.00	218.36	337.46	463.71	597.53	739.38	889.75
6.1	106.10	218.67	338.11	464.84	599.29	741.95	893.31
6.2	106.20	218.98	338.76	465.96	601.05	744.52	896.88
6.3	106.30	219.30	339.41	467.10	602.82	747.10	900.47
6.4	106.40	219.61	340.06	468.23	604.60	749.69	904.07
6.5	106.50	219.92	340.72	469.36	606.37	752.29	907.69
6.6	106.60	220.24	341.37	470.50	608.15	754.89	911.32
6.7	106.70	220.55	342.03	471.64	609.94	757.51	914.96

续表

平均每年增长	总发展速度=各年发展水平总和为基期水平的百分率						
	1年	2年	3年	4年	5年	6年	7年
6.8	106.80	220.86	342.68	472.78	611.73	760.13	918.62
6.9	106.90	221.18	343.34	473.93	613.53	762.76	922.29
7.0	107.00	221.49	343.99	475.07	615.33	765.40	925.98
7.1	107.10	221.80	344.65	476.22	617.13	768.05	929.68
7.2	107.20	222.12	345.31	477.37	618.94	770.71	933.40
7.3	107.30	222.43	345.97	478.53	620.76	773.37	937.13
7.4	107.40	222.75	346.63	479.68	622.58	776.05	940.88
7.5	107.50	223.06	347.29	480.84	624.40	778.73	944.64
7.6	107.60	223.38	347.95	482.00	626.23	781.42	948.41
7.7	107.70	223.69	348.62	483.16	628.06	784.13	952.20
7.8	107.80	224.01	349.28	484.32	629.90	786.83	956.01
7.9	107.90	224.32	349.95	485.49	631.75	789.55	959.83
8.0	108.00	224.64	350.61	486.66	633.59	792.28	963.66
8.1	108.10	224.96	351.28	487.83	635.45	795.02	967.51
8.2	108.20	225.27	351.94	489.00	637.30	797.76	971.38
8.3	108.30	225.59	352.61	490.18	639.16	800.52	975.26
8.4	108.40	225.91	353.28	491.36	641.03	803.28	979.15
8.5	108.50	226.22	353.95	492.54	642.90	806.05	983.06
8.6	108.60	226.54	354.62	493.72	644.78	808.83	986.99
8.7	108.70	226.86	355.29	494.90	646.66	811.62	990.93
8.8	108.80	227.17	355.97	496.09	648.55	814.42	994.89
8.9	108.90	227.49	356.64	497.28	650.44	817.23	998.86
9.0	109.00	227.81	357.31	498.47	652.33	820.04	1 002.85
9.1	109.10	228.13	357.99	499.66	654.23	822.87	1 006.85
9.2	109.20	228.45	358.66	500.86	656.14	825.70	1 010.87
9.3	109.30	228.76	359.34	502.06	658.05	828.55	1 014.90
9.4	109.40	229.08	360.02	503.26	659.97	831.40	1 018.95
9.5	109.50	229.40	360.70	504.46	661.89	834.26	1 023.02
9.6	109.60	229.72	361.37	505.67	663.81	837.14	1 027.10
9.7	109.70	230.04	362.05	506.87	665.74	840.02	1 031.20
9.8	109.80	230.36	362.74	508.08	667.68	842.91	1 035.31
9.9	109.90	230.68	363.42	509.30	669.62	845.81	1 039.44
10.0	110.00	231.00	364.10	510.51	671.56	848.72	1 043.59

表 A2 随机数字表(部分)

列\行	1	2	3	4	5	6	7	8	9	10	11	12	13	14	15	16	…
1	1	2	5	4	2	8	5	8	7	3	5	8	4	0	2	4	…
2	5	4	4	3	4	9	1	1	0	9	2	2	7	1	3	4	…
3	3	2	6	2	2	3	2	2	4	1	1	2	9	8	7	7	…
4	7	8	0	9	0	2	9	7	8	9	5	6	2	1	5	8	…
5	6	8	6	2	4	1	9	4	3	5	9	6	5	0	7	2	…
6	9	1	7	9	3	8	1	4	9	1	5	3	2	1	2	7	…
7	5	1	1	7	0	9	8	6	0	6	3	3	6	4	8	0	…
8	0	1	2	6	4	7	7	7	8	0	3	4	9	2	1	7	…
9	2	3	7	2	7	7	7	4	9	4	4	6	4	1	7	8	…
10	0	3	5	7	5	2	7	6	3	9	9	9	0	2	6	1	…
11	7	8	5	5	9	7	0	7	5	2	5	9	4	2	6	3	…
12	2	5	1	0	4	2	5	4	1	5	4	3	0	2	2	4	…
13	6	6	3	9	1	9	1	3	2	1	2	0	9	1	4	9	…
14	6	7	6	9	1	4	3	5	9	1	0	7	4	7	6	2	…
15	4	5	2	7	8	0	0	0	8	6	4	8	3	3	6	6	…
16	5	6	9	9	9	8	8	3	2	4	5	6	6	8	9	3	…
17	4	12	6	0	1	4	4	5	2	8	8	7	0	7	2	4	…
18	4	5	0	6	2	4	7	4	3	5	9	0	5	3	0	8	…
19	4	6	4	5	0	6	1	3	9	8	4	6	4	4	5	3	…
20	6	6	3	6	3	5	4	9	4	8	2	8	9	1	8	7	…
21	5	6	0	3	0	3	2	9	7	8	9	9	8	2	1	1	…
22	1	6	5	4	2	8	8	8	1	8	5	6	5	3	1	9	…
23	1	3	1	9	1	2	0	7	3	3	4	4	8	8	6	0	…
24	5	0	3	0	4	0	2	4	2	0	7	7	9	8	1	2	…
25	7	8	6	6	2	0	2	9	5	1	5	6	2	0	0	3	…
…	…	…	…	…	…	…	…	…	…	…	…	…	…	…	…	…	…

表 A3 正态分布表

t	F(t)	t	F(t)	t	F(t)	t	F(t)	t	F(t)
0.00	0.0000	0.06	0.0478	0.12	0.0955	0.18	0.1428		
0.01	0.0080	0.07	0.0558	0.13	0.1034	0.19	0.1507		
0.02	0.0160	0.08	0.0638	0.14	0.1113	0.20	0.1585		
0.03	0.0239	0.09	0.0717	0.15	0.1192	0.21	0.1663		
0.04	0.0319	0.10	0.0797	0.16	0.1271	0.22	0.1741		
0.05	0.0399	0.11	0.0876	0.17	0.1350	0.23	0.1819		

续表

t	$F(t)$	t	$F(t)$	t	$F(t)$	t	$F(t)$
0.24	0.1897	0.60	0.4515	0.96	0.6629	1.32	0.8132
0.25	0.1974	0.61	0.4581	0.97	0.6680	1.33	0.8165
0.26	0.2051	0.62	0.4647	0.98	0.6729	1.34	0.8198
0.27	0.2128	0.63	0.4713	0.99	0.6778	1.35	0.8230
0.28	0.2205	0.64	0.4778	1.00	0.6827	1.36	0.8262
0.29	0.2282	0.65	0.4843	1.01	0.6875	1.37	0.8293
0.30	0.2358	0.66	0.4907	1.02	0.6923	1.38	0.8324
0.31	0.2434	0.67	0.4971	1.03	0.6970	1.39	0.8355
0.32	0.2510	0.68	0.5035	1.04	0.7017	1.40	0.8385
0.33	0.2586	0.69	0.5098	1.05	0.7063	1.41	0.8415
0.34	0.2661	0.70	0.5161	1.06	0.7109	1.42	0.8444
0.35	0.2737	0.71	0.5223	1.07	0.7154	1.43	0.8473
0.36	0.2812	0.72	0.5285	1.08	0.7199	1.44	0.8501
0.37	0.2886	0.73	0.5346	1.09	0.7243	1.45	0.8529
0.38	0.2961	0.74	0.5407	1.10	0.7287	1.46	0.8557
0.39	0.3035	0.75	0.5467	1.11	0.7330	1.47	0.8584
0.40	0.3108	0.76	0.5527	1.12	0.7373	1.48	0.8611
0.41	0.3182	0.77	0.5587	1.13	0.7415	1.49	0.8638
0.42	0.3255	0.78	0.5646	1.14	0.7457	1.50	0.8664
0.43	0.3328	0.79	0.5705	1.15	0.7499	1.51	0.8690
0.44	0.3401	0.80	0.5763	1.16	0.7540	1.52	0.8715
0.45	0.3473	0.81	0.5821	1.17	0.7580	1.53	0.8740
0.46	0.3545	0.82	0.5878	1.18	0.7620	1.54	0.8764
0.47	0.3616	0.83	0.5935	1.19	0.7660	1.55	0.8789
0.48	0.3688	0.84	0.5991	1.20	0.7699	1.56	0.8812
0.49	0.3759	0.85	0.6047	1.21	0.7737	1.57	0.8836
0.50	0.3829	0.86	0.6102	1.22	0.7775	1.58	0.8859
0.51	0.3899	0.87	0.6157	1.23	0.7813	1.59	0.8882
0.52	0.3969	0.88	0.6211	1.24	0.7850	1.60	0.8904
0.53	0.4039	0.89	0.6265	1.25	0.7887	1.61	0.8926
0.54	0.4108	0.90	0.6319	1.26	0.7923	1.62	0.8948
0.55	0.4177	0.91	0.6372	1.27	0.7959	1.63	0.8969
0.56	0.4245	0.92	0.6424	1.28	0.7995	1.64	0.8990
0.57	0.4313	0.93	0.6476	1.29	0.8029	1.65	0.9011
0.58	0.4381	0.94	0.6528	1.30	0.8064	1.66	0.9031
0.59	0.4448	0.95	0.6579	1.31	0.8098	1.67	0.9051

续表

t	F(t)	t	F(t)	t	F(t)	t	F(t)
1.68	0.907 0	2.04	0.958 6	2.40	0.983 6	2.76	0.994 2
1.69	0.909 0	2.05	0.959 6	2.41	0.984 0	2.77	0.994 4
1.70	0.910 9	2.06	0.960 6	2.42	0.984 5	2.78	0.994 6
1.71	0.912 7	2.07	0.961 5	2.43	0.984 9	2.79	0.994 7
1.72	0.914 6	2.08	0.962 5	2.44	0.985 3	2.80	0.994 9
1.73	0.916 4	2.09	0.963 4	2.45	0.985 7	2.81	0.995 0
1.74	0.918 1	2.10	0.964 3	2.46	0.986 1	2.82	0.995 2
1.75	0.919 9	2.11	0.965 1	2.47	0.986 5	2.83	0.995 3
1.76	0.921 6	2.12	0.966 0	2.48	0.986 9	2.84	0.995 5
1.77	0.923 3	2.13	0.966 8	2.49	0.987 2	2.85	0.995 6
1.78	0.924 9	2.14	0.967 6	2.50	0.987 6	2.86	0.995 8
1.79	0.926 5	2.15	0.968 4	2.51	0.987 9	2.87	0.995 9
1.80	0.928 1	2.16	0.969 2	2.52	0.988 3	2.88	0.996 0
1.81	0.929 7	2.17	0.970 0	2.53	0.988 6	2.89	0.996 1
1.82	0.931 2	2.18	0.970 7	2.54	0.988 9	2.90	0.996 3
1.83	0.932 8	2.19	0.971 5	2.55	0.989 2	2.91	0.996 4
1.84	0.934 2	2.20	0.972 2	2.56	0.989 5	2.92	0.996 5
1.85	0.935 7	2.21	0.972 9	2.57	0.989 8	2.93	0.996 6
1.86	0.937 1	2.22	0.973 6	2.58	0.990 1	2.94	0.996 7
1.87	0.938 5	2.23	0.974 3	2.59	0.990 4	2.95	0.996 8
1.88	0.939 9	2.24	0.974 9	2.60	0.990 7	2.96	0.996 9
1.89	0.941 2	2.25	0.975 6	2.61	0.990 9	2.97	0.997 0
1.90	0.942 6	2.26	0.976 2	2.62	0.991 2	2.98	0.997 1
1.91	0.943 9	2.27	0.976 8	2.63	0.991 5	2.99	0.997 2
1.92	0.945 1	2.28	0.977 4	2.64	0.991 7	3.00	0.997 30
1.93	0.946 4	2.29	0.978 0	2.65	0.992 0	3.01	0.997 39
1.94	0.947 6	2.30	0.978 6	2.66	0.992 2	3.02	0.997 47
1.95	0.948 8	2.31	0.979 1	2.67	0.992 4	3.03	0.997 55
1.96	0.950 0	2.32	0.979 7	2.68	0.992 6	3.04	0.997 63
1.97	0.951 2	2.33	0.980 2	2.69	0.992 9	3.05	0.997 71
1.98	0.952 3	2.34	0.980 7	2.70	0.993 1	3.06	0.997 79
1.99	0.953 4	2.35	0.981 2	2.71	0.993 3	3.07	0.997 86
2.00	0.954 5	2.36	0.981 7	2.72	0.993 5	3.08	0.997 93
2.01	0.955 6	2.37	0.982 2	2.73	0.993 7	3.09	0.998 00
2.02	0.956 6	2.38	0.982 7	2.74	0.993 9	3.10	0.998 06
2.03	0.957 6	2.39	0.983 2	2.75	0.994 0	3.11	0.998 13

续表

t	F(t)	t	F(t)	t	F(t)	t	F(t)
3.12	0.998 19	3.48	0.999 50	3.84	0.999 88	4.20	0.999 973
3.13	0.998 25	3.49	0.999 52	3.85	0.999 88	4.21	0.999 974
3.14	0.998 31	3.50	0.999 53	3.86	0.999 89	4.22	0.999 976
3.15	0.998 37	3.51	0.999 55	3.87	0.999 89	4.23	0.999 977
3.16	0.998 42	3.52	0.999 57	3.88	0.999 90	4.24	0.999 978
3.17	0.998 48	3.53	0.999 58	3.89	0.999 90	4.25	0.999 979
3.18	0.998 53	3.54	0.999 60	3.90	0.999 90	4.26	0.999 980
3.19	0.998 58	3.55	0.999 61	3.91	0.999 91	4.27	0.999 980
3.20	0.998 63	3.56	0.999 63	3.92	0.999 91	4.28	0.999 981
3.21	0.998 67	3.57	0.999 64	3.93	0.999 92	4.29	0.999 982
3.22	0.998 72	3.58	0.999 66	3.94	0.999 92	4.30	0.999 983
3.23	0.998 76	3.59	0.999 67	3.95	0.999 92	4.31	0.999 984
3.24	0.998 80	3.60	0.999 68	3.96	0.999 93	4.32	0.999 984
3.25	0.998 85	3.61	0.999 69	3.97	0.999 93	4.33	0.999 985
3.26	0.998 89	3.62	0.999 71	3.98	0.999 93	4.34	0.999 986
3.27	0.998 92	3.63	0.999 72	3.99	0.999 93	4.35	0.999 986
3.28	0.998 96	3.64	0.999 73	4.00	0.999 937	4.36	0.999 987
3.29	0.999 00	3.65	0.999 74	4.01	0.999 939	4.37	0.999 988
3.30	0.999 03	3.66	0.999 75	4.02	0.999 942	4.38	0.999 988
3.31	0.999 07	3.67	0.999 76	4.03	0.999 944	4.39	0.999 989
3.32	0.999 10	3.68	0.999 77	4.04	0.999 947	4.40	0.999 989
3.33	0.999 13	3.69	0.999 78	4.05	0.999 949	4.41	0.999 990
3.34	0.999 16	3.70	0.999 78	4.06	0.999 951	4.42	0.999 990
3.35	0.999 19	3.71	0.999 79	4.07	0.999 953	4.43	0.999 991
3.36	0.999 22	3.72	0.999 80	4.08	0.999 955	4.44	0.999 991
3.37	0.999 25	3.73	0.999 81	4.09	0.999 957	4.45	0.999 991
3.38	0.999 28	3.74	0.999 82	4.10	0.999 959	4.46	0.999 992
3.39	0.999 30	3.75	0.999 82	4.11	0.999 960	4.47	0.999 992
3.40	0.999 33	3.76	0.999 83	4.12	0.999 962	4.48	0.999 993
3.41	0.999 35	3.77	0.999 84	4.13	0.999 964	4.49	0.999 993
3.42	0.999 37	3.78	0.999 84	4.14	0.999 965	4.50	0.999 993
3.43	0.999 40	3.79	0.999 85	4.15	0.999 967	4.51	0.999 994
3.44	0.999 42	3.80	0.999 86	4.16	0.999 968	4.52	0.999 994
3.45	0.999 44	3.81	0.999 86	4.17	0.999 970	4.53	0.999 994
3.46	0.999 46	3.82	0.999 87	4.18	0.999 971	4.54	0.999 994
3.47	0.999 48	3.83	0.999 87	4.19	0.999 972	4.55	0.999 995

续表

t	$F(t)$	t	$F(t)$	t	$F(t)$	t	$F(t)$
4.56	0.999 995	4.68	0.999 997	4.80	0.999 998 4	4.92	0.999 999 1
4.57	0.999 995	4.69	0.999 997	4.81	0.999 998 5	4.93	0.999 999 2
4.58	0.999 995	4.70	0.999 997	4.82	0.999 998 6	4.94	0.999 999 2
4.59	0.999 996	4.71	0.999 998	4.83	0.999 998 6	4.95	0.999 999 3
4.60	0.999 996	4.72	0.999 998	4.84	0.999 998 7	4.96	0.999 999 3
4.61	0.999 996	4.73	0.999 998	4.85	0.999 998 8	4.97	0.999 999 3
4.62	0.999 996	4.74	0.999 998	4.86	0.999 998 8	4.98	0.999 999 4
4.63	0.999 996	4.75	0.999 998 0	4.87	0.999 998 9	4.99	0.999 999 4
4.64	0.999 997	4.76	0.999 998 1	4.88	0.999 998 9	5.00	0.999 999 4
4.65	0.999 997	4.77	0.999 998 2	4.89	0.999 999 0		
4.66	0.999 997	4.78	0.999 998 2	4.90	0.999 999 0		
4.67	0.999 997	4.79	0.999 998 3	4.91	0.999 999 1		

表 A4 相关系数(r_a)检验表

n	α				
	0.10	0.05	0.02	0.01	0.001
1	0.987 7	0.996 9	0.999 5	0.999 9	0.999 9
2	0.900 0	0.950 0	0.980 0	0.990 0	0.999 0
3	0.805 4	0.878 3	0.934 3	0.958 7	0.991 2
4	0.729 3	0.811 4	0.882 2	0.917 2	0.974 1
5	0.669 4	0.754 5	0.832 9	0.874 5	0.950 7
6	0.621 5	0.706 7	0.788 7	0.834 3	0.924 9
7	0.582 2	0.666 4	0.749 8	0.797 7	0.898 2
8	0.549 4	0.631 9	0.715 5	0.764 6	0.872 1
9	0.521 4	0.602 1	0.685 1	0.734 8	0.847 1
10	0.497 3	0.576 0	0.658 1	0.707 9	0.823 3
11	0.476 2	0.552 9	0.633 9	0.683 5	0.801 0
12	0.457 5	0.532 4	0.612 0	0.661 4	0.780 0
13	0.440 9	0.513 9	0.592 3	0.641 1	0.760 3
14	0.425 9	0.497 3	0.574 2	0.622 6	0.742 0
15	0.412 4	0.482 1	0.557 7	0.605 5	0.724 6
16	0.400 0	0.468 3	0.542 5	0.589 7	0.708 4
17	0.388 7	0.455 5	0.528 5	0.575 1	0.693 2
18	0.378 3	0.443 8	0.515 5	0.561 4	0.678 7
19	0.368 7	0.432 9	0.503 4	0.548 7	0.665 2

续表

n	α				
	0.10	0.05	0.02	0.01	0.001
20	0.3598	0.4227	0.4921	0.5368	0.6524
25	0.3233	0.3809	0.4451	0.4869	0.5974
30	0.2960	0.3494	0.4093	0.4487	0.5541
35	0.2746	0.3246	0.3810	0.4182	0.5189
40	0.2573	0.3044	0.3578	0.3932	0.4896
45	0.2428	0.2875	0.3384	0.3721	0.4648
50	0.2306	0.2732	0.3218	0.3541	0.4433
60	0.2108	0.2500	0.2948	0.3248	0.4078
70	0.1954	0.2319	0.2737	0.3017	0.3799
80	0.1829	0.2172	0.2565	0.2830	0.3568
90	0.1726	0.2050	0.2422	0.2673	0.3375
100	0.1638	0.1946	0.2301	0.2540	0.3211

实训练习题参考答案

第一章 总 论

一、填空题

1. 统计工作 统计资料 统计学
2. 大量观察法 统计分组法 综合指标法
3. 数量 质量 数量 品质
4. 统计设计 统计调查 统计整理 统计分析
5. 定名测定 序列测定 定距测定 定比测定
6. 互斥原则 穷尽原则

二、判断题

1. 错 2. 错 3. 错 4. 错 5. 错

三、单项选择题

1. C 2. D 3. A 4. D 5. C

四、思考题（略）

五、应用能力训练题

	统计任务	总体	总体单位	数量标志	品质标志
1	了解某高校大学生的基本情况	某高校全体大学生	每一个大学生	年龄,体重	民族,专业
2	调查某公司全体员工的情况	某公司全体员工	每一个员工	月收入,年收入	职务,性别
3	调查某企业一年中生产汽车的质量情况	某企业一年中生产的全部汽车	每一辆汽车	车排量,行驶历程	品牌,批次,售后服务
4	调查某商场一年的销售额情况	某商场一年中所有销售额	每一笔销售额	总销售额,销售商品数量	商品名称,商品品牌,市场占有率
5	某年全国人口普查情况	普查全国人口总数	每一个人	年龄,身高	民族,籍贯

第二章　统计调查与整理

一、填空题

1. 普查　重点调查　典型调查　抽样调查
2. 全面调查　非全面调查
3. 问卷名称　说明词　问卷主体　作业记录
4. 品质标志　数量标志　简单分组　复合分组　分组体系
5. 组别　频数（频率）
6. 组限　组中值
7. 总标题　横行标题　纵栏标题　数字资料
8. 离散型　连续型

二、判断题

1. 错　2. 错　3. 对　4. 错　5. 对　6. 错　7. 错　8. 错　9. 错

三、单项选择题

1. C　2. D　3. A　4. D　5. A　6. C　7. B　8. B　9. B

四、思考题（1～6略）

五、应用能力训练题

1. 组中值

$$\bar{x} = \frac{\sum_{i=1}^{n} x_i f_i}{f_i} = \frac{3\,355}{45} = 75（分）$$

全距 $R = 99 - 50 = 49$（分）

(2-5) 略

第三章　综合指标

一、填空题

指标数值	指标类型	具体种类
1. 某年某市国民生产总值为 128 亿元	总量指标	时期指标
2. 某年年末某市职工人数为 86 万人	总量指标	时点指标
3. 某高校全部学生中,加入中国共产党的学生占 8.0%	相对指标	结构相对指标
4. 某厂工人年龄在 30 岁以下的工人数是 30 岁以上的人数的 2 倍	相对指标	比例相对指标
5. 某年某市工业总产值是上年的 115%	相对指标	动态相对指标
6. 某年上海地区的人口总数是北京地区的 1.6 倍	相对指标	比较相对指标
7. 某年某市平均每一家零售商店为 311 人服务	相对指标	强度相对指标
8. 某年某市生产小汽车工人劳动生产率为 480 辆/人	平均指标	数值平均数
9. 某年底某企业完成了年初计划产量的 105%	相对指标	计划完成相对指标
10. 某厂工人月工资为 12 000 元的人数最多	平均指标	众数位置平均数

二、判断题

1. 对 2. 对 3. 错 4. 错 5. 对

三、单项选择题

1. A 2. B 3. C 4. A 5. D

四、思考题（略）

五、应用能力训练题

1. 答：(1) 略

(2) 表中(1)(2)(3)为总量指标(时期指标)；(4)为结构相对数；(5)为动态相对数；(6)为计划完成相对数。

(3) 计算结果表明甲、乙两厂的利润都比上年增加了，而丙厂利润比上年下降了，但该公司生产经营情况总体较好，利润比上年增长了3.10%，本年计划完成了。

2. 答：计划完成相对数 $=\dfrac{997}{803}=124.16\%$

超计划完成产量 $=997-803=194$（万吨）

根据计算某产品提前了8个月又7天完成了5年计划。

3. 答：

(1) 平均价格 $\bar{\chi}=142.26$ 元/百件

(2) 众数 $M_0=136.52$（百件）

中位数 $M_e=139.30$（百件）

(3) $\bar{\chi}>M_L>M_0$，即 $142.6>139.30>136.52$（百件），其价格分布特点为右偏。

4. 答：

甲组：

(1) 甲组生产零件平均数 $\bar{x}_1=7$（件）

(2) 全距 $=9-5=4$（件）

(3) 平均差 $(AD)=0.917$（吨）

(4) 均方差 $(\sigma)=1.291$（吨）

(5) $V_{AD}=13.10\%$

(6) $V_\sigma=18.44\%$

乙组：

(1) 乙组生产零件平均数 $\bar{x}_2=5$（件）

(2) 全距 $=7-4=3$（件）

(3) 平均差 $(AD)=0.69$（件）

(4) 均方差 $(\sigma)=0.96$（吨）

(5) $V_{AD}=13.8\%$

(6) $V_\sigma=19.2\%$

5.

平均分 $\bar{x} = 75$ 分

全距 $R = 49$ 分

平均差 $AD = 8.89$ 分

均方差 $\sigma = 11.74$ 分

$V_R = 65.33\%$

$V_{AD} = 11.85\%$

$V_\sigma = 15.65\%$

第四章 时间数列

一、填空题

1. 现象所属时间　反映现象的统计指标数值
2. 绝对数时间数列　相对数时间数列　平均数时间数列
3. 时点　时期
4. 时距扩大法　移动平均法　最小平方法

二、判断题

1. 错　2. 对　3. 错　4 错

三、单项选择题

1. A　2. B　3. B　4. D

四、思考题（略）

五、应用能力训练题

1. 答：201×年该企业职工平均人数 $\bar{a} = 1\,380$（人）

2. 答：

(1) 201×年第一季度各月每位职工平均净产值

1月：1.047 6 万元/人

2月：1.200 0 万元/人

3月：1.434 1 万元/人

(2) 201×年第一季度每位职工的平均净产值：3.676 8 万元/人

3. (1)

项目 季度	商品销售额（万元）	增长量（万元）		发展速度（%）		增长速度（%）		增长1%绝对值（万元）
		逐期	累积	环比	定基	环比	定基	
第一	100	—	—	—	100	—	—	—
第二	120	20	20	120	120	20	20	1

续表

季度＼项目	商品销售额(万元)	增长量(万元)		发展速度(%)		增长速度(%)		增长1%绝对值(万元)
		逐期	累积	环比	定基	环比	定基	
第三	216	96	116	180	216	80	116	1.2
第四	312	96	212	144	312	44	212	2.16

(2) 该企业各季的平均发展速度 $\overline{x}_a = \sqrt[n]{\dfrac{a_n}{a_0}} = \sqrt[3]{\dfrac{312}{100}} = 146.12\%$，平均增长速度 = $146.12\% - 100\% = 46.12\%$

4．答：

$$\begin{cases} a = \dfrac{\sum\limits_{i=1}^{n} y_i}{n} = \dfrac{7\,288}{7} = 1\,041.14 \\ b = \dfrac{\sum\limits_{i=1}^{n} ty_i}{\sum\limits_{i=1}^{n} x_i^2} = \dfrac{2\,255}{28} = 80.54 \end{cases}$$

$y_o = 1\,041.14 + 80.54$

现象以直线型发展变化。

2020 年 $y_1 = 1\,041.4 + 80.54 \times 7 = 1\,605.18$（万元）

2021 年 $y_2 = 1\,041.4 + 80.54 \times 8 = 1\,685.72$（万元）

5．答：(1) 1—12 月的季节比率分别为 98.07％、76.84％、67.47％、60.59％、66.21％、74.96％、118.68％、149.93％、159.92％、142.43％、96.20％、88.70％。

(2) 10 月份销售量＝71.25 万千克

11 月份销售量＝48.12 万千克

第五章 统计指数

一、填空题

1．基期　报告期

2．加权算术平均数　调和平均数

$$\overline{K}_Q = \dfrac{\sum K_Q Q_0 P_0}{\sum Q_0 P_0} \times 100\%, \quad \overline{K}_P = \dfrac{\sum Q_1 P_1}{\sum \dfrac{1}{K_P} Q_1 P_1} \times 100\%$$

3．指标体系

4．连乘积　代数和

5. 0.612%

二、判断题

1. 错 2. 错 3. 对 4. 错 5. 错

三、单项选择题

1. C 2. C 3. D 4. B

四、思考题（略）

五、应用能力训练题

1. 答案：

(1) 甲、乙、丙三种产品产量的单位个体成本指数分别为 80%、75%、90%；个体产量指数分别为 167.67%、155.56%、200%。

(2) 三种产品的单位成本总指数 $\bar{K}_z = 84.07\%$

(3) −36 000（元）

(4) $\bar{K}_{QP} = 180\%$

$$\sum Q_1 P_n - \sum Q_0 P_n = 140\,000（元）$$

2. 答案：

(1) 可变构成指数。

(2) 产品等级构成变动指数为 104.43%，平均收购价格变动的绝对数为 13.28 元/公斤。（分式与分析略）

3. 答案：

(1) 四种产品单位成本总指数 $\bar{K}_x = 79.53\%$

(2) 节约的生产费用为 −19 813.72 元

4. 答案：

(1) 物价总指数 $\bar{K}_Z = 95.2\%$

(2) 商品销售量总指数 $\bar{K}_Q = \dfrac{\bar{K}_{QP}}{\bar{K}_P} = \dfrac{112\%}{95.2\%} = 117.65\%$

(3) 由于物价降低居民减少支出 120 万元

(4) 销售量变动对销售额绝对数的影响为 375 万元

5. 答案：

数量指数 $\bar{K}_Q = 91.5\%$。

物价指数 $\bar{K}_P = 109.29\%$。

分析略。

6. $\bar{K}_{QP} = \bar{K}_Q \times \bar{K}_P$

$\bar{K}_{QP} = 107\%$，$\bar{K}_P = 97.5\%$

$$\overline{K}_Q = \frac{\overline{K}_{QP}}{\overline{K}_P} = \frac{107\%}{97.5\%} = 109.74\%$$

答案：商品成交量增长 109.74%。

7. 答案：

(1) 劳动生产率可变构成指数为 80.95%

(2) 劳动生产率固定结构指数为 83.61%

(3) 劳动生产率结构影响指数为 96.83%

(4) 相对数上：

可变构成指数 = 固定结构指数 × 结构影响指数

80.95% = 83.61 × 96.83%

绝对数上：

$$-342.86 = -285.72 + (-57.14)$$

文字分析略。

8. 答案：

(1) 原材料费用指数为 107.62%，原材料费用增减变动总额为 72.15 万元。

产量总指数为 110.28%，因产量变动而增减的原材料费用总额为 97.35 万元。

原材料单耗总指数为 100.86%，因产品单耗变动而增减的原材料费用总额为 9 万元。

原材料单价总指数为 96.75%，因原材料单价变动而增减的原材料费用总额为 −34.2 万元。

(2) 指数体系

相对数：

$$107.62\% = 110.28\% \times 100.86\% \times 96.75\%$$

绝对数：

$$72.15 = 97.35 + 9.00 + (-34.20) \quad (万元)$$

文字分析略。

第六章　抽　样　推　断

一、判断题

1. 对　2. 对　3. 对　4. 错

二、单项选择题

1. A　2. D　3. C　4. B　5. B　6. B　7. A

三、思考题（略）

四、应用能力训练题

1. 答案：

(1) 该批零件的废品率为 $0.062 \leqslant P \leqslant 0.098$

因为 $F(t)=68.27\%$ 所以 $t=1$

$\mu_p = \sqrt{\dfrac{p(1-p)}{n}} = \sqrt{\dfrac{0.08 \times 0.92}{225}} = 0.018$

$\Delta_p = t \cdot \mu_p = 1 \times 0.018 = 0.018$,

$p - \Delta_p \leqslant p \leqslant P + \Delta_p \Rightarrow 0.08 - 0.018 \leqslant p \leqslant 0.08 + 0.018 \Rightarrow 0.062 \geqslant P \leqslant 0.098$

(2) 该批零件的废品率为 $0.044 \leqslant p \leqslant 0.116$

2. 答案：

(1) 该批日光灯管的平均使用寿命为(1 195.4～2 004.6)小时。

(2) 应抽 256 只。

(3) 应抽 5 184 只。

(4) 误差越小，抽样单位数越多。

概率不变，极限抽样误差越小，抽样单位数越多。

概率越大，极限抽样误差越小，抽样单位数越多。

3. 答案：应抽 55 双鞋子。

4. 答案：若以 95.45％的可靠性推断，商品的平均使用时间为(511.4～524.6)小时。

5. 答：重复抽样的抽样平均误差为 14.01 元；

不重复抽样的抽样平均误差为 13.94 元。

6. 解：

每袋食品平均重量的平均抽样误差为 0.051 3 公斤。一级品率比重的抽样平均误差为 0.69％。

第七章　相关分析与回归分析

一、判断题

1. 错　2. 错　3. 错

二、单项选择题

1. C　2. B　3. A　4. A　5. A　6. C

三、思考题（略）

四、应用能力训练题

1. 答案：

(1) 略

(2) 相关系数 $r=-8.97$。由于$|r|<0.8$，故产量与成本有着高度的负相关。

(3) 线性回归方程为 $\hat{y}=80.486-0.157\,1x$。

2. 答：

(1) 相关系数 $r=0.956\,6$。

线性回归方程为:
$$\hat{y} = 1\,146 + 0.064\,93x。$$
(2) 当 $x=50$ 时,$\hat{y}=4.392\,9$ 亿元。标准误差为 0.135 亿吨。

3. 答案:

相关系数为 $-0.987\,8$。线性回归方程为:
$$\hat{y} = 19\,115 - 0.096\,7x$$
标准误差为 0.428%。

文字分析(略)

第八章　统计综合分析(略)

第九章　Excel 在统计中的应用(略)

参 考 文 献

[1] 肖智明,陆晔.统计学原理.上海:同济大学出版社,2006
[2] 马家善,肖智明.社会经济统计学基本理论和方法.上海:复旦大学出版社,1990
[3] 梁前德,陈元江.统计学.北京:高等教育出版社,2008
[4] 肖婷婷,时红艳.统计学基础.北京:清华大学出版社,2009
[5] 刘汉良.统计学教程.上海:上海财经大学出版社,1995
[6] 齐向武,陈东,牛志礼.中国企业会计、统计全书(第一卷).西安:西安交通大学出版社,1992
[7] 徐国祥,刘汉良.统计学.上海:上海财经大学出版社,2003
[8] 肖智明,沈仲辉.经济统计学.北京:清华大学出版社,2011
[9] 肖智明,周贤君.经济统计.北京:清华大学出版社,2013